Erwin W. Lutzer

Gefährliche Weichenstellung

Lehrstreit und Trennungen in 2000 Jahren Kirchengeschichte

Bibelzitate nach der sogenannten Elberfelder Übersetzung.

Lutzer, Erwin: Gefährliche Weichenstellung –
Lehrstreit und Trennungen in 2000 Jahren der Kirchengeschichte

ISBN 3-89436-204-9

Titel des amerikanischen Originals:
The Doctrines that Devide – A Fresh Look at the Historic Doctrines That Separate Christians

Übersetzung: Benedikt Peters
Satz: Enns, Schrift & Bild, Bielefeld
Umschlaggestaltung: E. Platte, Wuppertal
Druck: Grafischer Großbetrieb Pößneck
Printed in Germany

Inhalt

Warum diese Kontroversen?

Dies ist ein Buch über die lehrmäßigen Auseinandersetzungen, welche innerhalb der Christenheit bestehen. Es handelt sich nicht um Nebensächlichkeiten, die man im Interesse der Einheit ignorieren kann, vielmehr geht es um Dinge, die zum Kern des Evangeliums gehören. Es muss jedem denkenden Christen ein Herzensanliegen sein, zu verstehen, warum und wie diese Unterschiede entstanden.

In vergangenen Jahrhunderten wurden Gläubige ihrer Überzeugungen wegen gefoltert, den wilden Tieren zum Fraß vorgeworfen oder auf dem Scheiterhaufen verbrannt. Man nannte zurecht die Theologie „die Königin der Wissenschaften", denn man begriff, dass nichts so wichtig ist, wie das Wissen um die Dinge, die Gott und die Beziehung des Menschen zu ihm bestimmen. Welche Frage könnten gewichtiger sein als diese: Ist Christus qualifiziert, ein Retter zu sein? Kann die Taufe Sünden abwaschen? Können wir des ewigen Lebens gewiss sein? Wie wird dem Sünder Gottes Gnade mitgeteilt? Welche Bücher gehören zur Bibel? Wählt Gott die Menschen aus, die errettet werden sollen? Können wir, einmal gerettet, das Heil verlieren?

Wenn wir uns heute umhören, befürchten wir, dass die Königin ihre Krone verloren hat. Nur ein kleiner Teil der Menschen, die behaupten sie seien wiedergeboren, wissen, wer die Bergpredigt predigte, oder können mindestens drei der Zehn Gebote aufsagen. Das böse Wort, nach dem die meisten Europäer glaubten, Episteln seinen die Frauen von Aposteln, trifft gar nicht so weit daneben. Ein Freund von mir sagte: Viele Schafe der Herde Gottes könnten eine Wiese nicht mehr von einem Kunstrasen unterscheiden. Und inmitten dieses lehrmäßigen Vakuums ruft man immer lauter nach Einheit. Bei einem ökumenischen Treffen kam angeblich eine Weissagung folgenden Inhalts von Gott, dem Vater: „Klagt und weint, denn der Leib meines Sohnes ist zerstört. Kommt vor mich, denn der Leib meines Sohnes ist zerstört ... Ich gab mein alles mit dem Leib und mit dem Blut meines Sohnes. Es floss auf die Erde. Der Leib meines Sohnes ist zerstört.“

Um den ökumenischen Geist dramatisch zuzuspitzen, wuschen die anwesenden Protestanten katholischen Priestern die Füße als Zeichen dafür, dass sie Buße getan hätten über ihre bisherige Behauptung, Katholiken seien keine Christen, der Papst sei der Antichrist und katholische Frömmigkeit sei nichts als Aberglaube. Katholiken wuschen Protestanten die Füße und baten um Vergebung für ihre Witze über Martin Luther und die anderen Reformatoren und für ihre hochnäsige Verachtung pfingstlerischer Frömmigkeit.

Ökumenische Bestrebungen bekommen viel Unterstützung, sogar in den Medien. Wir haben alle die verschiedenen Verlautbarungen gehört, die Römisch Katholische Rechtfertigungslehre sei der Lutherischen viel näher als allgemein angenommen. Optimisten sehen schon einen Zusammenschluss von zumindest einem Teil der protestantischen Denominationen mit der Kirche von Rom. So sagte Georg Car in seinem Buch *A Tale of Two Churches* (Die Geschichte zweier Kirchen): „Ich habe große Hoffnungen, und zwar nicht allein auf ein wachsendes gegenseitiges Verständnis, sondern auch auf ein Zusammenfließen der beiden großen Ströme der westlichen Christenheit.“ Er glaubt, das sei nötig, wenn das Gebet des Herrn, „dass sie eins sein möchten“, in Erfüllung gehen soll.

In den ersten Jahrhunderten des Christentums sah man die Kirche als eine geschlossene Einheit, um so mehr, als die Hauptstadt des Reiches zum Führungssitz der Christen geworden war. Das Papsttum mit seinem Netzwerk von Bischöfen und Priestern befestigte die organisatorische Einheit. Die erste große Kirchenspaltung fiel ins Jahr 1054, als der Bischof von Rom den Bischof von Konstantinopel aufforderte, sich seiner Autorität zu beugen, dieser sich aber weigerte. Die Spaltung, die seit Jahrhunderten gewachsen war, wurde jetzt zum offenen Bruch, und die Griechisch Orthodoxe Kirche löste sich von der Kirche von Rom.

Als im 16. Jahrhundert die Reformation aufkam, sagte die Römisch Katholische Hierarchie voraus, dass die Christenheit, wenn sie einmal angefangen habe, sich zu spalten, sich endlos zersplittern würde. Ein kurzer Blick auf die lange Liste der protestantischen Denominationen in Europa und in Amerika bestätigt die Vorhersage. Allein die Anzahl der verschiedenen baptistischen Denominationen zeugt von einer grenzenlosen organisatorischen Fragmentierung.

Es ist verständlich, dass viele das Rad am liebsten zurückdrehen würden in die vorreformatorische Zeit, als die westliche Kirche ein geschlossener Block war. Die Katholische Kirche hat in den letzten 25 Jahren viele Veränderungen erfahren; die Starrheit vergangener Jahrhunderte ist einer neuen Toleranz gewichen. Das kommt vielleicht am klarsten im Zweiten Vatikanischen Konzil zum Ausdruck, welches befand, die Protestanten seien nicht Ketzer und Abgefallene, sondern „getrennte Brüder“. Wenn die Protestanten nur ein bisschen flexibler sein könnten und wenn beide Seiten da und dort ein wenig nachgäben, dann ließe sich eine Vereinigung vielleicht herstellen. Der Leib Christi sei wahrlich gebrochen, ja, zersplittert, und es sei unsere Verantwortung, die Splitter wieder zusammenzufügen. Wäre es denn nicht eine Tragödie, sollte das Gebet Christi um Einheit nicht in Erfüllung gehen?

Von Einheit zu reden und gleichzeitig über die lehrmäßigen Differenzen hinweg zu sehen, hieße, die Wahrheit auf dem Altar des Wunschdenkens zu opfern. Eine Einheit, die ohne geteilte Überzeugungen bezüglich des Inhalts des Evangeliums gewonnen wird, ist ihren Preis nicht wert. Bis zum heutigen Tag bestehen innerhalb der Christenheit unaussöhnliche Differenzen über die grundlegendsten Lehren des Evangeliums. Wie die verschiedenen Kapitel dieses Buches zeigen, werden noch immer zwei grundverschiedene Antworten gegeben auf die Frage: „Was muss ich tun, um errettet zu werden?“

Wir brauchen nicht über lehrmäßige Auseinandersetzungen Buße zu tun, wenn die Wahrheit des Evangeliums auf dem Spiel steht. Als Petrus anfing, das Evangelium in Misskredit zu bringen, indem er sich von den Heiden absonderte, um sich auf die Seite von Juden zu stellen, die glaubten, die Beschneidung sei heilsnotwendig, bekam er von Paulus eine öffentliche Rüge: „Als ich aber sah, dass sie nicht den geraden Weg nach der Wahrheit des Evangeliums wandelten, sprach ich zu Kephas vor allen: Wenn du, der du ein Jude bist, wie die Nationen lebst und nicht wie die Juden, wie zwingst du denn die Nationen, jüdisch zu leben?“ (Gal 2,14).

Petrus hatte nur einen falschen *Eindruck* vom Inhalt des Evangeliums gegeben, und das war Paulus Ursache genug, den Prominentesten unter den Aposteln vor allen zurechtzuweisen. So etwas wie harmlose Zusätze zum Evangelium gibt es nicht. Paulus war um die Reinerhaltung der Botschaft besorgt, als er schrieb: „Wie wir zuvor gesagt haben, so sage ich auch jetzt wiederum: Wenn jemand euch etwas als Evangelium verkündigt außer dem, was ihr empfangen habt: er sei verflucht!“ (Gal 1,9). Ohne Übereinstimmung in diesem zentralen Punkt sind alle Einheitsbestrebungen verfehlt.

Ich will schließlich mit Nachdruck betonen, dass der Leib Christi nicht zerstört ist. Die Einheit, um die der Sohn bat, wurde vom Vater gewährt. Alle wahren Gläubigen sind Glieder des Leibes Christi und dieser Leib ist unzerteilbar. Daher drängt uns Paulus, „die Einheit des Geistes zu bewahren in dem Bande des Friedens“ (Eph 4,3) und nicht eine organisatorische Einheit. Die Einheit des Geistes besteht unter allen Gläubigen, trotz ihren lehrmäßigen Verschiedenheiten. Wir sollen diese Einheit bewahren, nicht herstellen.

Warum können wir uns nicht einigen?

Warum kann sich denn die Christenheit nicht einigen, wenigstens in den Grundlehren? Wir haben doch alle die gleiche Bibel und glauben an den gleichen Christus. Oder ist das, wie manche behaupten, der Beweis, dass die Bibel so verschieden ausgelegt werden kann, dass sie gar keine eindeutige Botschaft hat? Viele geben frustriert auf in der Meinung, es gäbe keine Möglichkeit, bei allen widersprüchlichen Meinungen Klarheit zu finden. Oder noch schlimmer, sie denken, es gäbe gar keine objektive Wahrheit. Alles, was du glaubst, mag für dich stimmen, und was ich glaube, stimmt für mich. Warum sollten wir uns streiten?

Das ist ein verständliche Frage. Warum können wir uns nicht einigen über die Taufe, das Abendmahl, den freien Willen, oder über die grundlegendste aller Fragen: Was muss ich tun, um gerettet zu werden? Stimmt es denn, dass die Bibel wie ein Wachskügelchen ist, das ein jeder in seiner Hand formt, wie er will? Stimmt es auch, dass keine Form besser ist als eine andere?

Der Fehler liegt nicht bei der Bibel. Ihr Inhalt ist in den meisten Fällen klar und verständlich. Unsere Meinungsverschiedenheiten sind hausgemacht. Dass es gewisse Unterschiede gibt, ist verständlich. Kein einziges der biblischen Bücher behandelt irgendeines der Themen über Christus, Gott, den Menschen, Engel, Heil und Prophetie als eine abgeschlossene Abhandlung. Da sie ein so großes Spektrum von Themen erörtern, welche alle die ewigen Dinge berühren, ist es kein Wunder, dass man da und dort zu verschiedenen Ergebnissen kommt. Aber zu sagen, lehrmäßige Auseinandersetzungen würden nie zu Ergebnissen führen, da doch ein jeder das Recht zu seiner eigenen Deutung habe, ist eine Leugnung der Tatsache, dass die grundlegende Botschaft der Bibel bemerkenswert klar ist. Wir, nicht der Text, sind die Ursache des Problems. Man kann eine Reihe von Ursachen für die verschiedenen Meinungen nennen:

Erstens sind die Menschen *begrenzt*. In diesem Buch habe ich mehrere Kapitel dem Problem des freien Willens gegenüber der Vorherbestimmung gewidmet. Wir werden dort sehen, dass es seine Gründe hat, warum sich die Menschen auf die eine oder andere Seite dieser Kontroverse stellen. Ein Teil unserer Schwierigkeiten rührt daher, dass wir nicht alle Teile des Puzzles besitzen. Gottes Verhältnis zum menschlichen Willen enthält Geheimnisse. Manchmal lenkt Gott die Entscheidungen eines Menschen in merklicher Weise, manchmal überlässt er den Menschen sich selbst. Niemand kann behaupten, er sehe das ganze Bild. Daher sind unterschiedliche Deutungen unausweichlich.

Sodann müssen wir zugeben, dass einige Abschnitte dunkel sind; und zählen wir auch zu dieser Tatsache noch jene dazu, dass wir in unserem Verständnis der biblischen Sprachen und Kultur beschränkt sind. Die Kenntnis des Griechischen und Hebräischen und auch der Archäologie kann einen Abschnitt erhellen, den wir sonst schwerlich verstünden.

Ein grundlegendes Prinzip ist, dass kein einzelner Vers als Grundlage genommen werden soll, um andere Abschnitte zu erklären. Wäre z. B. Apostelgeschichte 2,38 der einzige Vers in der Bibel zur Lehre über die Errettung, dann könnten wir zum Schluss kommen, die Taufe sei heilsnotwendig. Petrus sagt dort: „Tut Buße, und ein jeder von euch werde getauft auf den Namen Jesu Christi zur Vergebung der Sünden, und ihr werdet die Gabe des Heiligen Geistes empfangen.“ Meinte nun Petrus, wir müssten getauft werden, um das Heil zu erlangen, widerspräche er Dutzenden von neutestamentlichen Stellen, die deutlich lehren, dass die Taufe nicht heilsnotwendig ist. Das ist ein Wink, dass Petrus seine bestimmten Gründe gehabt haben muss, warum er im gleichen Atemzug Buße und Taufe erwähnt. Im Kapitel über die Taufe werden wir näher darauf eingehen.

Menschliche Beschränktheit erklären manche Unterschiede in der Auffassung. Dieser Faktor darf aber nicht überbewertet werden. Die Grundlehren der Bibel sind klar genug für einen jeden, der willens ist, die Wahrheit zu verstehen. Ich habe Neubekehrte kennen gelernt, die durch das eigenständige Lesen der Bibel zu hinlänglich guten lehrmäßigen Ansichten kamen, ohne dass sie Hilfe von Bibellehrern oder Kommentaren zur Verfügung hatten.

Zweitens müssen wir immer mit der *Verdrehtheit* des Menschen rechnen. Ich denke hier an jene Meinungsunterschiede, die durch Vorurteile entstehen. Wir legen das in die Bibel hinein, was wir wünschen, und zwar aus einer ganzen Reihe von Beweggründen.

So widersteht beispielsweise die menschliche Natur der Erkenntnis, dass wir zu unserer Errettung nichts beitragen, sondern sie nur im Glauben empfangen können. Es scheint vernünftiger anzunehmen, dass wir uns das ewige Leben und Gottes Wohlgefallen durch ein Mindestmaß an eigenen Anstrengungen verdienen. Es ist daher nicht verwunderlich, dass schon sehr früh in der Kirchengeschichte solche Lehren auftauchten. Rituale kommen auf, von denen man glauben soll, dass sie den Sünder der ewigen Seligkeit würdig machen. Im Laufe der Zeit wurde die neutestamentliche Lehre von einem Wust guter Werke, Sakramente und kirchenpolitischer Intrigen überschüttet. Die Gnade war nicht mehr frei, sondern sie wurde von der Kirche verwaltet und musste von ihr erkauft oder für andere Leistungen erworben werden.

Vorurteile sind hartnäckig und langlebig. Wir haben alle

schon mit Menschen zu tun gehabt, die geliebte Traditionen und Dogmen nicht aufgeben, *sogar wenn sie durch die Bibel überzeugt worden sind, dass diese unbiblisch sind.* „Ich wurde als Katholik, Protestant, Baptist, Calvinist oder Lutheraner geboren; ich werde auch als solcher sterben!" Damit sagt man eigentlich: „Ich will meine Überzeugungen nicht überdenken. Ob sie wahr sind oder nicht, ist nicht so entscheidend; ich will beim Altvertrauten bleiben; ich werde meine Herkunft und meine Erziehung nicht verleugnen. Ich habe meinen Glauben, bitte lassen Sie mich in Ruhe!" Es ist eine Tatsache, dass die wenigsten offen sind für Korrektur, besonders in religiösen Fragen. Noch seltener sind Menschen, die bereit sind, ihre Kirchenzugehörigkeit zu ändern, sogar wenn sie zur Überzeugung gekommen sind, dass ihre Kirche keine biblische Grundlage hat. Falsche Lehren und Traditionen werden auf diese Weise von Generation zu Generation weitergereicht.

Drittens müssen wir mit dem *Unglauben* des Menschen rechnen. Ich denke hier an jene Theologen, die alle biblischen Wunder leugnen, weil sie vom weltanschaulichen Vorurteil befangen sind, solche Dinge passierten nicht. So werden die beiden Testamente umgedeutet und dem materialistischen und humanistischen Weltbild angepasst. Rudolf Bultmann meinte daher, das Neue Testament „entmythologisieren" zu müssen, weil der Mensch des 20. Jahrhunderts es sonst nicht akzeptieren könne.

Diese Theologen sagen damit mehr über sich selbst als über die Bibel. Sie haben sich ihre eigenen Kriterien zum Verständnis der Wahrheit zurechtgelegt und richten die Bibel danach. Damit haben sie eigentlich nichts anderes getan, als ihre Selbstbiographie publiziert. Sie breiten ihre Vorurteile gegenüber der Bibel vor aller Welt offen aus. Der Humanist Albert Schweitzer sagte zu den verschiedenen Theologen, die ihr je eigenes „Leben Jesu" geschrieben hatten: „Jeder schuf sich seinen Jesus nach seinem eigenen Bild. Es gibt keine Arbeit eines Historikers, die das wahre Ich des Menschen zuverlässiger offenlegt, als das Verfassen eines Lebens Jesu." Schweitzer setzte seinen eigenen Worten die Krone auf, indem er ein „Leben Jesu" schrieb, in dem er Jesus als emotional unbefestigt darstellte!

Der theologische Liberalismus hat seit Jahrhunderten die Christenheit zertrennt. Er ist bei den Lutheranern, Reformierten, Anglikanern, Methodisten und Baptisten eingedrungen, wobei die Trennungen, die er bewirkt hat, nicht auf Grund der *Interpretation* der Bibel, sondern viel mehr auf Grund der verschiedenen Auffassungen über die *Autorität* der Bibel entstanden sind.

Viertens haben wir es mit *Traditionen* zu tun. Anstatt dass man die Bibel als Gottes abgeschlossene und vollständige Offenbarung Gottes anerkennt, hat die menschliche Natur immer ihre Freude daran gehabt, Lücken auszufüllen und diese Zusätze dann zu verbindlichen Richtlinien zu deklarieren. Der Beweggrund zur Übernahme von Traditionen ist häufig ein guter: Man will Dinge klären, welche die Bibel nicht ausdrücklich regelt. Wir wünschten vielleicht alle, dass die Bibel die Frage der Errettung von Säuglingen ganz klar entschiede. Wir hätten gerne die Zusicherung, dass Säuglinge gerettet sind, und zudem wüssten wir gerne, wie das geschieht, da wir ja wissen, dass sie alle unter dem Urteil der adamitischen Sünde geboren sind. Aber über diese Dinge sagt die Bibel nichts. Sie gibt uns nur schwache Andeutungen darüber, was wir in dieser Frage glauben sollen. So entstand die menschliche Lehre, dass die Säuglinge von der Erbsünde befreit werden, wenn man sie tauft. Diese Tradition wurde schließlich zum Dogma, das die Autorität biblischer Lehren bekam.

War einmal das *Prinzip* der Tradition als verbindliche Lehre akzeptiert, war die Tür aufgestoßen für jegliche andere Lehre, die man der Kirche aufband. Die Erhöhung Marias, die Gebete zu den Heiligen, die Sukzession des Petrusamtes und eine Unzahl anderer Dogmen, die sich im Neuen Testament nicht finden, bekamen die gleiche Autorität wie die Heiligen Schriften selbst.

Katholiken und Protestanten sind sich über den Wert der Traditionen nicht einig. Das diesbezügliche fundamentale Prinzip der Reformation lautete *sola scriptura*, allein die Schrift, darf Maßstab für Glauben und Praxis sein. Der Katholizismus gibt hingegen der Tradition den gleichen Wert wie die Bibel, wie der Papst Johannes Paul wieder bestätigt hat: „Sowohl die Bibel als auch die Tradition muss mit den gleichen Empfindungen der Ergebenheit akzeptiert und gewürdigt werden."

Aber die Tradition ist selten neutral. Fast immer tastet sie die Wahrheit an und verdreht die Klarheit der biblischen Botschaft. Jesus rügte die Pharisäer, weil sie mit ihren Traditionen das Wort Gottes aufhoben.

In den nachfolgenden Kapiteln werde ich eine kurze Geschichte der wichtigsten Lehren präsentieren, welche zu Zerwürfnis Anlass gegeben haben. Immer wieder werden wir uns der Frage stellen müssen, warum die Zerwürfnisse entstanden und warum sie noch fortbestehen.

Kein ernsthafter und verantwortungsbewusster Christ kann sich dem entziehen. Die heutige Mode, von der Wichtigkeit des Christentums zu reden, ohne aber die entsprechenden Lehren zu untersuchen, ist eine ganz verfehlte Sache. Wir können nur dann einen Überbau errichten, wenn wir auf dem Fundament stehen. Ich habe dieses Buch mit der Hoffnung geschrieben, dass Christen zu klaren Überzeugungen kommen und wissen, was sie glauben und warum sie glauben.

Einige werden mit meinen Schlussfolgerungen nicht einverstanden sein, aber alle müssen zustimmen, dass die strittigen Punkte nicht trivial oder irrelevant sind. In der Lehre geht es darum, klar zu erkennen, was Gott über die wichtigsten und für die Ewigkeit entscheidenden Dinge gesagt hat: über Christus, den Himmel, die Hölle, die Errettung.

Die nachfolgenden Kapitel diskutieren einige der bekannten Kontroversen, über die der reife Christ seine Antwort finden muss. Hier gilt das alte, dem Puritaner Richard Baxter (oder eher: Aurelius Augustin; der Übers.) zugeschriebene Wort: „In den notwendigen Dingen Einheit, in den zweifelhaften Dingen Freiheit, in allen Dingen Liebe." In diesem Geist muss unser Streben nach Erkenntnis geführt werden.

Man muss die einzelnen Kapitel nicht der Reihe nach lesen. Sie können ein Kapitel, das Sie gerade interessiert, herauspflücken, etwa über die Taufe, das Abendmahl, die Vorherbestimmung und den freien Willen. Wo immer Sie anfangen, mein Gebet ist, dass Sie angespornt werden, über fundamentale Dinge nachzudenken, die ein jeder wachsende Christ für sich klären sollte.

Kapitel 1

Ist Christus wirklich Gott?

Einige erinnern sich vielleicht noch an die ganzseitigen Anzeigen, die 1982 in den Tageszeitungen erschienen und verkündigten: „CHRISTUS IST JETZT DA.“ Unser Herr Maitreya, der lange erwartete Herrscher der Welt, war endlich gekommen. Kleingedruckt stand darunter, der Angekündigte sei den Christen als der Christus bekannt, den Juden als der Messias. Die Buddhisten nennen ihn den fünften Buddha und die Mohammedaner den Imam Mahdi, während er bei den Hindus Krishna heißt. Und dann kam die große Enthüllung: *Dies sind alles verschiedene Namen für die gleiche Person.*

Ich hatte nicht erwartet, dass diese Art von Häresie in der christlichen Kirche auftreten würde. Aber an einer religiösen Abendveranstaltung kam ich neben einer Pastorin zu sitzen, die in geschickter Weise Christentum mit dem Gedankengut des New Age vermischt und daher lehrt, Gott finde sich in jedem Menschen, er müsse nur entdeckt werden. „Glauben Sie, dass Christus der einzige Weg zu Gott ist?“, fragte ich sie, in der sicheren Erwartung, sie würde mit Nein antworten. „Selbstverständlich glaube ich, dass Christus der einzige Weg zu Gott ist. Was lässt Sie vermuten, ich würde das nicht glauben?“

Ich hakte nach: „Glauben Sie, dass alle Religionen der Welt gleichwertig sind?“ Darauf gab sie die offene Antwort: „Ja, das glaube ich.“ „Wie passt das aber zur Sicht, Christus sei der einzige Weg zu Gott?“, wollte ich darauf hin wissen, worauf sie zurückgab: „*Wenn ich von Christus spreche, dann spreche ich nicht von Jesus von Nazareth.*“ Für sie stand der Name

Christus für einen jeden Gott, an den man glauben mochte. Christus sei das eine universale Prinzip, das sich in allem und in allen finde. Dieser Christus sei natürlich nicht identisch mit dem Jesus der Evangelien.

Theologie war schon immer wichtig, aber noch nie so wichtig wie heute. Ohne es zu merken, saugt die Kirche alte Häresien auf. Darum müssen wir zu den ersten Konzilen der frühen Christenheit zurückkehren. Sie wurden einberufen, um die Lehre klar zu formulieren und Irrlehre zu definieren, sie sollten den Christen den Inhalt ihres Glaubens in klar umrissenen Aussagen vor Augen stellen. Angesichts der weit verbreiteten falschen Ansichten über das Christentum ist es an der Zeit, dass wir uns auf die Grundlagen besinnen. Tun wir es nicht, werden Tausende, die sich für Christen gehalten hatten, am Tag des Gerichts erkennen müssen, dass sie es nicht waren.

Das Konzil von Nikäa vom Jahre 325 definierte die wichtigste Lehre des Christentums. Jenes Konzil zeigte den Unterschied auf zwischen zwei Ansichten über Christus. Obwohl sich diese beiden nur um einen einzigen Buchstaben im griechischen Alphabet (und zwar ausgerechnet ein *Jota*!) unterschieden, machten die versammelten Bischöfe deutlich, dass eine regelrechte theologische Kluft sie voneinander schied. Auf der einen Seite stehen jene, die Gutes über Christus sagen, aber glauben, dass er um ein Weniges geringer sei als Gott; die anderen glauben, dass Christus wahrer Gott vom wahren Gott ist. Dieses Konzil zeigte, warum es möglich ist, dass man an Christus glauben und doch ewig verlorengehen kann. Tausende, die sich als Gläubige verstehen und ausgeben, werden eines Tages zu ihrem Entsetzen feststellen müssen, dass sie *an einen falschen Christus geglaubt haben*. Mehr davon später.

Angenommen, Sie lesen das Neue Testament zum ersten Mal. Wie würden Sie die Gebete Christi zum Vater interpretieren? Würden sie folgern, er sei weniger als Gott? Und wenn er Gott ist, sprach er nur zu sich selbst?

Die Frühkirche stand vor einem verwirrenden Paradox. Auf der einen Seite wurde Christus dargestellt als eine von Gott dem Vater unterschiedene Person. Der Vater sprach zu Christus bei seiner Taufe; Christus sprach seinerseits im Gebet zum Vater. Andererseits wurde Christus eindeutig als Gott vorgestellt, so wie Jesaja vom Messias vorhergesagt hatte, dass er „der starke Gott“ (Jes 9,6) sein werde.

Die frühen Kirchenväter hatten größtenteils noch kein klar gefasstes Konzept von der Dreieinheit. Sie erkannten, dass das Neue Testament Christus als Gott vorstellt, aber sie stellten sich nicht der Frage, wie denn eine solche Lehre sich mit der Tatsache vertrage, dass nur ein Gott ist. Wenn Christus Gott ist, und doch vom Vater unterschieden ist, gibt es dann nicht zwei Götter? Und wenn der Heilige Geist auch Gott ist, sind es dann nicht drei?

Ein Gott oder drei Götter

Denken Sie einmal dieses Stück Dogmengeschichte durch. Um den Glauben an drei Götter zu verhindern, verbreitete sich im dritten Jahrhundert durch die ganze Christenheit eine Lehre, die man „Monarchianismus“ nannte. Monarch bedeutet bekanntlich Alleinherrscher und so besagte diese Lehre, dass die so genannten drei Personen der Gottheit lediglich drei verschiedene Arten, drei Modi, seien, in denen sich die eine Person geoffenbart habe. (Daher nannte man diese Lehre auch Modalismus.) Sowohl Christus als auch der Heilige Geist seien niemand anders als Gott, der Vater, nur in jeweils verschiedener Gestalt. Ebenso wie ein Mann gleichzeitig ein Sohn, ein Vater und ein Bruder sein kann, so habe die eine Person Gottes, des Vaters, verschiedene Rollen übernommen.

Diese Form des Monarchianismus bekannte sich zur wahren Gottheit Christi, wurde aber zur Behauptung genötigt, der Vater selbst sei inkarniert worden. Noetus, einer seiner Hauptvertreter, schrieb: „Als der Vater noch nicht geboren worden war, wurde er zum Sohn, er aus sich selbst, und nicht ein anderer."

Obwohl der Monarchianismus sowohl die Einheit Gottes als auch die Gottheit Christi bekannte, wurde er als Irrlehre verurteilt. Er konnte jene Stellen nicht zufriedenstellend erklären, in denen Christus zu seinem Vater sprach, denn er hätte folgern müssen, dass Christus zu sich selbst gesprochen habe. Oder in welchem Sinn Gott, der Vater, den Sohn am Kreuz habe verlassen können, wenn der Sohn niemand anders als der Vater in einer anderen Rolle gewesen sei. Hatte denn der Vater sich selbst verlassen?

Tertullian von Alexandrien in Aegypten (ca 160 – 215), einer der ersten Theologen, der die Tripersonalität Gottes bezeugte, beschuldigte die Monarchianer, den Heiligen Geist zu verleugnen und zu bekennen, Gott der Vater sei gekreuzigt worden. Diese Lehre wurde nie zu einer ernsthaften Gefahr für die Christenheit, und obwohl sie noch heute existiert, beispielsweise in einer Sekte, die sich „Jesus only" – „nur Jesus" nennt, ist sie fast ganz verschwunden

Wir würden dieser alten Häresie verfallen, wenn wir Gott dem Vater dafür dankten, dass er für uns am Kreuz gestorben sei. Lehrmäßige Genauigkeit verlangt, dass wir die drei Personen der Dreieinheit unterscheiden.

Aber ich greife vor.

Der nächste Disput wird vorbereitet

Nachdem Konstantin der Große sich im Jahre 312 zum Christentum bekehrt hatte, erließ er jenes Edikt, das den Christen

Duldung gewährte, und er erhob damit eigentlich das Christentum zur Staatsreligion. Er stieß zu einer Kirche, in der die Dispute um die Person Christi heftig am Brodeln waren. Uns postmodernen Menschen ist Theologie eine Sache des akademischen Schulbetriebs, aber damals bezog jedermann in den Disputen Stellung. Konstantin sagte, wenn man jemanden auf dem Markt um Wechselgeld bat, werde man in eine Diskussion verwickelt, ob Christus gezeugt oder ungezeugt sei. Wenn man sich nach dem Brotpreis erkundigte, bekomme man zur Antwort, „Gott, der Vater sei größer, der Sohn weniger groß." Wenn man ein Bad wünschte, bekomme man zur Antwort, „dass es nichts gegeben habe, ehe Gott, der Sohn, erschaffen worden sei."[1]

Von diesen theologischen Debatten verwirrt, beschloss Konstantin ein allgemeines Konzil nach Nikäa einzuberufen, das diesen bitteren Disputen ein Ende bereiten sollte. Er hoffte, man würde zu einem Konsens und damit zum Frieden unter den zerstrittenen Parteien kommen. Wenn nicht, würde die Kirche das Imperium nicht einen können. Religiöse Einheit war ihm eine der Voraussetzungen für politische Einheit.

Eine Darlegung der Standpunkte

Wir wollen uns einen Überblick über die verschiedenen Lehren verschaffen, die im ganzen Reich diskutiert wurden.

Im vorhergehenden Jahrhundert (um 250) hatte Origines, der im ägyptischen Alexandrien lebte und wirkte, die These aufgestellt, der Sohn sei dem Vater untergeordnet. Er nannte den Sohn zuweilen sogar den *theos deutoros*, den zweiten Gott. Sonderbarerweise bekannte er sich aber auch zum Glauben an die Gottheit Christi. Was er genau mit der Unterordnung des Sohnes unter den Vater meinte, ist nicht klar.

Arius, ein Presbyter der Kirche in Alexandria, ging einen Schritt weiter als Origines. Wenn der Sohn anderen Wesens ist als der Vater, dann ist es logisch anzunehmen, dass er geschaffen sei. Das würde jene Stellen erklären, in denen die Unterordnung des Sohnes unter den Vater bezeugt wird wie in Johannes 14,28: „Ihr habt gehört, dass ich euch gesagt habe: Ich gehe hin, und ich komme zu euch. Wenn ihr mich liebtet, so würdet ihr euch freuen, dass ich zum Vater gehe, denn mein Vater ist größer als ich."

Arius sagte: „Wenn der Vater den Sohn zeugte, dann hatte der Gezeugte einen Anfang. Daraus ist offensichtlich, dass es eine Zeit gab, in der der Sohn nicht war."

Arius glaubte, der Sohn sei aus dem Nichts erschaffen worden, er sei aber das erste und größte aller von Gott geschaffenen Wesen. Durch den Sohn sei die Welt erschaffen worden und der Sohn sei der Anbetung würdig, weil er von Gott adoptiert worden sei.

Diese Sicht kam allen entgegen, die vom heidnischen Denken jener Zeit beeinflusst waren. Wenn Sie meinen, zeitgenössische Theologie sei nicht von den jeweils herrschenden Philosophien beeinflusst, dann beachten Sie, wie genau die Vorstellung eines erschaffenen Christus den Vorstellungen des damaligen griechischen Denkens entsprach.

Die Gnostiker (Anhänger der Gnosis, das auf Griechisch „*Erkenntnis*" bedeutet) glaubten, die Materie sei etwas Böses, weshalb es nicht möglich sei, dass Gott Mensch werden könne, denn andernfalls würde er vom Bösen befallen werden. Sie gaben vor, verborgenes Wissen zu besitzen, nach dem es einen obersten Gott gebe, der über allem stehe, dass es aber viele untergeordnete Götter zwischen Himmel und Erde gebe, die Gottes Werke tun. Christus könne als der größte dieser erschaffenen Götter angesehen werden. Dem heidnischen Denken war das eine akzeptable Theorie, die ihm eher einleuchtete als die Lehre, dass Christus als das ewige Wort von Ewigkeit her existiert und Gott dem Vater gleich ist. Denn eine Menschwerdung Gottes würde bedeuten, dass Gott mit Materiellem besudelt worden sei.

Arius gewann mit seinen Ansichten eine große Anhängerschaft, denn er verstand es sehr geschickt, seine Lehre verständlich zu präsentieren. Er verpackte seine Lehre in kurze Merksprüche, welche das Volk auf der Straße und die Kinder in der Schule bald auswendig konnten.

Viele Sekten sehen in Arius einen ihrer Glaubenshelden. Die Zeugen Jehovas glauben, Christus sei ein Gott, aber nicht vollkommen Gott. Einer ihrer Gründer, Charles Russel, sagte: „Als Gottes erste Schöpfung war er mit dem Vater im Himmel von Anbeginn aller Schöpfung. Jehova verwendete ihn bei der Erschaffung aller anderen Dinge, die erschaffen wurden." Stellen wie Kolosser 1,15 und Offenbarung 3,14, wo Christus „der Anfang der Schöpfung Gottes" heißt, werden als Beleg dafür zitiert, Christus sei das erste aller erschaffenen Wesen.

Arius legte seine Lehre auf dem Konzil von Nikäa dar, und nun musste die Kirche im Licht der Bibel seine Sicht beurteilen.

Die Gegenpartei wurde vom großen Theologen und Apologeten Athanasius (ca. 296-373) angeführt. Als ein Verfechter der Orthodoxie beharrte er darauf, dass Jesus Christus vollkommen Gott und dass er gleichen Wesens mit dem Vater ist. Er trat in besonderer Weise für die Lehre der Trinität ein, dass Gott eine Drei-Einheit ist. Er bezeugte, man könne folgende Aussagen ohne Widerspruch vertreten: 1) Christus und der Heilige Geist sind beide vollkommen Gott; 2) beide sind in gewisser Hinsicht voneinander und vom Vater unterschieden; 3) Gott ist einer.

Athanasius glaubte, dass die drei Personen nicht getrennt sind, denn das würde Polytheismus bedeuten, sondern dass sie in der Substanz und im Wesen eins sind. Der Kirchenhistoriker Reinhold Seeberg schrieb, dass Athanasius begriffen hatte „dass nur, wenn Christus Gott ohne jede Einschränkung ist, Gott Menschengestalt angenommen hat, und nur dann ist Gemeinschaft mit Gott, Vergebung der Sünden, Gottes Wahrheit und Unsterblichkeit den Menschen zuteil geworden".

Es ist klar, dass Christus entweder Gott oder dann ein erschaffenes Wesen sein muss. Aber auf jedem Konzil findet sich jemand, der glaubt, er habe einen Kompromiss gefunden, der beide Parteien befriedigen müsse. Der Historiker Eusebius von Cäsarea führte eine große Mittelpartei an, die behauptete, sie könne die Kluft zwischen den zerstrittenen Parteien überbrücken. Er hielt zur arianischen Sicht, Christus sei anderen Wesens als Gott, der Vater, aber er unterstützte Athanasius in der Lehre der Gottheit Christi. Er meinte, man könnte die Natur Christi als *homoiousios* (ähnlich) zur Natur Gottes des Vaters bezeichnen. Christus sei *wie* Gott, aber er *sei* nicht Gott in uneingeschränkter Weise.

Dieser Disput sollte nun an einem der wichtigsten Konzilien der Kirchengeschichte entschieden werden. Welche der drei Sichtweisen setzte sich durch?

Das Konzil tagt

Konstantin begriff, dass diese Differenzen sein Reich zu spalten drohten. Er hatte die Hauptstadt des Reiches von Rom nach Byzanz (dem späteren nach ihm benannten Konstantinopel und heutigen Istanbul) verlegt und lud daher die Delegierten nach Nikäa ein, etwa fünfzig Kilometer von der neuen Hauptstadt entfernt. So trafen sich im Jahre 325 ganze 318 Bischöfe, um mit den Fragen der Gottheit Christi und der Trinität zu ringen. Man denke an die Umstände! Da waren Männer, die nur wenige Jahre zuvor ihres Glaubens wegen verfolgt worden waren. Viele konnten die Spuren der Folter an ihrem Leib zeigen. Jetzt aber, da der Kaiser sich bekehrt hatte, reisten sie offen zu einem Konzil und der Kaiser bezahlte alle Spesen!

Konstantin hielt selbst die Eröffnungsrede. Er erinnerte die Bischöfe daran, dass sie diese theologischen Streitigkeiten schlichten mussten, da eine Spaltung im Reich schlimmer sei als Krieg. Er hoffte auf eine schnelle und freundschaftliche Beilegung.[2]

Zuerst musste Arius seine Sicht darlegen, nach der Christus ein erschaffenes Wesen sei, wenngleich das erste und vornehmste unter ihnen: „Der Sohn hatte einen Anfang, aber Gott ist ohne Anfang."

Die Versammlung verurteilte das bald als Häresie und als Gotteslästerung. Das war nun geklärt. Schwieriger wurde es mit dem Projekt von Eusebius von Cäsaräa. Er war sowohl ein persönlicher Freund des Kaisers als auch ein Verehrer von Arius, und darum präsentierte er seinen Kompromiss. Christus könne wohl Gott genannt werden, aber er sei nicht gleichen Wesens mit dem Vater.

Aber die meisten der anwesenden Bischöfe glaubten, dass man Christus nicht im Vollsinn des Wortes Gott nennen könne, wenn er mit dem Vater nicht wesensgleich sei. Er konnte nur Gott sein, wenn er das gleiche Wesen hatte.

Die Position des Athanasius wurde präsentiert. Sein Glaube war, wie wir uns erinnern, der, dass Christus „wahrer Gott vom wahren Gott, gezeugt, nicht gemacht, eines Wesens mit dem Vater ist". Das entsprechende griechische Wort lautete *homoousion* („von gleichem Wesen"). Dieses Bekenntnis konnte nicht anders verstanden werden, als dass Christus ohne Einschränkung Gott ist.

Nach mehrtägigen Debatten sah der Kaiser ein, dass der Kompromiss von Eusebius nicht durchkommen würde. Es setzte sich ein Konsens durch, dass Christus mit dem Vater *gleichen* Wesens ist. Daher entschied der Kaiser, selbst einzuschreiten und für Athanasius Partei zu ergreifen. So kam das Nikäische Glaubensbekenntnis zu Stande:

„Ich glaube an Gott, den allmächtigen Vater, Schöpfer des Himmels und der Erde ... an einen Herrn Jesus Christus, den eingeborenen Sohn Gottes, vom Vater gezeugt vor aller Welt. Gott von Gott, Licht vom Licht, wahrer Gott vom wahren Gott, gezeugt, nicht geschaffen, von gleichem Wesen wie der Vater."

Alle außer zwei Bischöfen unterschrieben das Bekenntnis. Die beiden wurden wie Arius in die Verbannung geschickt. Konstantin zelebrierte ein großes Bankett, um den glücklichen Abschluss des Konzils zu feiern. Eusebius, der mit seinem Kompromiss gescheitert war, unterschrieb später das neue Bekenntnis, und er hielt in seiner Kirchengeschichte fest, dass alle Bischöfe mit dem Kaiser an einer Tafel sagen, umgeben von Wachen mit gezogenen Schwertern, unter denen sich die Männer Gottes frei und ohne Furcht bewegen konnten: „Man konnte sich leicht vorstellen, dies sei das Reich Christi, oder meinen, es sei ein Traum und nicht Wirklichkeit."

Aber der Sieg war ein zwiespältiger. Einige der Abgeordneten waren der Ansicht, es sei der Einfluss des Kaisers gewesen, der das Ergebnis entschieden hatte, hatte er doch das ganze Gewicht seiner Person in die Waagschale des Athanasius geworfen. Das Ergebnis müsse daher eher als politisch denn theologisch begründet gelten.

Athanasius selbst war gar nicht zufrieden, dass Konstantin sich in die Debatte eingeschaltet hatte. Ihm wäre es viel lieber gewesen, er hätte die Abgeordneten überzeugen können, als dass die politische Macht dem Disput ein Ende setzte.

Unglücklicherweise war der Disput mit diesem Scheinsieg der Athanasianer bei weitem nicht beendet. Der Arianismus verbreitete sich in vielen Kirchen des Imperiums und die nachfolgenden Kaiser ergriffen einmal für Arius, einmal für Athanasius Partei, je nach momentaner Stärke der beiden theologischen Lager, und jedesmal wurden die Dissidenten in die Verbannung geschickt. Athanasius setzte seinen Kampf gegen den Arianismus mit großer Zähigkeit fort, und als es schien, als ob jedermann Arianer werden wollte, sagte er: „Athanasius gegen den Rest der Welt!“ Fünfmal wurde er ins Exil geschickt, aber er wich nie von seiner Überzeugung der uneingeschränkten Gottheit Christi.

Später zerstritten sich die Arianer untereinander und ihr Einfluss begann zu schwinden. Das Konzil von Rom (341) und das Konzil von Konstantinopel (381) bestätigten das Nikäische Bekenntnis, welches bis zum heutigen Tag die Grundlage des orthodoxen historischen Glaubens der Kirche geblieben ist.

Ist das Bekenntnis theologisch korrekt? Manchmal wird eingewendet, die Bibel sage nirgends, Christus sei wahrhaftig Gott, der das gleiche Wesen besitze wie Gott der Vater. Aber folgende Bibelstellen bezeugen die Gottheit Jesu Christi: Jesaja 9,6; Johannes 1,1; Römer 9,5; Hebräer 1,8 (siehe auch 1. Timotheus 3,16 [TR, Lu 1912, Elberf.], und vor allem 1. Johannes 5,20). Zudem gibt es Dutzende von biblischen Abschnitten, in denen die Gottheit Christi durch die ihm zugeschriebenen göttlichen Eigenschaften indirekt bezeugt wird.

Was bedeuten dann die beiden oft herangezogenen Stellen Kolosser 1,15 und Offenbarung 3,14? In Kolosser 1 wird Christus *prototokos* aller Schöpfung genannt, was so viel bedeutet wie *„erster Erzeuger“*. (Je nach dem, wo der Akzent gesetzt wird, bedeutet das griechische Wort *prototokos* entweder „der zuerst Geborene“ oder „der zuerst Zeugende“, nämlich: *prot–tokos* = Erstgeborener; *protot–kos* = Ersterzeugender. Nun setzte man zur Zeit der Niederschrift des NT noch keine Akzente; von daher ist es absolut korrekt, statt des in den Bibelübersetzungen üblichen „Erstgeborener aller Schöpfung“ vom „Ersterzeugenden aller Schöpfung“ zu sprechen). Aber auch wenn man *„Erstgeborener“* übersetzt, bedeutet das nicht, dass Christus von allen Geschöpfen das zuerst geschaffene sei. Jakob war nach Esau geboren und doch war Jakob der Erstgeborene (und von David sagt Gott ausdrücklich, er werde ihn zum Erstgeborenen machen, obwohl David der zuletzt Geborene unter den Söhnen Isais war; siehe Ps 89,27). Es ist nicht die zeitliche Reihenfolge, sondern der Rang, der entscheidet, ob jemand *Erstgeborener* heißt oder nicht. Christus hat den Vorrang. (In Offenbarung 3,14 nennt Christus sich selbst *arche* der Schöpfung Gottes, das ist Urgrund, Ursprung der Schöpfung, nicht das erste geschaffene Wesen; d. Übers.)

Warum ist das alles wichtig für mich?

Kritiker haben sich oft darüber lustig gemacht, dass man sich beim Konzil von Nikäa wegen eines Jota stritt. Wie wir uns erinnern, liegt der Unterschied des griechischen Terminus, ob Christus Gott *ähnlich* und Gott *gleich* sei, nur an diesem einen Buchstaben (Arius: *homoiousion* = ähnlich seiend; Athanasius: *homoousion* = gleich seiend). Das sei typisch für Theologen, diese professionellen Haarspalter, die sich lieber den Problemen des wirklichen Lebens zuwenden sollten. Wäre es nicht besser gewesen, sie hätten sich um die Armen gekümmert, als über theologische Spitzfindigkeiten zu streiten?

William Hordern hat eine Geschichte erzählt, die zeigt wie ein einziger Buchstabe oder ein Komma die Bedeutung einer Botschaft verändern kann. Als man noch den Telegraphen benutze, gab es entsprechende Zeichen für die Interpunktion. Eine Frau, die in Europa auf Reisen war, sandte ihrem Ehemann ein Telegramm, in dem sie ihn fragte, ob sie ein Armband für 75 000 $ kaufen dürfe. Der Mann telegraphierte zurück: „No, price too high. Nein, Preis zu hoch". Der Mann am Schalter ließ beim Morsen das Komma aus und die Botschaft lautete: „No price too high. Kein Preis zu hoch." Sie kaufte das Armband, der Ehemann klagte das Telegraphenamt an und er gewann! Nach diesem Prozess mussten die Beamten beim Morsen die Satzzeichen ausbuchstabieren. Ein Komma oder eben ein „Jota" kann eine ganze Botschaft vollständig entstellen.[3]

Obwohl man in Nikäa nur über die beiden griechischen Wörter *ähnlich* und *gleich* stritt, war der strittige Punkt von unendlichem Gewicht. Alle Theologen vergangener Jahrhunderte sind der Überzeugung gewesen, dass kein Disput über moralische oder gesellschaftliche Probleme nur annähernd so gewichtig sein kann, wie das Ringen um die Frage der Gottheit Christi. Die wirkliche Frage ist nämlich die, ob Christus genügt, um der Retter der Menschheit zu sein.

Wäre Christus sogar das höchste und edelste aller Geschöpfe Gottes, wäre Gott nur indirekt in der Errettung des gefallenen Menschen eingebunden. Die Errettung hätte Gott wenig gekostet. Eines seiner Geschöpfe hätte für die Menschen gelitten; Gott hätte dann „die Schmutzarbeit" an einen anderen delegiert.

Wäre aber Errettung möglich gewesen, hätte Gott das Leiden einem seiner Geschöpfe übertragen? Nein. Nur Gott selbst kann den Menschen mit sich versöhnen. Bischof Moule sagte sehr richtig: „Ein Retter, der nicht ganz Gott ist, wäre wie eine Brücke, die kurz vor der anderen Seite aufhört." Die einhellige und in sich schlüssige Lehre der Bibel ist die, dass Gott litt; darum nur können wir sagen, *die Errettung ist des Herrn.*

Man kann es auch so ansehen: Gott brauchte ein Lösegeld, um den Menschen von seiner Schuld zu befreien, aber er war der einzige, der seinen eigenen Forderungen gerecht werden konnte. Ein Richter in Kalifornien erklärte einen Delinquenten für schuldig und sprach das Strafmaß aus. Dann verließ er seinen Sitz und *bezahlte eigenhändig das*

Strafgeld, das er auferlegt hatte. In der Errettung erklärt Gott uns für schuldig und er bezahlt unsere Schuld. Er allein kann seine Forderungen zufriedenstellen. Ein Retter, der weniger ist als Gott, wäre für die Aufgabe nicht qualifiziert; Gott musste es selber tun.

Die Gottheit Christi muss bezeugt werden, sonst werden wir zu Götzendienern. Christus nahm Anbetung und Gebete von den Menschen an, als er auf der Erde war, ohne jemals zu widersprechen. Er vergab auch Sünden. Die Juden begriffen damals sehr gut, was das bedeutete, und fragten daher: „Wer kann Sünden vergeben außer Gott?"

Wir haben uns alle schon gefragt, ob man zu Jesus Christus beten dürfe. Es stimmt, dass Christus die Jünger lehrte, in seinem Namen zum Vater zu beten. Aber es ist richtig, zu Christus zu beten, denn er ist Gott ohne Einschränkung. Im Himmel wird der Sohn zusammen mit dem Vater angebetet.

Vor etlichen Jahren schrieb ein gewisser Bischof Pike, der alle Grundlehren des Christentums leugnet, ein Buch mit dem Titel *„The Other Side" – „Das Jenseits"*. Es ist die Geschichte seiner Versuche, mit seinem Sohn, der Selbstmord begangen hatte, Kontakt aufzunehmen. Pike trifft schließlich seinen Sohn durch ein Medium und die beiden beginnen ein Gespräch. Der Vater fragt den Sohn (es handelt sich natürlich um einen Dämon, der sich als sein Sohn ausgibt), ob man im Jenseits viel von Christus rede, worauf der Sohn antwortet. „Nein, hier unten reden wir nicht viel von ihm."

Sie können gewiss sein, wenn Sie nach Ihrem Tod die Augen aufschlagen und sich an einem Ort befinden, wo man nicht viel von Jesus redet, dann sind Sie auf der falschen Seite der Ewigkeit gelandet. Das Buch der Offenbarung zeigt uns, dass der Himmel erfüllt ist vom Lob und von der Anbetung Christi, des Lammes.

Christus sagt uns, dass er das Alpha und das Omega ist. Der große Brockhaus erscheint in 24 wuchtigen Bänden, angefüllt mit Information. Die Verfasser mussten nie den Bereich der 27 Buchstaben des deutschen Alphabets verlassen, um all ihre Aufsätze über Geschichte, Geographie, Literatur und Naturwissenschaften zu schreiben. Genau so verhält es sich mit Christus. Wir müssen ihn nicht verlassen, um alle geistliche Wahrheit und Weisheit zu finden, die wir brauchen. In ihm wohnt die Fülle der Gottheit leibhaftig.

Wenn Christus nicht Gott ist, dann hat Gott uns nicht gerettet, und alle Anbetung, die er akzeptierte, und seine Zusage der Vergebung von Sünden wären Gotteslästerung gewesen.

Welcher Christus rettet?

Kehren wir noch einmal zum Gespräch zurück, das ich mit jener Pastorin über die Person Christi hatte. Sie glaubte, dass Christus der einzige Weg zu Gott ist, aber glaubte gleichzeitig, dass alle Religionen der Welt ein Ausdruck des Christus seien. Der Christus, den sie verkündigte, decke sich nicht mit Jesus von Nazareth.

Jetzt können wir besser verstehen, warum Tausende, die an Christus glauben, verloren gehen. *Sie glauben an einen Christus, der nicht fähig ist, sie zu retten.* Sie haben an einen Antichristus geglaubt: „Hieran erkennet ihr den Geist Gottes: Jeder Geist, der Jesum Christum im Fleische gekommen bekennt, ist aus Gott; und jeder Geist, der nicht Jesum Christum im Fleische gekommen bekennt, ist nicht aus Gott; und dies ist der Geist des Antichrists, von welchem ihr gehört habt, dass er komme, und jetzt ist er schon in der Welt" (1Jo 4,2-3).

Ich habe lernen müssen, es nie mehr zu unterlassen, jeden, der sagt, er glaube an Christus, zu fragen: „An welchen Christus glauben Sie?" Albert Schweitzer, der Philanthrop, glaubte an einen Christus, der emotional gestört war; Rudolf Bultmann glaubte an einen mythologischen Christus; Immanuel Kant glaubte an einen menschlichen Christus. Viele Anhänger heutiger Sekten glauben an einen Christus, der erschaffen wurde.

Die New Age Bewegung hat viel Einfluss gewonnen mit ihrer Lehre, alle Religionen der Welt seien im wesentlichen gleich und ihre Einheit finde sich in der Kraft des Denkens. Diese Kraft sollte daher *Christus* genannt werden. Sogar Mutter Theresa, die von Evangelikalen so hoch gelobt wird, sagt, Bekehrung bedeute, dass wir Gott in unserem Leben annehmen. „Wir werden dann zu einem besseren Hindu, einem besseren Moslem, einem besseren Angehörigen unserer Religion ... Was Gott in deiner Vorstellung ist, das musst du annehmen.“[4]

Der französische Priester Teilhard de Chardin erläuterte seine neue Theologie, nach der die Seele der Antrieb zur Evolution ist. Er lehrte, dass der Mensch sich zu einem höheren Wesen entwickelt, indem er durch den alles durchdringenden Geist eines kosmischen Christus geadelt werde.

Der stärkste Glaube kann uns nicht in den Himmel tragen, wenn wir einem Christus vertrauen, der nicht retten kann. Die Frage ist, welcher Christus uns retten kann.

Um diese Frage zu beantworten, müssen wir auf das Nikäische Glaubensbekenntnis zurückkommen. Nur der menschgewordene Christus, der vollkommen und ohne Einschränkung Gott ist, kann ein Retter sein.

Die Trinität

Wie schon gesagt, die Gottheit Christi zu bekennen, heißt, an die Dreieinigkeit zu glauben. Wenn Christus Gott ist, aber doch von Gott dem Vater unterschieden, dann muss es mindestens zwei Personen in der Gottheit geben. Da nun die

Bibel lehrt, dass auch der Heilige Geist Gott ist, muss die Gottheit als eine Trinität verstanden werden.

In seinem Buch *De Trinitate* (Von der Trinität) schreibt Augustin das Nikäische Glaubensbekenntnis fort. Er betont die Einheit im Wesen und die Dreiheit der Personen in der Gottheit. Aber er hielt sorgfältig fest, dass sie nicht wie drei menschliche Personen sind, die getrennte Wesen sind; vielmehr durchdringen sie sich gegenseitig und wohnen ineinander.

Augustin gab zu, dass der Begriff *Person* nicht so gut ist, da er auf Polytheismus schließen lässt, aber er verwendete ihn „nicht, um auszudrücken, sondern um nicht schweigen zu müssen". Er erkannte, dass keine Worte die Beziehung der Trinität angemessen ausdrücken können. *Person* vermittelt die Vorstellung von Individualität und Vereinzelung; *Modus* ist zu unpersönlich.

Ein Theologe sagte: „Wenn wir dem Wort *Person* die Bedeutung der Individualität und dem Wort *Aspekt* das Unpersönliche nehmen könnten, wäre beide Ausdrücke brauchbar."

Eine Analogie kann uns helfen. Augustin sagte, weil der Mensch im Bilde Gottes erschaffen ist, ist sein Geist, sein Denken, ein Beispiel für Trinität: Gedächtnis, Verstand und Wille haben alle Teil an der gleichen Substanz, am gleichen Wesen, und doch sind sie in der Funktion unterschieden. Aber auch Augustins Vergleich hinkt, denn diese Funktionen sind zu unpersönlich. Wir müssen drei Personen bekennen, die aber alle ein und desselben Wesens sind.

Manchmal behauptet man, Christen glaubten an einen Widerspruch, dass eins gleich drei sei. Das ist natürlich eine Unterstellung. Wir sagen nicht, dass ein Gott gleich drei Göttern ist, sondern dass ein Gott in drei „Personen" geoffenbart ist, wobei das Wort *Person* nicht in einem individualistischen Sinn verstanden werden darf.

Auf diesen Felsen

Die Gottheit Christi ist mithin die Grundlage christlicher Lehre. Es genügt nicht, an Christus zu glauben, sondern wir müssen an den Christus der Schrift glauben, an den Christus, der allein retten kann. *Die Größe des Glaubens ist nicht so wichtig wie der Gegenstand des Glaubens.* Sie haben vielleicht allen Glauben, dass das Eis auf dem Weiher Sie tragen könne, wenn es aber nur einen Zentimeter dick ist, werden Sie einbrechen. Umgekehrt mögen Sie Ihre Zweifel haben, ob das Eis hält, auf dem Sie marschieren, auch wenn es zwanzig Zentimeter dick ist, aber es wird Sie trotz Ihrer Ängste tragen.

Glaube allein rettet nicht, sondern nur Glaube an eine Person, die befähigt ist, dem Menschen Heil zu geben. Nicht alle, die sagen: „Herr, Herr" werden ins Reich der Himmel eingehen. Der Christus der Sekten hat nicht die Macht, die Strafe der Sünde zu bezahlen. An einen Christus zu glauben, der weniger als Gott ist, heißt seinen Glauben auf einen nichtigen Gegenstand richten.

Das Konzil von Nikäa hat das Christentum bis zum heutigen Tag gespalten. Auf der einen Seite stehen Menschen, die schöne Sachen über Christus sagen, aber darauf beharren, dass er weniger als Gott sei. Auf der anderen Seite stehen Menschen, die glauben, dass er „Gott vom wahren Gott" ist. Diese beiden Gedankenströme fließen in verschiedene Richtungen und münden nie ineinander.

Wir sollten dankbar sein, dass jene, die uns in der Kirchengeschichte vorangegangen sind, darauf bestanden haben, dass wir an einen Christus glauben, der Gott ist. In seiner Person vereint er Gott und den Menschen. In seinem Tod versöhnt er den Menschen mit Gott. Errettung oder Verdammnis; Himmel oder Hölle. Das war die Entscheidung, um die man in Nikäa rang.

Anmerkungen

1. Bruce L. Shelley, *Church History in Plain Language* (Waco: Word Books, 1982), S. 113.
2. Shelley, S. 115.
3. William E. Hordern, *A Layman's Guide to Protestant Theology* (New York: Macmillan, 1955), S. 15-16.
4. Desmond Doig, *Mother Theresa: Her People and Her Work* (New York: Harper and Row, 1976), S. 156.

Kapitel 2

Ist Christus wirklich Mensch?

Als ein Freund von mir einmal in Dallas mit christlichen Büchern von Haus zu Haus ging, fragte ihn der Mann, der die Tür geöffnet hatte: „Glauben Sie, dass Jesus Christus Gott ist?", worauf mein Freund sagte: „Ja, das glaube ich."

„Glauben Sie auch, dass Jesus Christus am Kreuz starb?" – „Ja, auch das glaube ich." – „Dann will ich von Ihnen nichts mehr hören!", versetzte der Hausbesitzer. „Ich kann keine Theorie brauchen, die besagt, damals sei Gott gestorben."

Wie hätten Sie geantwortet? Das klingt doch logisch, oder nicht? Wenn Christus Gott ist und er starb, *dann starb Gott!* Die einfache Antwort wäre, dass dort seine Menschheit starb, nicht aber seine Gottheit. Wenn das zutrifft, dann starb lediglich ein *Mensch* für unsere Sünden und Gott war nur indirekt vom Kreuzesgeschehen betroffen. Die Schlussfolgerung wäre, dass die Menschheit und nicht die Gottheit den Preis der Erlösung bezahlte.

Kein Geheimnis hat den Verstand der Theologen mehr herausgefordert als das der Menschwerdung. Am Weihnachtsabend fragte mich vor vielen Jahren unsere sechsjährige Tochter: „Wer passte auf die Welt auf, als Gott ein Baby war?" Eine gute Frage, aber schwer zu beantworten.

Mit solchen Fragen mühten sich die Theologen während des fünften Jahrhunderts ab, einer Zeit, in der theologische Diskussionen ganz Europa durchdrangen. Verschiedene Theorien wurden vorgetragen, wie man die Menschwerdung zu verstehen habe. Einige betonten die Menschheit Christi, andere seine Gottheit. Einige meinten, die beiden Naturen seien vermischt gewesen, andere, dass sie voneinander geschieden geblieben seien. Wenn Christus entweder ausschließlich Gott oder ausschließlich Mensch gewesen wäre, hätten wir es nicht so schwer, ihn zu verstehen. Da er aber beides ist, besteht immer die Gefahr, dass man eine seiner Naturen auf Kosten der anderen überbetont.

Wie wir wissen erschien Christus in einer Zeit, die glaubte, die Materie sei an sich schon etwas Böses. Um das Christentum dem herrschenden Zeitgeist anzupassen, wurden zwei Theorien entwickelt. Eine leugnete die Gottheit Christi (das war das Thema des vorherigen Kapitels), die andere leugnete seine Menschheit. Die Gnostiker leugneten beides.

Der Einfluss Platons

Unsere Vorstellung von Philosophen ist meist die, dass das Leute sind, die in ihrem Elfenbeinturm sitzen und sich Antworten auf Fragen ausdenken, die kein Mensch stellt. Das ist natürlich ein Zerrbild, obwohl es zutrifft, dass Philosophen spekulative Gemüter sind, aber sie haben oft Dinge gedacht und ausgesprochen, die das Denken ganzer Kontinente beherrscht haben.

Der berühmte griechische Philosoph Platon (428-348 v. Chr.) war für das Christentum beides, ein Segen und ein Fluch. Ein Segen, weil seine Philosophie die Leute mit abstraktem Denken und Fragen nach dem Ursprung aller Dinge vertraut machte. Einigen schien seine Philosophie sogar mit dem Christentum vereinbar zu sein, weil er an die Unsterblichkeit der Seele glaubte. Aber letztlich wurde seine Philosophie zum Fluch für das Christentum, denn sein Denken vertrug sich nicht mit der Wahrheit der Inkarnation (der Menschwerdung). Es richtete unter den Christen mindestens so viel Schaden an wie die Verfolgungen durch die römischen Kaiser. Die

Ideen eines einzigen brillianten Kopfes bedrohten die Grundlagen des christlichen Glaubens.

Platon unterschied, wie wir uns erinnern, scharf zwischen der materiellen Welt und der Welt der Begriffe (die er „*Ideen*“ nannte). Ihm war die materielle Welt eine Welt beständiger Veränderung und Auflösung; die Ideen hingegen waren von Bestand und Vollkommenheit. Ich kann beispielsweise befinden, es sei draußen kalt; du findest hingegen, es sei warm. Unser Leib ist subjektiven Empfindungen und Wahrnehmungen unterworfen. Aber die Idee 2 + 2 = 4 bleibt konstant, da magst du Schüttelfrost haben und sich der Mond in grünen Käse verwandeln.

Was hat nun das mit der Häresie zu tun, die die Kirche bedrohte? Unter der Annahme, die Materie sei minderwertig (böse), haben spätere Platonisten gefolgert, es sei nicht möglich, dass Gott menschliche Natur angenommen habe, *denn, um Mensch zu werden, hätte Gott einen Leib annehmen und damit unvollkommen werden müssen.*

Der *Gnostizismus* war, wie schon festgestellt, eine mächtige Bewegung, die die Kirche im 2. und 3. Jahrhundert arg bedrängte. Wie Platon glaubten die Gnostiker, Gott könne in keiner Weise mit Stofflichem verbunden werden, da dieses böse sei, und doch behaupteten sie, ihre Theorien ließen sich mit dem Christentum vereinbaren. Sie mussten dazu erklären können, wie Gott eine materielle Welt mit allem ihrem anhaftenden Bösen hatte erschaffen und doch makellos bleiben können. Dass er dabei wirklich Mensch geworden sein sollte, müsse man indes ausschließen.

Ihre Lösung hielt zwei Teile bereit. Erstens: Gott schuf (oder, wie sie sagten: Gott ließ emanieren) einen Gott, aus dem wieder ein Gott hervorging, der seinerseits einen nächsten Gott aus sich hervorbrachte, usw., usw.; mindest dreißig Stufen abwärts. So habe Gott eine materielle Welt erschaffen können, ohne selbst mit der Materie in zu enge Berührung gekommen zu sein. Christus sei einer der verschiedenen erschaffenen Götter, die zu uns herabgekommen seien, um uns aus dem Gefängnis des Stofflichen zu befreien. So wurde die Gottheit Christi geleugnet.

Andere behaupteten, Christus sei gar nicht Mensch geworden, er habe nur den *Schein* eines menschlichen Leibes angenommen. Denn wenn er wirklich einen Leib angenommen hätte, wäre er notwendigerweise vom Übel des Stofflichen befallen gewesen, wenn er auch von einer Jungfrau geboren worden war. Um ihn von jeder Befleckung freizusprechen, leugnete diese Form der Gnosis die Tatsache, dass der Herr einen menschlichen Leib hatte. Es schien nur so (Griechisch *dokeo*, „scheinen", daher nennt man diese Irrlehre Doketismus; d. Übers.), womit sie *beides*, sowohl die Gottheit als auch die Menschheit Christi ablehnten.

Diese Theorien zirkulierten schon im 1. Jahrhundert, weshalb Johannes schrieb: „Was von Anfang war, was wir gehört, was wir mit unseren Augen gesehen, was wir angeschaut und unsere Hände betastet haben, betreffend das Wort des Lebens" (1Joh 1,1); und: Johannes besteht darauf, dass die Jünger Christus mit ihren Händen betastet hatten; das war kein leerer Schein gewesen. Der wirkliche Prüfstein dieser Lehre wird in 1. Johannes 4,1-3 genannt: „Geliebte, glaubet nicht jedem Geiste, sondern prüfet die Geister, ob sie aus Gott sind; denn viele falsche Propheten sind in die Welt ausgegangen. Hieran erkennet ihr den Geist Gottes: Jeder Geist, der Jesum Christum im Fleische gekommen bekennt, ist aus Gott; und jeder Geist, der nicht Jesum Christum im Fleische gekommen bekennt, ist nicht aus Gott; und dies ist der Geist des Antichrists, von welchem ihr gehört habt, dass er komme, und jetzt ist er schon in der Welt."

Obwohl heute eher die Gottheit Christi angegriffen wird, mussten die Kirche damals mit gleicher Entschiedenheit die wahre Menschheit Jesu verteidigen. Als Johannes schrieb: „Das

Wort wurde Fleisch" (Joh 1,14), war das eine ungeheuer provokative Aussage. Damit war jedem Platonismus eine radikale Absage erteilt. Gott war Mensch geworden, um den gefallenen Menschen zu erlösen. Die Kirche musste darum die Menschheit Jesu mit der gleichen Klarheit und Schärfe definieren und bezeugen, wie sie es beim Konzil von Nicäa bezüglich der Gottheit Christi hatte tun müssen.

Das erklärt, warum das Apostolische Glaubensbekenntnis, das damals formuliert wurde (um 350), Gottheit und Menschheit Christi mit gleichem Nachdruck hervorhob. Zuerst wird bekannt, dass „Gott der Schöpfer Himmels und der Erde" ist, dann heißt es weiter: Er ist „geboren von der Jungfrau Maria und hat gelitten unter Pontius Pilatus". Dieses Bekenntnis will vor allem ein ausdrückliches Zeugnis zur Menschheit Christi sein, denn es musste den Einfluss griechischer Philosophie abwehren.

Über ein Jahrhundert tobten die christologischen Streitigkeiten (von 350 bis 450). Mit Weisheit begabte Christen erkannten, dass man das Christentum niemals mit den Philosophien dieser Welt vereinbaren konnte. Die Stadt Alexandrien in Nordägypten war besonders stark von griechischem Denken geprägt, und daher kamen viele Gnostiker von dort. Aber Tertullian (160-215), der auch aus Nordafrika stammte, stemmte sich gegen jede griechische Unterwanderung und donnerte: „Was hat denn Athen mit Jerusalem gemein? Welche Übereinstimmung besteht zwischen Häretikern und Christen?" Er kämpfte gegen jeden gnostischen Einfluss für die vollkommene Gottheit und Menschheit Christi.

Schließlich bat Papst Leo der Große den Kaiser Markian, ein allgemeines Konzil einzuberufen, damit die Kirche dem Wirken verschiedener Irrlehren Einhalt gebieten könne. Die Delegierten fanden sich in Chalcedon ein, um die Worte eines Glaubensbekenntnisses auszuarbeiten, das das Verhältnis der göttlichen und der menschlichen Natur Christi so weit wie möglich festlegte. Es war dies das vierte allgemeine Konzil der christlichen Kirche.

Unterbrechung für ein kleines Quiz

Stellen Sie sich vor, Sie seien einer der fast vierhundert Delegierten am Konzil von Chalcedon, einer Stadt direkt vor den Toren Konstantinopels. 126 Jahre zuvor hatte das Konzil von Nikäa bestätigt, dass Christus Gott ist, wesensgleich mit Gott, dem Vater.

Nun besteht die Aufgabe darin, einen Schritt weiter zu gehen und das Verhältnis der beiden Naturen Christi, seiner Menschheit und seiner Gottheit, zu definieren. Sie müssen nun für eine der folgenden Aussagen über dieses Verhältnis stimmen. Für welche Definition entscheiden Sie sich?

1. Christus hatte einen menschlichen Leib, aber die geistigen Aspekte seiner Natur waren göttlich. Physisch war er ein Mensch, aber geistig und geistlich war er Gott. Mit anderen Worten: Er hatte nicht eine menschliche Seele und einen menschlichen Geist; alle immateriellen Seiten seiner Natur waren göttlich.

2. In Christus wurden ein Mensch und Gott miteinander verbunden, ohne dass sich die beiden miteinander vermischten, so dass Christus in Wahrheit zwei verschiedene Personen ist. Die menschliche Person gab sich selbst der göttlichen Person, so dass zwischen beiden ein moralisches Einssein herrschte, aber es besteht keine *wesenhafte* Einheit zwischen den beiden.

3. Die menschliche und die göttliche Natur waren so miteinander verschmolzen, dass die Menschheit an der Gottheit

teilhatte, genauer gesagt: Christus hatte nur eine Natur. Diese Natur war weder Gott noch menschlich, sondern eine Mischung von beiden. Wie ein Tropfen Honig in einem Wasserglas vermengten sich die beiden Naturen und wurden so zu einer neuen, einer dritten Substanz.

4. Keine der oben genannten Definitionen ist richtig.

Sehen wir uns diese Meinungen einzeln an. Die erste wurde von Apollinarius vertreten. Er glaubte, dass Christus sündhaft gewesen wäre, wäre er an Leib, an Seele und an Geist vollständig Mensch gewesen. Zudem könne die menschliche Natur an sich kein Gegenstand der Anbetung sein, weshalb die Anbetung eines Christus, der vollständig Mensch gewesen wäre, Götzendienst bedeuten müsse.

Dem hielt die Kirche zu Recht entgegen, dass Christus kein hinlänglicher Stellvertreter des Menschen und damit dessen Erlöser hätte sein können, wenn er nicht vollkommen und vollständig der menschlichen Natur teilhaftig gewesen wäre. Zum Menschsein gehört das Geistige und Geistliche genauso wie das Leibliche. Daher muss Christus eine menschliche Seele und einen menschlichen Geist gehabt haben. Als die Abgesandten sich im Jahre 451 in Chalcedon einfanden, hatten sie die Irrlehre des Apollinarius bereits an einem früheren Konzil, um 381 zu Konstantinopel, verworfen.

Viele Christen neigen heute zum Apollinarismus, ohne es zu wissen. Das in der angelsächsischen Welt beliebte Weihnachstlied „in Fleisch gehüllt wir Gottheit sehen“ könnte, wenn es nicht korrekt gedeutet wird, apollinarisch verstanden werden. Ich bin immer wieder Christen begegnet, die glaubten, der Leib des Herrn sei von Maria gekommen, aber die geistige Seite (Seele und Geist) sei von Gott gewesen. Er musste aber in allem – Leib, Seele und Geist – Mensch sein, um unser Erlöser zu werden.

Die zweite Sicht, dass Christus zwei Personen gewesen sei, wurde durch den Mönch Nestorius bekannt. Er wurde 428 Bischof von Konstantinopel, zu einer Zeit, in der die Marienverehrung immer mehr aufkam. Er bekämpfte die Vorstellung, dass Maria *theotokos*, „Gottesgebärerin“ heißen sollte.

Nestorius befürchtete, das Volk könne durch diese Bezeichnung veranlasst werden, Maria sei die Mutter der göttlichen Natur Christi. Darum behauptete er, Christus sei zwei Personen und Maria sei die Mutter nur der menschlichen Person, die mit der göttlichen vereint wurde. Christus war also zwei: der Sohn des Menschen und der Sohn Gottes.

Der Nestorianismus schien das Problem zu lösen, wie Jesus Christus als Mensch leiden und gleichzeitig als Gott keinem Leiden unterworfen sein konnte: Es war ganz einfach der Menschensohn der litt, während der Gottessohn nicht litt. Obwohl die beiden Personen miteinander vereint waren, blieben sie doch wesenshaft geschieden.

Man muss Nestorius dafür loben, dass er an die wahre Menschheit und an die wahre Gottheit Christi glaubte. Aber mit seinem Glauben an zwei verschiedene Personen, leistete er einer Art Schizophrenie Vorschub. Die Theologen begannen zu unterscheiden: Das sagte er als Mensch („mich dürstet“), während er das als Gott sagte („Ehe Abraham ward, bin ich“).

Aber noch ernster ist die Tatsache, dass die Sicht des Nestorius die Fleischwerdung leugnet, denn hier wird die Tatsache verdrängt, dass das Wort Fleisch wurde. Der Nestorianismus kann bestenfalls sagen, dass Wort habe sich *zum Fleisch gesellt.*

Schließlich macht diese Sicht die Anbetung Christi schwierig. Wer Christus anbetete, während er auf der Erde wandelte, müsste dann Götzendienst betrieben haben, denn der sichtbare Christus wäre ja nur eine menschliche Person gewesen. Die Menschen, die Christus sahen, hätten dann nur einen Menschen gesehen und nicht Gott. Für Nestorius war es nur die unsichtbare göttliche Person Christi, die angebetet werden durfte.

Am Konzil von Ephesus vom Jahre 431 wurde Nestorius verurteilt, indem man ihm zehn Tage Zeit ließ zu widerrufen.

Wir können leicht in den Irrtum des Nestorius geraten, wenn wir sagen, Christus sei sowohl Gott als Mensch gewesen, wenn wir darunter verstehen, er sei Gott und er sei ein Mensch, also er sei zwei verschiedene Personen gewesen. Es ist besser von ihm als dem Gott-Menschen zu sprechen, um so das Einssein seiner Person zu wahren.

Die dritte Sicht wurde von Kyrill, Bischof von Alexandrien, vertreten, der wegen seiner Verurteilung des Nestorius berühmt wurde. Er lehrte, die beiden Naturen Christi seien miteinander verschmolzen. Es kann zwar sein, dass er im Lauf der Jahrhunderte falsch interpretiert worden ist, aber letztlich ist seine Sicht monophysitisch (das griechische Wort setzt sich zusammen aus monos, einzig, und physis, Natur). Christus hätte dann nur eine Natur gehabt, da die Gottheit und Menschheit sich völlig vermischt hätten. Kyrill wollte damit der falschen Sicht der zwei Personen entgegenwirken. Wenn Nestorius den Gott-Menschen in zwei Personen zerlegt hatte und einzig in der sittlichen Übereinkunft der beiden ein Einssein anerkannte, dann ging Kyrill auf der anderen Seite so weit, dass am Ende nur noch eine Natur übrig blieb, die weder Gott noch Mensch war, sondern eine neue Mischung der beiden. Eutychus, ein umstittener Jünger des Kyrill, führte seine Sicht zu ihrem logischen Ende, indem er behauptete, der Leib Christi sei wesenhaft von jedem anderen menschlichen Leib verschieden gewesen; denn durch die Vereinigung der beiden Naturen sei eine dritte Substanz entstanden.

Wahrscheinlich wurden auch andere Meinungen am Konzil von Chalcedon diskutiert, aber die drei oben erwähnten wurden alle verworfen. Das Konzil verfasste ein Glaubensbekenntnis, das sich spezifisch gegen diese Häresien richtete. Leo der Große dominierte die Diskussion. Er ist bekannt als der Papst, der den Primat der Römischen Kirche vorantrieb und sich zur Stützung seines Anspruchs auf die Worte des Herrn an Petrus berief: „Du bist Petrus, und auf diesen Felsen will ich meine Gemeinde bauen“ (Mt 16,18). Er hatte große staatsmännische Begabung und war ein wirksamer Prediger. Er kämpfte energisch für die volle Menschheit Christi, als der Gnostizismus einzig seine Gottheit anerkennen wollte. Im Jahre 449 hatte er einen Brief an Flavian, den Bischof von Konstantinopel, geschrieben und in ihm die traditionelle Lehre von der Menschwerdung Christi verteidigt. Diese, in der Kirchengeschichte als Leos *Lehrbrief an Flavian* bekannte Schrift, bildete die gewichtigste theologische Quelle beim Konzil.

Das Bekenntnis

Die endgültige Formulierung war im Großen eine Leugnung der drei oben erwähnten Ansichten. Es wurden aber auch einige allgemeine Aussagen über die Einheit der beiden Naturen gemacht:

> *Folgend also den heiligen Vätern, lehren wir alle einstimmig, dass der Sohn, unser Herr Jesus Christus, ein und derselbe sei. Der eine und selbe ist vollkommen der Gottheit und vollkommen der Menschheit nach, wahrer Gott und wahrer Mensch, bestehend aus einer vernünftigen Seele und dem Leibe. Der eine und selbe ist wesensgleich dem Vater der Gottheit nach und wesensgleich auch uns seiner Menschheit nach, „er ist in allem uns gleich geworden, ausgenommen die Sünde“ (Hebr 4,15). Vor aller Zeit wurde er aus dem Vater gezeugt seiner Gottheit nach, in den letzten Tagen aber wurde derselbe für uns und um unseres Heiles willen aus Maria, der Jungfrau, der Gottesgebärerin, der Menschheit nach geboren: Wir bekennen einen und denselben Christus, den Sohn, den Herrn, den Einziggeborenen, der in zwei Naturen*

unvermischt, unverwandelt, ungetrennt und ungesondert besteht. Niemals wird der Unterschied der Naturen wegen der Einigung aufgehoben, es wird vielmehr die Eigentümlichkeit einer jeden Natur bewahrt, indem beide in eine Person und Hypostase zusammenkommen. Wir bekennen nicht einen in zwei Personen getrennten und zerrissenen, sondern einen und denselben einziggeborenen Sohn, das göttliche Wort, den Herrn Jesus Christus, wie schon die Propheten es vor ihm verkündet und der Herr Jesus Christus selbst es uns gelehrt und das Glaubensbekenntnis der Väter es uns überliefert hat.

Man beachte, wie das Credo festhält, dass Christus vollkommen Mensch (gegen den Apollinarismus), aber dass er eine Person war (gegen den Nestorianismus), wobei die beiden Naturen unterschieden sind (gegen den Monophysitismus). Indem gesagt wird, dass die Eigenschaften beider Naturen über eine Person ausgesagt werden können, will das Bekenntnis uns ein Verständnis davon geben, was Johannes meinte, als er schrieb: „Das Wort ward Fleisch."

Es wurde kein Versuch gemacht, genau zu erklären, in welcher Weise die beiden Naturen in einer Person vereint waren, denn die Abgeordneten begriffen, dass sie hier an ein Geheimnis stießen.

Das Credo bezeugte auch, dass Maria die Mutter Gottes sei, nicht weil sie die göttliche Natur hervorgebracht habe, sondern weil sie Mutter des Kindes war, das in der Tat göttlich ist. Der Ausdruck wollte nicht so sehr Maria erhöhen als viel mehr die Gottheit Christi unterstreichen.

Was folgt daraus?

Was hat das uns zu sagen? Ist es denn wichtig, ob Christus vollkommen Mensch war oder nicht?

Wäre Christus nicht vollkommen Mensch, hätte er nicht der Retter der Welt sein können: „Weil nun die Kinder Blutes und Fleisches teilhaftig sind, hat auch er in gleicher Weise an denselben teilgenommen, auf dass er durch den Tod den zunichte machte, der die Macht des Todes hat, das ist den Teufel“ (Hebr 2,14). Im letzten Kapitel zitierten wir Bischof Moule, der sagte, dass ein Retter, der nicht ganz Gott wäre, einer Brücke gliche, die kurz vor dem jenseitigen Ufer abbricht. Aber Christus musste auch vollkommen Mensch sein, um uns zu erlösen. Um uns völlig zu erlösen – Leib, Seele und Geist –, musste er uns gleich werden – Leib, Seele und Geist. Ja, er war vollkommen Mensch.

Und doch hielt das Konzil fest, dass Christus *eine* Person ist. Um uns die Bedeutung dieser Tatsache für das Erdenleben Christi verständlich zu machen, wollen wir einmal an die Versuchung in der Wüste denken. Hätte er sündigen können? Nestorius, der sagte, dass Christus zwei Personen war, hätte wohl gesagt: „Ja, Christus der Menschensohn hätte sündigen können, aber nicht Christus, der Gottessohn.“

Die Bibel sagt uns nicht, ob Christus hätte sündigen können, sondern sie sagt nur, dass er nicht sündigte. Aber die Lehrentscheidung von Chalcedon führt zum logischen Schluss, dass Christus nicht hätte sündigen können, und ich glaube, zu Recht. *Es wäre unmöglich gewesen, dass seine Menschheit hätte sündigen können, ohne dass auch seine Gottheit daran beteiligt gewesen wäre.* Die Einheit seiner Person bedeutet mithin, dass Christus nicht sündigen konnte.

Erwartungsgemäß haben einige Theologen behauptet, dass die ganze Versuchung nur ein Theater gewesen wäre, hätte Christus nicht sündigen können. Hätte er nicht sündigen können, hätte Satan nicht nur seine Zeit verschwendet, sondern Christus wäre auch nicht in der Lage, Mitleid zu haben mit unseren Schwachheiten und Versuchungen.

Die Antwort ist, dass die Versuchung sehr reell war, indem

Christus die volle Kraft der Lust des Fleisches, der Lust der Augen und der Hoffart des Lebens empfand. Gottes Absicht mit der Versuchung war nicht festzustellen, ob Christus sündigen würde, sondern zu beweisen, dass er *nicht* sündigen würde. Satan musste wissen, dass Christus stärker ist als er. Christus musste mitempfinden, was wir durchstehen müssen, um ein treuer und barmherziger Hoherpriester zu sein. Und wir mussten an ihm ein Vorbild bekommen, wie wir uns in der Stunde der Versuchung verhalten sollen.

Starb Gott?

Was ist nun mit den Leuten, die sagen, dass die logische Konsequenz der Gottheit Christi doch die sei, dass Gott starb. Die Antwort ist ein bedingtes Ja: Die Gottheit ging tatsächlich in den Tod. Christus konnte nicht sterben, ohne dass die Gottheit daran beteiligt war. Wir sollten bei Tod natürlich nicht an Auflösung oder Vernichtung denken. In dem Sinn kann Gott nicht sterben. Aber wenn wir im Tod Trennung sehen – der leibliche Tod ist die Trennung der Seele vom Leib und der geistliche Tod ist die Trennung von Gott –, dann können wir sagen, dass Gott, der Sohn, tatsächlich starb. Die Gemeinschaft der Trinität war für eine Zeit betroffen, als Christus für uns zur Sünde gemacht wurde. Die ganze Person, der Gott-Mensch, bezahlte für unsere Sünden.

Darum kann die Bibel sagen, dass die Errettung des Herrn ist. Gott, der Sohn, litt und bezahlte die Strafe der Sünde Gott, seinem Vater. Als Christus am Kreuz schrie: „Mein Gott, mein Gott, warum hast du mich verlassen?“, redete er nicht nur als Mensch, sondern als Gott. Der Gott-Mensch trug die Sünde der Welt. Nur die Einheit der Person konnte den Preis der Erlösung bezahlen.

Und schließlich, wann kommt die Einheit der beiden Naturen in der einen Person an ihr Ende? Nie! Die beiden Naturen, die im Mutterschoß Marias vereint wurden, werden nie geschieden werden. Christus musste Mensch werden, um sowohl ein Retter als auch ein Priester zu sein: „Dieser aber, weil er in Ewigkeit bleibt, hat ein unveränderliches Priestertum“ (Hebr 7,24). Wir werden ihn in seinem verherrlichten Leib sehen und die Nägelmale werden immer noch sichtbar sein. Als König und Hoherpriester wird er ewig der Gott-Mensch bleiben.

Die Konzile von Nikäa und Chalcedon diskutierten über den Eckstein des Christentums, nämlich über die Person Christi. Diese Glaubensbekenntnisse definierten für die nachfolgenden Jahrhunderte die Person Christi. Die Römisch Katholischen und die Protestanten sind sich darin einig, dass Christus uneingeschränkt sowohl Mensch als auch Gott ist.

Nun müssen wir uns aber anderen Kontroversen zuwenden, die nie entschieden worden sind. Ihre Bedeutung hat aber deswegen nicht nachgelassen.

Kapitel 3

War Maria die Mutter Gottes?

Halten wir einmal inne und versuchen wir uns vorzustellen, wie es Maria zu Mute gewesen sein muss, als sie als junge Jungfrau von Gott erwählt wurde, den Sohn Gottes zur Welt zubringen. Die Tradition sagt uns, dass jede jüdische Jungfrau die Hoffnung in sich trug, die Mutter des verheißenen Messias zu werden. Und nun kündigte ihr Gott durch einen Engel an, dass sie empfangen und einen Sohn gebären wird, der alle alttestamentlichen Verheißungen erfüllen soll.

Die Aufregung war von Kummer durchsetzt. Man würde Maria verdächtigen; einige ihrer Freunde würden nicht glauben, dass sie schwanger sein sollte ohne unerlaubten Geschlechtsverkehr. Sogar Joseph dachte, sie sei untreu geworden, bis er durch einen Traum aufgeklärt wurde.

Maria war mehr als alle anderen eine Frau mit einem gebrochenen Herzen. Sie wurde nicht nur selbst verdächtigt, sondern sie musste mit ansehen, wie ihr Sohn einen grausamen Tod erlitt, wie Simeon geweissagt hatte: „... aber auch deine eigene Seele wird ein Schwert durchdringen“ (Lk 2,35). Sie musste einen hohen Preis bezahlen für das Vorrecht, den Sohn Gottes zur Welt zu bringen.

Es ist verständlich, dass die christliche Kirche von Maria immer fasziniert gewesen ist. Sie hat schließlich einen Sohn zur Welt gebracht, der Gott genannt wird. Welchen Anteil hatte sie an diesem Wunder? Und welche Ehre gebührt dieser bemerkenswerten Frau?

Das Neue Testament selbst sagt wenig über sie. Der Engel Gabriel sagte zu ihr: „Sei gegrüßt, Begnadigte! Der Herr ist mit dir"(Lk 1,28). Elisabeth rief: „Gesegnet bist du unter den Weibern und gesegnet ist die Frucht deines Leibes!" (Lk 1,42). In dem schönen Lobgebet, das wir das Maginificat nennen, anerkennt sie, dass die nachfolgenden Geschlechter sie gesegnet nennen werden, aber sie sagt nicht, dass zukünftige Generationen sich in Anbetung vor ihr neigen würden. Das Matthäusevangelium sagt ausdrücklich, dass sie nach der Geburt Jesu von Joseph weitere Kinder empfing. Die Namen seiner Brüder waren Jakobus, Joseph, Simeon und Judas (Mt 13,55).

Am Ende des zweiten Jahrhunderts entstand die Legende, dass Maria *selbst* auf wunderhafte Weise geboren worden sei. Die Vorstellung kam auf, sie sei ihr Leben lang Jungfrau gewesen. Tertullian, der berühmte nordafrikanische Theologe, wandte sich gegen diese Legenden und zeigte anhand der Bibel, dass Maria und Joseph normale eheliche Beziehungen hatten. Wir lesen, dass Joseph sie als Jungfrau erhielt, *bis* zur Geburt Christi (Mt 1,25). Danach hatten sie normale geschlechtliche Beziehungen.

Mit Konstantin drangen heidnische Ideen in die Kirche ein. So lange das Christentum eine verfolgte Religionsgemeinschaft war, blieb es weitgehend rein, aber als es zur römischen Staatsreligion wurde, begann es, römische Gedanken und Methoden aufzunehmen. Viele, die der Kirche beitraten, brachten ihren Aberglauben mit, und ihre Verehrung für heidnische Gottheiten wurde auf Maria übertragen. L. Boettner schreibt: „Statuen wurden ihr geweiht, so wie man vorher Isis, Diana und anderen Göttinnen Standbilder geweiht hatte, und die Leute knieten vor ihnen nieder wie einst vor den Bildnissen ihrer heidnischen Gottheiten."[1]

Im Alten Babylon hatte es einen Kult der Madonna mit einem Kind gegeben und dieser war nach Rom gewandert, um schließlich von der Kirche absorbiert zu werden. Ehrentitel wurden von den heidnischen Göttinnen übernommen. Maria bekam den Namen „Himmelskönigin", wie die Heiden die göttliche Mutter ihres Mutter-Kind-Kultes genannt hatten. Der alttestamentliche Prophet Jeremia bezieht sich auf diesen Götzendienst, wenn er Jerusalem dafür tadelt, dass es „die Königin des Himmels" verehrt (Jer 7,18; 44,17-19.25).

Die Vermischung von Heidentum und Christentum zeigt sich in der Entwicklung der Vorstellung von „Schutzheiligen". Die alten Religionen hatten ihre besonderen Gottheiten mit ihren je eigenen Zuständigkeiten. Es gab einen Gott des Meeres, des Krieges, der Jagd, des Glücks, der Fruchtbarkeit usw. Nun bekamen die Heiligen ihre besonderen Zuständigkeitsbereiche und je nach Bedürfnis beteten die Christen zu diesem oder zu jenem Heiligen.

Im 5. Jahrhundert stritt man sich darüber, ob Maria „die Mutter Gottes" heißen dürfe oder nicht. Wir sahen im vorangegangenen Kapitel, dass Nestorius über das Aufkommen der Marienverehrung so besorgt war, dass er behauptete, in Christus seien zwei Personen gewesen, eine menschliche und eine göttliche. Er meinte, man können dem Marienmythos am besten entgegentreten, indem man zeigte, dass Maria nur die menschliche Person Christi zur Welt brachte. Aber der Nestorianismus wurde verurteilt, weil er die Person Christi teilte und damit die Fleischwerdung des Wortes leugnete.

Wie gesagt, beinhaltete das Bekenntnis von Chalcedon die Worte „Maria, die Mutter Gottes". Wie aber sollte man diesen Ausdruck verstehen? Offensichtlich war sie nicht die Urheberin der göttlichen Natur. Aber wir können sagen, dass sie teil hatte am Werden der menschlichen Natur eines Kindes, das göttlich war. Daher wäre es besser zu sagen, sie sei die Mutter des Gott-Menschen, indem wir anerkennen, dass die Gottheit sich in wunderbarer Weise in ihrem Mutterleib mit Menschheit verband. Als das Konzil von Chalcedon den Ausdruck „Mutter Gottes" formulierte, wollte es damit nicht so sehr Maria ehren als vielmehr die Gottheit Christi unterstreichen.

Ob sie „die Mutter Gottes“ war, hängt davon ab, wie man diesen Ausdruck deutet. Er ist nicht verkehrt, solange er richtig verstanden wird. Aber damit ist die Geschichte nicht abgeschlossen.

Die Ehren, die man auf Maria gehäuft hat

Hatte man einmal Maria einen besonderen Ehrenplatz zugewiesen, übernahm man auch verschiedene Traditionen über sie. Es folgt eine Aufstellung von Dogmen, die aus dem Buch *Fundamentals of Catholic Dogma* (Grundlagen des katholischen Dogmas) von Ludwig Ott stammen. Da dieses Buch bei der Ausbildung von Katholischen Priestern verwendet wird, gibt es uns ein authentisches Bild vom Rang, den man Maria gegeben hat.

Das Lehrbuch von Ott wurde 1952 veröffentlicht und wir wissen alle, dass sich mit dem Zweiten Vatikanischen Konzil Verschiedenes geändert hat. Nachdem wir uns einmal mit Ott vertraut gemacht haben, können wir uns dem Zweiten Vaticanum zuwenden und sehen, ob es die Dogmen bezüglich der Jungfrau verändert hat.

Man kann den Katholizismus nicht verstehen, wenn man die Rolle Marias nicht versteht. Sie ist nicht nur eine Frau, die in der Katholischen Lehre eine Sonderstellung einnimmt, sondern sie ist ein Symbol von der Römischen Auffassung von Errettung, wie wir noch sehen werden. Wer mit Römisch Katholischer Lehre schon vertraut ist, findet in der nachfolgenden Aufstellung einen zusammenfassenden Überblick.

1. *Die unbefleckte Empfängnis* ist der Glaube, dass auch Maria von ihrer Mutter ohne Erbsünde empfangen wurde. Eine besondere Seele wurde von Gott erschaffen und in den stofflichen, von ihren Eltern erzeugten Leib, eingehaucht. Auf

diese Weise wurde sie durch Gottes unverdiente Gnade vom Schaden der Erbsünde verschont.

Obwohl Maria ohne Erbsünde geboren wurde, musste sie erlöst werden. Ott: „So wurde Maria ‚durch die Gnade Christi‘ erlöst, aber auf vollkommenere Weise als andere Menschen. Diese werden von der in ihrer Seele anwesenden Erbsünde befreit ... Maria, die Mutter des Erlösers, wurde vor der Ansteckung der Erbsünde bewahrt.“[2]

Ott anerkennt, dass das in der Bibel nicht ausdrucklich geoffenbart ist, aber er sagt, dass es aus den Worten des Engels an Maria folge: „Gegrüßt seiest du Maria, voller Gnaden!“ (Lk 1,28; KJV). Die Gnade, die Maria empfing, müsse von einzigartiger Vollkommenheit gewesen sein. Wenn Elisabeth zu Maria sagte, sie sei gesegnet unter den Frauen, dann müsse man daraus doch schließen, dass der Segen Gottes, der auf Maria ruht, der gleiche sei wie der Segen, der Christus in seiner Menschheit gegeben wurde. Daraus folge, dass Maria so wie Christus frei war von jeder Sünde.

Ott zitiert eine Reihe von Kirchenvätern, die diese Lehre vertraten, und sagt, dass man in der Ostkirche seit dem siebten Jahrhundert ein Fest zur Erinnerung an die Unbefleckte Empfängnis feiert. Dieses Fest wurde später von der Westkirche übernommen. Durch den Einfluss von Bernhard von Clairvaux, der dieses Dogma eine unhaltbare Neuerung nannte, hätten die führenden Theologen des 12. und 13. Jahrhunderts (unter ihnen Thomas von Aquin) die Unbefleckte Empfängnis abgelehnt. Nach Ott hätten sie nicht verstehen können, wie Maria ohne Erbsünde geboren sein und doch die Erlösung nötig gehabt haben sollte.

Der berühmte Scholastiker Johannes Duns Scotus (geb. 1308) lehrte, es sei möglich, Marias Freiheit von der Erbsünde mit der Tatsache, dass sie Erlösung brauchte, zu vereinbaren. Wir brauchen uns nicht mit den technischen Feinheiten seines Arguments herumzuschlagen, sondern halten nur fest, dass er damit eine heiße Debatte zwischen den Dominikanern (die Thomas von Aquin folgten) und den Franziskanern (die Scotus folgten) heraufbeschwor. Später stellten sich die Jesuiten auf die Seite von Scotus und verbreiteten das Dogma der Sündlosigkeit Marias.

Das Konzil von Trient, das als Konzil der Gegenreformation einberufen wurde, bestätigte die Lehre von der Unbefleckten Empfängnis, aber erst am 8. Dezember 1854 wurde die Sache endgültig besiegelt. Papst Pius X. ließ in einer päpstlichen Bulle folgendes verlauten: „Die Lehre, dass die seligste Jungfrau Maria im ersten Augenblick ihrer Empfängnis durch ein einzigartiges Gnadengeschenk und Vorrecht des allmächtigen Gottes, im Hinblick auf die Verdienste Christi Jesu, des Erlösers, von jedem Fehl der Erbsünde rein bewahrt blieb, ist von Gott geoffenbart und deshalb von allen Gläubigen fest und standhaft zu glauben."[3]

2. *Maria war frei von persönlicher Sünde.* Die nächste Frage, die sich der Kirche stellte, war die, ob Maria, da sie ohne Erbsünde war, in ihrem Leben je eine persönliche Sünde beging. Das Katholische Dogma lautet, dass sie, obwohl sie wie Christus den allgemeinen menschlichen Gebrechen unterworfen war, doch sündlos lebte. In Sonderheit hatte sie keine zügellosen sexuellen Begierden. Durch ihre Liebe zu Gott, durch ihren Glauben, ihre Demut, ihren Gehorsam, erwarb sie sich besondere Verdienste, die den Gläubigen zugute kommen können. Das Tridentinische Konzil erklärte: „Wer behauptet, der einmal gerechtfertigte Mensch ... könne während des ganzen Lebens alle, auch die lässlichen Sünden meiden ohne besonderes von Gott verliehenes Vorrecht, wie es die Kirche von der seligsten Jungfrau lehrt, der sei ausgeschlossen."[4]

3. *Sie blieb ewig jungfräulich.* Dass Maria eine Jungfrau war, als sie Christus empfing, wird selbstverständlich von der Bibel bestätigt (Mt 1,22). Aber die Römische Kirche ging weiter

und lehrt, sie sei bis zu ihrem Tod Jungfrau geblieben. Sie trug Christus, ohne ihre Jungfräulichkeit zu verlieren. Sie habe aber nachher, als sie mit Joseph verheiratet war, keine geschlechtlichen Beziehungen unterhalten. Welche biblische Grundlage gibt es dafür? Ott gibt wiederum zu, dass es in der Bibel so nicht steht, aber dass man es aus der Frage Marias an den Engel folgern kann: „Wie soll das geschehen, wo ich keinen Mann kenne?“ (Lk 1,34). Hieraus wird gefolgert, Maria habe ein Gelübde ewiger Jungfräulichkeit abgelegt.

4. *Die leibliche Himmelfahrt Marias.* Nachdem Maria in der Römisch Katholischen Tradition so exaltiert worden ist, sind wir nicht mehr überrascht zu hören, dass die Römische Kirche glaubt, sie sei ebenso wie Christus leiblich in den Himmel aufgefahren. Am 1. November 1950 erließ Papst Pius XII folgendes Dogma: „Die erhabene Gottesmutter ... erhielt als herrliche Krone aller ihrer Ehrenvorzüge, dass sie von der Verwesung im Grab verschont blieb und wie ihr Sohn nach dem Sieg über den Tod mit Leib und Seele in die Herrlichkeit des Himmels aufgenommen wurde, um dort zur Rechten ihres Sohnes, des unsterblichen Königs der Ewigkeit, als Königin zu erstrahlen.“[5]

Ott gibt wiederum bescheiden zu: „Es finden sich keine direkten biblischen Beweise hierfür.“ Aber er sagt, dass das Dogma sich logisch aus den bereits erwähnten ergibt, dass sie nämlich frei von Sünde, eine ewige Jungfrau und die Mutter Gottes sei und dass *sie am Erlösungswerk ihres Sohnes beteiligt sei.*

Das Werk Marias

Obwohl Christus der einzige Mittler ist zwischen Gott und den Menschen, lehrt die Römische Kirche, dass Maria eine unterstützende Rolle in der Versöhnung des Menschen mit

Gott spielt. Sie wurde daher schon früh die Mediatrix, die Mittlerin zwischen Gott und den Menschen genannt. Es werde dem Menschen keine Gnade von Gott übereignet ohne ihre Fürbitte und ihr Mitwirken.

Sie wird zudem seit dem 15. Jahrhundert Co-Redemptrix genannt, „Miterlöserin". Sie habe durch ihr Mitleiden am Fuß des Kreuzes in der Erlösung mitgewirkt. Nach der Bulle Papst Pius XII sei sie es gewesen, die auf Golgatha Christus dem Ewigen Vater geopfert habe. Dennoch dürfe man in Maria nicht eine Priesterin sehen; vielmehr habe sie an den Leiden Christi für die Sünde teilgehabt. Im Rundschreiben „Mystici Corporis Christi" statuiert Papst Pius XII: „Sie hat, frei von jeder persönlichen oder erblichen Verschuldung und immer mit ihrem Sohn auf's Innigste verbunden, ihn auf Golgotha zusammen mit dem gänzlichen Opfer ihrer Mutterrechte und ihrer Mutterliebe dem Ewigen Vater dargebracht als neue Eva für alle Kinder Adams, die von dessen traurigem Fall entstellt waren." Ott erläutert in seinem Lehrbuch:

> *„Kraft der Gnade der durch Christus erworbenen Erlösung hat Maria, indem sie in das Opfer ihres göttlichen Sohnes für die Menschen eintrat, Sühne für die Sünden der Menschen gewirkt und sich das Verdienst erworben, die erlösende Gnade Christi den Menschen zuzuwenden. In dieser Weise wirkt sie mit in der subjektiven Erlösung der Menschhheit."*[6]

Maria wirkt also mit in der Anwendung der Erlösungsgnade auf die Menschheit. Obwohl ihre Fürbitte der Fürbitte Christi weit unterlegen ist, ist sie der Fürbitte aller anderen Heiligen weit überlegen. Papst Leo XIII statuierte im Jahre 1896: „Nichts gemäß göttlichem Willen kommt zu uns außer durch Maria; so dass, so wie sich niemand dem Erhabensten Vater nahen kann als nur durch den Sohn, so sich niemand

Christus nahen kann außer durch die Mutter.“ Und: „Nicht einmal denken kann man sich jemanden, der zur Versöhnung der Menschen mit Gott gleich viel wie sie je mitgewirkt hätte oder mitwirken wird ... Sie ist deshalb würdig und überaus willkommen als Mittlerin zum Mittler ...“[7]

Vergleich zwischen Maria und Christus

In seinem Buch *The Glories of Mary* (Die Herrlichkeiten Marias) gibt Cardinal Alphonse de Litouri Maria einen Ehrenplatz, indem Maria um die Zuneigung der Menschenherzen mit Christus in Konkurrenz tritt. Der Herausgeber des Buches erklärt, es handle sich um eine Zusammenfassung Katholischer Tradition und es sei nicht lediglich die Meinung eines Einzelnen. Der Autor lehrt, Maria könne nicht hoch genug gepriesen werden, denn „was wir auch zum Lob Marias sagen, ist gleichzeitig Lob des Sohnes“.[8] Man beachte in den nachstehenden Zitaten die Parallelen zu Christus:

„Sie ist eine wahre Mittlerin des Friedens zwischen Sündern und Gott. Sünder empfangen Vergebung ... allein durch Maria.“[9]

„Die Heilige Kirche befiehlt eine besonders an Maria gerichtete Verehrung.“[10]

„Maria wird die Himmelspforte genannt, weil niemand in jenes gesegnete Reich eingehen kann außer durch sie.“[11]

„Unsere Errettung ist in den Händen Marias ... Wer von Maria beschützt ist, wird errettet werden; wer nicht von ihr beschützt ist, wird verloren gehen.“[12]

„Alle Macht ist dir gegeben im Himmel und auf Erden“, so dass „auf Marais Befehl hin, alle gehorchen – Gott nicht ausgenommen ... und damit ... hat Gott die ganze Kirche ... der Herrschaft Marias unterstellt.“[13]

Maria „ist die Fürsprecherin des ganzen Menschengeschlechts; sie ist zu diesem Amt befähigt, denn sie kann bei

Gott erreichen, was sie will; sie ist die Weiseste, denn sie kennt alle Methoden, um ihn zu besänftigen."[14]

„Die ganze Trinität gab, o Maria, dir einen Namen ... der über jeden Namen ist, damit in deinem Namen jedes Knie sich beuge all derer, die im Himmel, auf der Erde und unter der Erde sind."[15]

In diesen Aussagen wird Maria mit Eigenschaften Gottes versehen. Da man in der ganzen Welt zu ihr betet und sie verehrt, muss sie allgegenwärtig sein. Wenn sie die Gebete von Millionen von Menschen in aller Welt hören kann, muss sie auch allwissend sein. Sie ist offenkundig mehr als nur ein besonderer Mensch; sie tut Dinge, die nur Gott tun kann.

Während des Mittelalters, als die Marienverehrung ihren Höhepunkt erreicht hatte, wurde Christus als ein zürnender, schroffer Richter dargestellt, der nur darauf wartete, Menschen zur ewigen Verdammnis zu verurteilen. Maria hingegen sei voller Liebe und Mitgefühl, wie de Luguori in seinem Buch sagt, Maria schützte den Menschen vor dem zürnenden Gott: „Sie hält den rächenden Arm ihres Sohns zurück und rettet den Sünder." Maria wird damit über Christus gestellt. Oder sollte ein Sohn nicht auf die Bitte seiner Mutter hören?

Um sich dem Vorwurf des Götzendienstes zu entziehen, hat die Römische Kirche drei verschiedene Arten der Verehrung ausgedacht. *Latria* sei die höchste Art der Verehrung, und diese stehe Gott allein zu. *Doulia* sei eine niedrigere Art der Verehrung, und diese werde den Heiligen und Engeln geleistet; *hyperdoulia* (über- *doulia*) sei höher als diese, und sie werde der Jungfrau Maria dargebracht. Diese Unterscheidungen vermögen die normalen Kirchgänger kaum wahrzunehmen. Da Maria Lobpreis bekommt und da man ihr göttliche Eigenschaften zuschreibt, ist es schwierig, diese drei Stufen der Verehrung zu erkennen. Die Praxis, um nicht zu sagen schon die Theorie, züchtet Götzendienst.

Wenn jemand noch daran zweifelt, ob Maria tatsächlich so

hoch erhöht worden sei wie Christus selbst, dann beachte er, was Papst Pius XII anlässlich der Krönung des Marienbildes in Fatima sagte: „Maria ist würdig, Ehre und Macht und Herrlichkeit zu empfangen. Sie ist zu hypostatischem Einssein mit der gepriesenen Dreifaltigkeit erhöht ... Ihr Reich ist so groß wie das ihres Sohnes und Gottes. Das Reich Marias ist deckungsgleich mit dem Reich Gottes.“[16]

Aber Papst Pius sprach diese Worte im Jahre 1946. Seither sind in Rom weitreichende Veränderungen eingetreten, weshalb wir die Vergangenheit mit neueren Verlautbarungen vergleichen müssen.

Neuere Katholische Glaubenssätze

Die Mariendogmen stehen trennend zwischen Katholiken und Protestanten. Da Katholische Theologen selbst zugeben, dass die Eigenschaften und Werke, die Maria zugeschrieben werden, nicht im Neuen Testament stehen, hat es keinen Sinn, das Dogma von der Bibel her zu beleuchten.

Zwei andere Fragen stellen sich:

1. Haben die Reformen des Vaticanum II auch die Mariendogmen so weit verändert, dass sie kein Hindernis zu christlicher Einheit darstellen?
2. Tun solche Traditionen dem Evangelium Abbruch oder sollten wir sie als eher harmlose Folklore bewerten?

Um die beiden Fragen zu beantworten, schauen wir uns die Verlautbarungen des Vaticanum II an. Eines der Ziele dieses Konzils war es, die Lehren Roms den Protestanten akzeptabler zu machen, die ja seit 1962 nicht mehr als Häretiker, sondern als „getrennte Brüder“ bezeichnet werden. Hat das Konzil die Lehren Roms bezüglich Marias dem Neuen Testament angenähert?

Am allerersten Tag des Konzils, am 11. Oktober 1962, erklärte Papst Johannes XXIII, dass die Abgeordneten „unter dem Schutz der jungfräulichen Mutter Gottes versammelt" waren, und er schloss die Sitzung mit einem Gebet an Maria. Später sollten sich die Delegierten spezifischer zur Stellung Marias in der Kirche äußern.[17]

Was lehrt das Zweite Vatikanische Konzil über Maria? Zunächst vernehmen wir die offizielle Aussage über Maria, sie sei genau so erlösungsbedürftig gewesen wie alle anderen Menschen. Aber dennoch einigt sich das Konzil darauf, dass sie von jeder Befleckung der Sünde ganz frei gewesen sei, „gebildet durch den Heiligen Geist zu einer Art neuer Substanz und neuen Geschöpfes". Als sie die Bitte des Herrn durch den Engel angenommen hatte, „diente sie dem Geheimnis der Erlösung. Wegen ihres Gehorsams wurde sie zur Ursache des Heils für sich selbst und für das ganze Menschengeschlecht. Sie wirkt zusammen mit ihrem Sohn in der Errettung von Seelen."

Man beachte genau, wie ihre Rolle in der Errettung nicht geschmälert worden ist. Gemäß dem Konzil wird die seligste Jungfrau mit Recht Fürsprecherin, Auxiliatrix (Helferin), Adjutrix (Beistand) und Mediatrix (Mittlerin) genannt. Sie ist mit ihrem Sohn, dem Erlöser, und so mit all seinen Gnaden und Ämtern vereint. „Darum wird sie gepredigt und verehrt, und sie ruft die Gläubigen zu ihrem Sohn und zu seinem Opfer und zur Liebe gegenüber dem Vater." Selbstverständlich sollen die Gläubigen zu ihr beten.

Das Konzil schreibt ihr alle Eigenschaften Christi wieder zu. Sie ist es, die „der Welt Leben gab". Sie ist das Vorbild und Urbild der Kirche und jene, „die darum ringen, an Heiligkeit zuzunehmen, blicken auf die Maria, die der ganzen Gemeinschaft der Erwählten als das Vorbild aller Tugenden erstrahlt". Obwohl die Bibel lehrt, dass einzig Christus ohne Sünde war, bestätigte das Konzil das alte Dogma, dass

Maria „vollkommen heilig und frei von jeder Befleckung der Sünde" war. Daher sei sie „Mediatrix" und es bestehe „eine Einheit zwischen der Mutter und dem Sohn im Werk der Errettung".

Diese Worte sind eine eigentliche Zusammenfassung der weiter oben angeführten Dogmen. Kein einziges wird verworfen. Kein einziges wird ausgelassen.

„Die Heilige Synode ermahnt die Theologen und die Prediger des Gotteswortes eindringlich, sich ebenso jeder falschen Übertreibung wie zu großer Geistesenge bei der Betrachtung der einzigartigen Würde der Gottesmutter sorgfältig zu enthalten." Und doch wird behauptet, das Werk Marias zugunsten der Menschen mindere in keiner Weise die Einzigartigkeit des Werkes Christi.

Beobachter am Konzil haben darauf hingewiesen, dass solche Äußerungen nicht neu sind; immer wieder sind ähnliche Beschwichtigungen in der Vergangenheit ertönt. Philip Edgcumbe Hughes sagt über solche Aussagen: „Es klingt hohl, wenn man sich auf biblische Rechtgläubigkeit beruft, wenn man damit nur Dogmen rechtfertigen will, die offen gegen das biblische Evangelium streiten. Die modernen Päpste tragen eine schwere Verantwortung dafür, dass sie den unbiblischen Marienkult gefördert haben."[18]

Das Konzil „mahnt alle Kinder der Kirche, die Verehrung, vor allem die liturgische, der seligen Jungfrau großmütig zu fördern, die Gebräuche und Übungen der Andacht zu ihr, die im Laufe der Jahrhunderte vom Lehramt empfohlen wurden, hoch zu schätzen, und das, was in früherer Zeit über die Verehrung der Bilder Christi, der seligen Jungfrau und der Heiligen festgesetzt wurde, ehrfürchtig zu wahren."

Man fragt sich, warum die Kirche diese Lehren bestätigt, wo sie doch der Bibel und den „getrennten Brüdern" so entgegen streiten. Die Antwort auf diese Frage finden wir, wenn wir erkennen, dass das Mariendogma die Essenz der Katholischen Heilslehre darstellt. Es ist ein Dogma, das daher nicht geändert werden kann.

Nach Römisch Katholischer Auffassung ist die Errettung eine Sache des Zusammenwirkens von Gott und Mensch. Der Mensch trägt zu seiner Errettung bei durch eine geeignete innere Bereitschaft, die sich in guten Werken, Bußübungen und in treuem Begehen der Messe äußert. Hughes: „Dieses menschliche Potential wird in symbolhafter Weise greifbar in der Person Marias, die frei war vom Makel der Sünde und die in der Errettung mitwirkt, um dann selbst erhöht zu werden ...“[19]

Maria als die Miterlöserin verkörpert den Glauben, dass die Errettung das Ergebnis vom Mitwirken des Menschen mit Gott sei. Karl Barth, der berühmte Schweizer Theologe, hat das besonders klar formuliert: „Im Mariendogma ist die eine große Häresie der Römisch Katholischen Kirche, die alle übrigen erklärt, zusammengefasst. Maria ist das Prinzip, der Typus und die Essenz der menschlichen Natur, die mit Gott zusammenwirkt in der Errettung.“[20]

Obwohl viele Veränderungen in der Theorie und Praxis der Römischen Kirche geschehen sind, kann über das Mariendogma nicht diskutiert werden. Sie ist der Prototyp des Heils; sie repräsentiert den Menschen, der das Seine dazu beiträgt, um die Gunst Gottes zu erlangen.

Die Bibel oder die Tradition?

Die meisten Kirchen und Gemeinschaften haben Traditionen; das heißt, dass sie sich an überlieferte Formen halten, die von vorangegangenen Generationen weitergereicht worden sind. Einige Traditionen sind harmlos, weil sie der Zentralität Christi keinen Abbruch tun und keine lehrmäßigen Implikationen haben.

Aber Traditionen, die der Bibel gleichgestellt werden, müssen hinterfragt werden. Papst Johannes Paul hat gesagt: „Sowohl die Heilige Schrift als auch die Tradition muss mit Hingabe und Ehrfurcht akzeptiert werden.“ Tradition ist eine ernste Sache.

Als die Jünger kritisiert wurden, weil sie sich nicht an die Überlieferungen der Väter hielten, hat der Herr das nicht heruntergespielt, sondern er nahm die Kritik zum Anlass, um etwas über Traditionen zu sagen. Er zitierte Jesaja: „Vergeblich aber verehren sie mich, indem sie als Lehren Menschengebote lehren“ (Mk 7,7).

Damit hat er noch nicht ausgeredet, sondern er fährt fort: „Denn das Gebot Gottes aufgebend, haltet ihr die Überlieferung der Menschen ... Trefflich hebt ihr das Gebot Gottes auf, auf dass ihr eure Überlieferung haltet“ (Mk 7,8-9).

Warum diese Abneigung gegen die Überlieferungen? Weil sie die Gebote Gottes kraftlos machten, indem sie die Aufmerksamkeit auf anderes lenkten und damit zu einem Glauben an falsche Dinge führten. Es geht nicht, wie einige behaupten, die Wahrheit mit Tradition in so glücklicher Weise zu mischen, dass die Botschaft nicht beeinträchtigt wird. Um auf Maria zurück zu kommen: Wenn sie nur ein gewöhnlicher Mensch ist, ist sie weder berechtigt noch befähigt, Gebete zu erhören. Alle an sie gerichtete Verehrung ist nichtig oder schlimmer noch: Sie führt von Christus weg, den das Neue Testament als einzigen und alleinigen Retter der Welt darstellt. Wenn sie aber Miterlöserin ist, dann ist die Errettung nicht gänzlich des Herrn. Und wenn man auch zu ihr beten sollte, dann müssen wir alles, was der Herr im Neuen Testament über Gebet gelehrt hat, ändern.

Immer wieder müssen wir auf die Frage der Autorität zurückkommen. Wo ist sie? In der Bibel oder in der Tradition? Das Mariendogma der Römisch Katholischen Kirche soll uns immer daran erinnern, dass sie nicht an beiden Orten sein kann.

Anmerkungen

1. Loraine Boettner, *Roman Catholicism* (Philadelphia: The Presbyterian and Reformed Publishing Co., 1962), S. 136.
2. Ludwig Ott, *Fundamentals of Catholic Dogma* (St. Louis: B. Herder Book co., 1955), S. 199.
3. Ebd.
4. Ebd., S. 203.
5. Ebd., S. 208.
6. Ebd., S. 213.
7. Ebd., S. 214.
8. St. Alphonsus de Liguori, *The Glories of Mary* (Brooklyn: Redemptorist Fathers, 1931), S. 153.
9. Ebd.
10. Ebd., S. 130
11. Ebd., S. 160.
12. Ebd., S. 170.
13. Ebd., S. 181.
14. Ebd., S. 198.
15. Ebd., S. 260.
16. Philip Edgcumbe Hughes, „The Council and Mary." *Christianity Today*, 8. Dezember 1967, S. 7.
17. Quotations from S. J. Walter Abbott, Hrsg., *The Documents of Vatican II* (New York: Guild Press, 1966), S. 87-96.
18. Hughes, S. 9.
19. Ebd.
20. David Wells, *Revolution in Rome* (Downers Grove, Illinois: InterVarsity Press, 1972), S. 136-137.

Kapitel 4

War Petrus der erste Papst?

Die Worte Christi an Petrus: „Du bist Petrus, und auf diesen Felsen will ich meine Gemeinde bauen", haben eine Sturzflut von Debatten ausgelöst, die bis zum heutigen Tag nicht nachgelassen hat. Nach Römisch Katholischer Lehre beweisen diese Worte, dass Petrus der Primat vor allen anderen Apostel zugesprochen und dass dieser Rang seinen Nachfolgern, den Päpsten der Römischen Kirche vererbt worden sei. Daraus ergab sich das Dogma, dass alles, was ein Nachfolger des Petrus vom Stuhl Petri verlautbare, mithin *ex kathedra* ausspreche, unfehlbar sei.

Die Autorität des Papstes wird von den heutigen Katholiken nicht mehr so ernst genommen wie einst. Wenn er von den Übeln der Geburtenregelung oder der Sünde der Scheidung spricht, setzen sich viele Katholiken über seine Worte hinweg. Viele, die sich als gute Katholiken bezeichnen, widersprechen den Lehren des Papstes über die Rolle der Frau in der Kirche und sogar über Abtreibung. Aber die offizielle Römisch Katholische Lehre über die Autorität der Kirche in solchen Dingen ist noch in Kraft.

Wie kam die Vorstellung des Papsttums auf, und weshalb?

Frühe Anfänge

Ein vernünftiger Ausgangspunkt für unsere gegenwärtige Diskussion ist das Jahr 452. In jenem Jahr war Attila (Etzel), der Hunnenkönig, mit seinen berittenen Heeren die Donau hinaufgezogen und beabsichtigte, die westliche Hälfte des Römischen Reiches zu erobern. Ein plötzlicher Einfall über die Alpen brachte ihn nach Norditalien. Auf dem Weg nach Rom trat ihm eine römische Delegation entgegen und flehte ihn an, umzukehren. Er wollte die Bitte gerade in den Wind schlagen, als er vernahm, dass Leo, der Bischof von Rom, unter den Abgesandten des Kaisers war. So standen sie einander von Angesicht zu Angesicht gegenüber, ein heidnischer König und ein herrschender Papst. Einige Historiker meinen, er hätte seinen Zug in den Süden ohnehin abgebrochen, weil seine Armee durch die langen Märsche schon so geschwächt war. Auf alle Fälle ließ er sich von Leo persönlich erbitten und die Hauptstadt kam davon. Das gab dem Bischof von Rom mit einem Schlag das Ansehen eines nicht nur religiösen, sondern nun auch politischen Führers.

Was hat dies zu tun mit der Entwicklung des Papsttums?

Leo, der als „der Große“ in die Geschichte eingegangen ist, machte sich die wachsende Vorstellung zu Nutze, nach der die Worte Christi an Petrus – „Du bist Petrus, auf diesen Felsen will ich meine Gemeinde bauen“ – sich auf den Bischof von Rom bezögen. So gewann er die Autorität, die er für die Ausübung seiner Herrschaft brauchte.

Aber warum sollte ausgerechnet dem Bischof von Rom diese Ehre zustehen? Die Gemeinde hatte doch ihren Anfang in Jerusalem genommen, und es fanden sich im Reich andere gewichtige Kirchen, etwa in Ephesus und in Antiochien.

Wir dürfen nicht übersehen, dass Rom die Hauptstadt des Reiches und damit ein Ort von einmaliger politischer Bedeutung war. Dazu hatte die Kirche in Rom mit ihren schätzungsweise 30.000 Christen in der gesamten westlichen Hälfte des Reiches keinen Rivalen.

Zudem nannten frühe christliche Schreiber Petrus und Paulus als die Gründer der Gemeinde in Rom. So entstand ziemlich leicht die Vorstellung, dass der Bischof von Rom in direkter apostolischer Nachfolge stand.

Weiterhin müssen wir etwas über die Struktur der damaligen Kirche verstehen. In den verschiedenen Regionen des Reiches kamen Bischöfe auf und diese trafen sich von Zeit zu Zeit, um über Probleme zu beraten. Natürlich erwarteten die Bischöfe der wichtigeren Gemeinden, dass ihre Stimmen entsprechendes Gewicht hatten. Einige Bischöfe gewannen so die Aufsicht uber die anderen Bischöfe einer ganzen Region. Die kleineren Gemeinden hatten Priester, die dem Bischof unterstanden, und der Bischof von Rom hatte die Aufsicht über die Bischöfe.

Es musste zu Machtkämpfen kommen. Nachdem Konstantin im Jahre 312 Kaiser geworden war, verlegte er die Hauptstadt ins „neue Rom", nach Konstantinopel (griechisch für „Stadt Konstantins"). Als Konstantin im Jahre 325 das berühmte Konzil einberief, lud er die Bischöfe nach Nikäa ein, das nur wenige Kilometer vor Konstantinopel liegt.

Damit begann ein Zweikampf zwischen den beiden Städten. Eines Tages berief der Herrscher von Konstantinopel erneut ein allgemeines Konzil ein wie zuvor Konstantin. Er lud Bischöfe aus dem östlichen Rom ein, ignorierte aber den Bischof von Rom. Das Konzil erörterte gewisse theologische Probleme, aber es beschied auch, dass der Bischof von Konstantinopel an Autorität dem Bischof von Rom gleichgestellt war, da seine Stadt „das neue Rom" war.

In Rom fasste man das als eine Kampfansage an den Bischof von Rom auf. Bei der Synode im darauf folgenden Jahr in Rom hielten daher die westlichen Bischöfe fest: „Die Heilige Römische Kirche hat den Primat über die anderen Kirchen, und zwar nicht auf Grund der Beschlusses einer Synode, sondern wegen der Worte unseres Herrn und Erlösers im Evangelium, der da sagte: ‚Du bist Petrus, und auf diesen Felsen will ich meine Gemeinde bauen.'"

Das war das theologische Klima, in dem Leo groß wurde. Politisch begann Rom zu sinken, weshalb das bisherige Argument, dass die Kirche von Rom wegen des Vorrangs Rom Vorrang haben müsse, an Gewicht verlor. Aber was tat's? Rom konnte nun seinen Primat auf Petrus allein zurückführen. Gerade die politische Schwächung Roms gab dem Bischof umso mehr Macht.

Leo war sich des hohen Ranges bewusst, den er ererbt hatte. Am Tag seiner Amtseinsetzung sagte er, sein Amt sei zum Ruhm „der Herrlichkeit des seligen Apostels Petrus ... in dessen Stuhl seine Macht weiterlebt und seine Autorität erstrahlt." Christus habe verheißen, seine Kirche auf Petrus aufzubauen, und dies sei die Erfüllung seiner Worte. Leo war ein fähiger Prediger und guter Organisator. Er übernahm viele Prinzipien der Römischen Staatsverwaltung und übertrug sie auf die Kirche. Die Organisation der Kirchgemeinden wurde im ganzen Reich vereinheitlicht.

Leo hatte zwar Attila aufhalten können, aber die Vandalen konnte er nicht daran hindern, im Jahre 455 Rom anzugreifen. Leo traf Geiserich, den Vandalenkönig, vor den Toren Roms und bat um Gnade für die Stadt, aber die Vandalen plünderten die Stadt während 14 Tagen. Sie nahmen Geiseln und erpressten Lösegelder und verließen, mit reicher Beute beladen, die Stadt Richtung Karthago.

Papst Leo tröstete daraufhin das Volk und erstattete Gott Dank. Dank seiner Fürsprache bei Geiserich war ein allgemeines Massaker verhindert worden und die meisten Kirchen wurden verschont. Er rief das Volk auf, Gott dafür die Ehre zu geben, dass er das Herz des Vandalenkönigs erweicht hatte. Bruce Shelley sagt in seiner Kirchengeschichte, dass er nicht auf sich selbst verwies, und das war auch nicht nötig. „Er hatte den althergebrachten Titel *Pontifex Maximus*, wie der Oberpriester im heidnischen Rom hieß, angenommen, und jedermann verstand: Leo, nicht der Kaiser, hatte die Geschikke der Stadt in die Hand genommen. Petrus war an die Macht gekommen."[1]

Wir überfliegen einige Jahrhunderte und betrachten erneut die Rivalität zwischen den Bischöfen von Rom und von Konstantinopel. Die beiden Hälften der Kirche drifteten von Jahrhundert zu Jahrhundert immer weiter auseinander, bis eines Tages im Jahre 1054 zwei Abgesandte der Kirche von Rom in Konstantinopel eintrafen, gerade als die Messe im Dom der Hagia Sophia (der Heiligen Weisheit) beginnen sollte, und eine päpstliche Bulle auf den Altar legten. Der Bischof von Rom exkommunizierte in aller Form den Bischof von Konstantinopel. Das ließ Letzteren unberührt. Als ein Kirchendiakon die römischen Abgesandten hinauskomplimentierte, fiel das Schreiben auf die Straße. So trennte sich in jenem Jahr die Ostkirche von Rom und damit entstand die Orthodoxe Kirche, die bei einigen Unterschieden der Lehre nach im Wesentlichen katholisch ist, aber die Autorität des Papstes nicht anerkennt.

Die Päpste und politische Macht

Wie vermerkt, war Leo der Große der erste der römischen Bischöfe, der sowohl politische als auch geistliche Macht ausübte. Aber er war nicht der letzte. Um das Papsttum zu verstehen, müssen wir wissen, dass die Religion während des Mittelalters eine so starke gesellschaftliche Kraft wurde, dass sie den Päpsten die Möglichkeit gab, Herren beider Reiche, der Kirche und der Welt, zu werden. Im Trachten nach Einheit übernahmen die Päpste die Führung.

Mit der Regierung Papst Gregors des Großen (540 – 606) setzte das Papsttum die Vereinheitlichung der Liturgie durch. Gregor verzichtete auf Reichtum und diente dem Volk in Demut. Er nannte sich selbst „Diener der Diener Gottes".

Unter seiner Führung gewann die Kirche an Macht und

dehnte ihre Grenzen aus. Als die Langobarden Rom bedrohten, war es Gregor, der eine Armee zur Verteidigung der Stadt einberief. Wiederum waren politische und geistliche Macht in einer Person vereint.

Gregor ist bekannt geblieben durch die nach ihm benannten Gesänge, die in den Gottesdienst aller Kirchen aufgenommen wurden. Er betrachtete die Messe in wachsendem Maß als ein Opfer des Leibes und des Blutes Christi. Beliebt war er seiner Predigten und seiner Auslegung über das Buch Hiob wegen. Sein Handbuch praktischer Theologie mit dem Titel *Das Buch von der Regierung der Hirten* hatte einen großen Einfluss im ganzen Reich.

Er glaubte an das Fegefeuer als einen Ort, an dem die Seelen gereinigt würden, ehe sie Eingang fänden in den Himmel. Seine Theologie gründete nicht nur auf dem Neuen Testament oder auf den Lehren der Kirchenväter, sondern auch auf dem wachsenden Aberglauben in Verbindung mit der Reliquien- und Heiligenverehrung. Er glaubte, dass die Messe den Toten wie den Lebenden zu Gute komme, und die Errettung erlange man durch Glauben in Verbindung mit verdienstlichen Werken.

Man bezeichnet Gregor gewöhnlich als den ersten der mittelalterlichen Päpste. Sein Lebenswerk legte den Kurs der Kirche hinsichtlich der Theologie, Liturgie und Politik für Jahrhunderte fest.

Zwei Jahrhunderte später, im Jahre 799, ritt Papst Leo III an der Spitze einer Prozession durch die Straßen Roms, als er plötzlich vom Pferd gerissen und in ein griechisches Kloster verschleppt wurde. Die Anhänger des vorhergehenden Papstes beschuldigten ihn des Meineids und des Ehebruchs. Aber seine Anhänger konnten ihn befreien und ihn in den Petersdom zurückführen. Er begriff nun, dass er nur dann sicher herrschen könne, wenn er einen Kaiser krönen und sich so dessen Schutz einhandeln könne. Er wandte sich mit diesem Ansinnen an Karl, den König der Franken.

Am Weihnachtstag des Jahres 800 kam Karl der Große zum Gottesdienst in den Petersdom. Der Papst trat auf ihn zu und legte ihm eine Krone aufs Haupt. Damit sollte das auseinandergefallene Römische Reich wiederum geeint werden. Dass der Kaiser durch den Papst gekrönt worden war, demonstrierte dessen Macht.

Karl der Große hatte die militärische Macht, seine Feinde zu vernichten. Er wollte dem Christentum zur uneingeschränkten Herrschaft in seinem ganzen Reich verhelfen. Er war der Ansicht, die Kirche herrsche über den Geist, der Staat hingegen über den Leib der Menschen. Der Papst und der Kaiser sollten einander in ihren von Gott gegebenen Pflichten unterstützen und so ihre Macht zum Wohl des Menschengeschlechts ausbauen.

Karl der Große führte ungefähr fünfzig Kriege, um aller Anarchie innerhalb der Grenzen seines Reiches ein Ende zu setzen und überall das Christentum zur Herrschaft zu erheben. Gleichzeitig wurde er so ein Förderer von Kultur und Bildung.

Papst und Kaiser im Zweikampf

Im 11. Jahrhundert entbrannte ein Streit über die Frage, ob die weltlichen Fürsten das Recht hätten, Kirchenämter zu verteilen (der sog. Investiturstreit). Die Fürsten in Deutschland hatten genügend Macht, um die Kirche zu beherrschen.

Als Papst Gregor VII im Jahre 1073 den Stuhl Petri bestieg, beharrte er darauf, dass die kirchliche Macht der weltlichen überlegen sei. Er tat einen jeden in den Bann, der sein kirchliches Amt von weltlichen Herrschern empfing. Das führte zum berüchtigten Zweikampf mit Kaiser Heinrich IV. Der Papst beschuldigte den Kaiser der Simonie, des Kaufs oder Verkaufs kirchlicher Ämter (benannt nach Simon, dem Zauberer, der in Apostelgeschichte 8 geistliche Vollmacht mit Geld erwerben wollte; der Übers.). Heinrich wurde vor den Papst zitiert, Heinrich seinerseits berief eine Synode, die den Papst für amtsuntauglich erklärte. Daraufhin tat Papst Gregor den Kaiser in den Kirchenbann und sprach alle seine Untertanen von der Treuepflicht ihm gegenüber los.

Nun hatte es der Kaiser eilig, sich dem Papst zu beugen, und er eilte im Januar 1077 über die verschneiten Alpen nach Canossa, wo der Papst residierte. Er erschien im Büßergewand, aber der Papst ließ ihn drei Tage barfuß im Schnee warten und um Vergebung flehen, bis der Nachfolger Petri sich mit folgenden Worten zum Ablass herbeiließ: „Wir lösen die Kette des Banns und nehmen ihn in den Schoß der Heiligen Mutter, der Kirche, wieder auf.“ Damit war die päpstliche Oberhoheit wiederhergestellt. Kaiser Heinrich rächte sich am Papst, indem er später mit einem Heer zurückkehrte und den Papst gefangen nahm.

Und doch war die einstige Oberhoheit der römischen Kaiser durch das geistliche Regiment der Päpste abgelöst worden. Der Papst war jeweils als das Oberhaupt über alle weltlichen Fürsten anerkannt. Die Kirche habe zwei Schwerter, ein geistliches und ein weltliches (man berief sich auf die zwei Schwerter von Lukas 22,38).

Die Kreuzzüge

Im Jahre 1095 rief Papst Urban II zum ersten Kreuzzug auf, um das Heilige Land von den Sarazenen zu befreien. Er versprach den Christen, die zum Schwert griffen, himmlischen Lohn und Ländereien. Die Teilnahme am Kreuzzug gewährte einen vollständigen Ablass auf Lebzeiten. Wer an der Teilnahme verhindert war, konnte sein Geld schicken und sollte dafür einen Ablass bekommen.

Über 5000 Kreuzritter machten sich auf und eroberten Jerusalem, die Heilige Stadt. Man durchbohrte die Sarazenen mit Pfeilen und hieb den Gefallenen den Kopf ab. Ein Augenzeuge schrieb: „Es war ein gerechtes und glänzendes Gericht Gottes, dass an diesem Ort das Blut der Ungläubigen fließen sollte, der so lange unter deren Gotteslästerungen geseufzt hatte."

Papst Innozenz III (1198-1216) war es, der behauptete, der Stellvertreter Christi sei weniger als Gott aber mehr als ein Mensch. Den Fürsten des Abendlandes gab er zu verstehen, der Papst sei wie die Sonne und die Könige wie der Mond, der sein Licht von der Sonne hat. Unter ihm erreichte die Macht des Papsttums ihren Höhepunkt.

Der Papst konnte sich die Könige in ganz Europa mit Drohung des Kirchenbannes gefügig machen. Stellte sich ein König gegen den Papst, fiel sein ganzes Reich unter den *Kirchenbann*. Damit wurden alle Gottesdienste eingestellt, die Kirchenglocken schwiegen; alle kultischen Handlungen außer Taufe und letzte Ölung waren suspendiert. Kein Kaiser konnte sich das leisten; er musste sich einfach fügen.

Zerfall des Papsttums

Im 14. Jahrhundert erlitt die Macht des Papsttums einen schweren Schlag. Papst Bonifaz geriet mit König Eduard I und Philipp von Frankreich in die Wolle, weil diese ihrem Klerus Steuern auferlegten. Bonifaz antwortete darauf mit der Bulle *unam sanctam* („die eine Heilige"), der extremsten Behauptung päpstlicher Machtherrlichkeit, die sich irgend denken lässt. Es hieß darin, jede Menschenseele auf der Erde sei dem Bischof von Rom unterworfen. Die Antwort Philipps war, dass er den Papst gefangen nehmen ließ, als dieser in seiner Sommerresidenz weilte. Er starb wenige Wochen später, ein schwer gedemütigter Mann.

Philipp hatte einen Sieg errungen und als der Nachfolger des Bonifaz nach kurzer Zeit starb, wählten die Kardinäle im Jahre 1305 Clemens V., einen Franzosen, zum Papst. Er wollte aber nicht nach Rom gehen, sondern residierte im südfranzösischen Avignon. Damit begann eine Periode von 72 Jahren, in denen sechs französische Päpste von Avignon statt von der Ewigen Stadt aus regierten. Historiker haben dies auch als die „Babylonische Gefangenschaft“ der Kirche bezeichnet.

Als im Jahre 1377 der Heilige Stuhl endlich wieder nach Rom zurückkehrte, ließen sich die französischen Kardinäle dazu nötigen, einen italienischen Papst, Urban VI, zu wählen. Aber nur sechs Monate später bereuten sie ihre Wahl und wählten ihren eigenen Papst, Clemens VII, der wiederum nach Avignon zog.

Papst Urban war aber nicht Willens abzutreten, sondern organisierte sein eigenes Kardinalskollegium und regierte von Rom aus weiter. Damit begann das „Große Abendländische Schisma“, eine Zeit von 39 Jahren, in der es immer zwei Päpste gab, von denen jeder die Macht beanspruchte, den anderen zu exkommunizieren. Norditalien, Deutschland, Skandinavien und England hielten sich zum Papst in Rom, Frankreich, Spanien, Schottland und Süditalien zum Papst in Avignon.

Im Jahre 1409 trafen sich Kardinäle beider Lager, um das Schisma zu überwinden. Sie setzten beide regierenden Päpste ab und wählten einen neuen, Alexander V. Nur nahm keiner der beiden Päpste die Abwahl an, mit dem Ergebnis, dass jetzt drei selbsternannte legitime Nachfolger Petri jeder auf ihrem Stuhl Petri saßen und die beiden anderen als Antichristusse beschimpften. Gleichzeitig verkauften sie Ablässe, um ihre Kriegskassen zu füllen.

Im Jahre 1414 berief der Kaiser ein Konzil nach Konstanz, am Bodensee. Die Abgeordneten hatten genügend Macht, um einen der drei regierenden Päpste zum Rücktritt zu bewegen und die verbleibenden zwei abzusetzen. Sie wählten einen neuen Stellvertreter Christi, Martin V., und die beiden abgesetzten Stellvertreter Christi sahen ein, dass sie genötigt waren, in den sauren Apfel zu beißen.

Damit war das Schisma glücklich aus der Welt geschafft, aber es war damit auch ein neues Problem geschaffen worden. Papst Martin musste alle Beschlüsse des Konzils zu Konstanz für nichtig erklären außer einem: jenem, das ihn auf den Stuhl Petri erhoben hatte. Warum das? Indem das Konzil Päpste abgesetzt und einen neuen eingesetzt hatte, hatte es Autorität beansprucht, die über der des Papstes selbst stand, und das durfte nicht sein.

So hatte sich der Papst wieder zum höchsten Herrn gemacht. Er wusste einmal mehr nicht, wie Shelley sagt, ob er nun Nachfolger Petri oder Nachfolger der Cäsaren sei.

Die Unfehlbarkeit des Papstes

Mit zunehmender Macht des Papsttums wuchs auch seine Anmaßung. Im Jahre 1647 verwarf Papst Innozenz X die Vorstellung als ketzerisch, Petrus und Paulus seien das gemeinschaftliche Haupt der Kirche gewesen. Die Tatsache, dass Paulus „dem Petrus ins Angesicht widerstand" (Gal 2,11), tue dem nicht Abbruch, im Gegenteil: Paulus habe Petrus genau aus dem Grund öffentlich entgegentreten müssen, weil er so hohe Autorität in der Kirche bekleidet habe.

Die Unfehlbarkeit des Papstes wurde am Ersten Vatikanischen Konzil von 1870 zum Dogma erhoben. Es heißt dort: „Wer behauptet: nicht aufgrund der Einsetzung von Christus dem Herrn selber, d. h. aufgrund göttlichen Rechts, habe der heilige Petrus seine beständigen Nachfolger im Vorrang über die gesamte Kirche, oder: der Bischof von Rom sei nicht der Nachfolger Petri in diesem Vorrang, der sei ausgeschlossen."[2] Das Konzil beschloss ferner: „Diese Leitung betrifft nicht nur den Bereich von Glaube, Sitte, Kult und Heiligung, sondern auch die äußere Ordnung und Verwaltung der Kirche".

Das bedeutet, dass der Papst allein mehr Macht hat, als alle Bischöfe zusammen. Das Zweite Vatikanische Konzil hat diesen Rang des Papstes bestätigt: „Das Kollegium oder die Körperschaft der Bischöfe hat aber nur Autorität, wenn das Kollegium verstanden wird mit dem Bischof von Rom, dem Nachfolger Petri, als seinem Haupt ... Der Bischof von Rom hat nämlich Kraft seines Amtes als Stellvertreter Christi und Hirte der ganzen Kirche volle, höchste und universale Gewalt über die Kirche und kann sie immer frei ausüben. Die Ordnung der Bischöfe aber, die dem Kollegium der Apostel im Lehr- und Apostelamt nachfolgt ... ist gemeinsam mit ihrem Haupt, dem Bischof von Rom, und niemals ohne dieses Haupt, gleichfalls Träger dieser höchsten Gewalt über die ganze Kirche. Diese Gewalt kann nur unter Zustimmung des Bischofs von Rom ausgeübt werden."[3]

Die Lehre von der Unfehlbarkeit des Papstes erfuhr teils heftigen Widerspruch. Einer der führendenTheologen, Dollinger, der 47 Jahre katholische Theologie gelehrt hatte, wurde 1871 exkommuniziert, weil er diesem Dogma widersprach. Über die Rolle, die nunmehr den Bischöfen zugedacht war, schrieb er: „Wenn sie einen päpstlichen Beschluss bestätigen wollen, dann ist das so viel wie Laternen anzünden zum hellen Licht der Mittagssonne." Wenn der Papst *ex cathedra* spricht, kann er sich über die Bibel hinwegsetzen und jeden Widerspruch ersticken. Der Wortlaut der Bulle:

„Wenn der römische Bischof in höchster Lehrgewalt (ex cathedra) spricht, das heißt, wenn er seines Amtes als Hirte und Lehrer aller Christen waltend in höchster, apostolischer Amtsgewalt endgültig entscheidet, eine Lehre über Glauben oder Sitten sei von der ganzen Kirche festzuhalten, so besitzt er aufgrund des göttlichen Beistandes, der ihm im heiligen Petrus verheißen ist, jene Unfehlbarkeit, mit der der göttliche

Erlöser seine Kirche bei endgültigen Entscheidungen in Glaubens- und Sittenlehren ausgerüstet haben wollte. Diese endgültigen Entscheidungen des römischen Bischofs sind daher aus sich und nicht aufgrund der Zustimmung der Kirche unabänderlich. Wenn sich jemand – was Gott verhüte – herausnehmen sollte, dieser unserer endgültigen Entscheidung zu widersprechen, so sei er ausgeschlossen."

Obwohl es keinen unmittelbaren historischen Beweis dafür gibt, dass Petrus je in Rom war, glaubt die Römische Kirche, dass er dort starb und dass der ursprüngliche Petersdom über seinem Grab erbaut worden sei.

Was sollen wir vom Primat des Petrus, von der Fortsetzung seiner Autorität auf den Bischof von Rom und von der Unfehlbarkeit des Papstes halten? Ist das die Lehre des Neuen Testaments? Oder gibt es andere stichhaltige Gründe, warum wir an diese Dogmen glauben sollten?

Das Papsttum und das Neue Testament

Als Christus zu Petrus sagte: „Du bist Petrus und auf diesen Felsen will ich meine Gemeinde bauen", verwendete er ein Wortspiel, bei dem er in auffälliger Weise zwei verschiedene Wörter gebrauchte. Der Name *Petrus* bedeutet *„Stein"*; *petra* ist das griechische Wort für *„Fels"*. Der Herr sagte also: „Du bist *petros* und auf diesen *petra* werde ich meine Gemeinde bauen." Mit dem „Felsen" kann Christus durchaus sich selbst gemeint haben. Er wird jedenfalls an anderer Stelle im Neuen Testament als Grund der Gemeinde bezeichnet.

Nehmen wir einmal an, der Herr habe mit dem Felsen Petrus gemeint. Katholische Theologen sagen, die Kirche sei auf Christus und auf Petrus aufgebaut. Aber auch dann noch ergeben sich drei Fragen. Erstens: Findet sich in der Bibel irgendein Indiz dafür, dass die Autorität des Petrus übertragbar ist? Zweitens: Findet sich irgendein Indiz dafür, dass eine solche Autorität auf den Bischof von Rom übergehen sollte? Und drittens: Findet sich im Neuen Testament ein Indiz dafür, dass Petrus in seinen Verlautbarungen unfehlbar gewesen sei und dass diese Gabe auf die Bischöfe von Rom übergehen sollte?

Ludwig Ott, der Katholische Theologe, findet sich einmal mehr in der wenig beneidenswerten Lage, dass er zugeben muss, der Primat des Petrus werde durch Christus nicht genannt, aber dieser ergebe sich aus dem Wesen und dem Zweck des Papsttums. Zum Glauben, die Vollmacht des Petrus sei auf die Bischöfe von Rom übertragen worden, lässt sich keine Bibelstelle anführen.

Und wie steht es mit der Unfehlbarkeit? Ott räumt ein, dass die Kirchenväter nicht von Unfehlbarkeit gesprochen haben, aber dass man sie von einigen ihrer Aussagen ableiten könne. Als Bibelstelle nennt Ott Matthäus 16,18-20: Christus habe Petrus die Gewalt gegeben, zu binden und zu lösen. Vergessen wir nicht, dass diese gleiche Vollmacht nicht allein Petrus, sondern allen Aposteln gegeben wurde (Mt 1,20; Joh 20,23). Petrus wurden die Schlüssel des Reiches gegeben, weil es ihm bestimmt war, den Juden und den Heiden als erster das Evangelium zu predigen (Apg 2 und 10; siehe auch 15). Aber kein Text sagt, diese Gewalt sei übertragbar gewesen.

Dass Petrus fehlbar war, wird im Galaterbrief ganz deutlich. Wir lesen dort, wie Petrus die Lehre des Evangeliums aus Menschenfurcht kompromittierte, indem er in alttestamentliche Speisegebote zurückfiel. Es war Paulus, der ihn deswegen öffentlich rügte: „Als aber Kephas nach Antiochien kam, widerstand ich ihm ins Angesicht, weil er dem Urteil verfallen war“ (Gal 2,11).

Im Neuen Testament ist die höchste Führungsrolle die des Ältesten oder Aufsehers (Luther: Bischof), wobei die beiden Begriffe austauschbar sind, wie ein Vergleich von Apostelgeschichte 20,17 mit 20,28 und Titus 1,5 mit 1,7 zeigt. Aber nirgends übt ein einziger Bischof Gewalt oder Aufsicht über mehrere Gemeinde aus, geschweige denn über die ganze Christenheit. Es ist vielmehr umgekehrt: Eine jede einzelne Gemeinde hat mehrere Aufseher (oder, um das Wort der Lutherbibel zu verwenden: Bischöfe). Und diese haben Verantwortung für die örtliche Herde und nicht darüber hinaus. Wenn aber einer Macht hat über mehrere Gemeinden, dann wird sich jedesmal, wenn sich dieser irrt, der Irrtum über alle gleichgeschalteten Gemeinden verbreiten.

Obwohl ein Konzil von mehreren Ältesten zusammenkommen kann, hat es keine bindende Gewalt über andere Gemeinden. Das erste Kirchenkonzil traf sich in Jerusalem unter dem Vorsitz des Jakobus (also nicht Petrus, obwohl er auch dabei war). Was dort beschlossen wurde, war eine Empfehlung und nicht mehr: „Es hat uns gut geschienen ..." (Apg 15,25). Dort sehen wir auch, dass jeder Beschluss von irgendeiner Synode durch die Bibel bestätigt sein muss, bevor man sie anderen als Richtschnur empfehlen darf (Apg 15,22-29).

Ist es möglich, ohne ein irdisches Haupt Einheit zu bewahren? Protestanten bekennen, Christus sei das alleinige Haupt der Gemeinde und dass die Einheit sich auf die biblische Lehre allein gründen dürfe.

Die Schriften des Neuen Testaments, die am deutlichsten von Christus als dem Haupt und den Gläubigen als gleichwertigen Gliedern sprechen, sind die Briefe des Apostels Petrus. Er stellt uns Christus als den Eckstein dar (1Petr 2,6), und er lehrt, dass alle Gläubigen Priester sind (1Petr 2,4-7). Was seine Stellung und die der Ältesten betrifft, nennt er sich einen „Mitältesten" (1Petr 5,1); er schreibt seinen Mitältesten: „Hütet die Herde Gottes, die bei euch ist, indem ihr die Aufsicht nicht aus Zwang führet, sondern freiwillig, auch nicht um schändlichen Gewinn, sondern bereitwillig, nicht als die da herrschen über ihre Besitztümer, sondern indem ihr Vorbilder der Herde seid" (1Petr 5,2-3). Dass einer den Vorrang über den anderen haben sollte, war nie vorgesehen, schon gar nicht, dass ein angeblicher Nachfolger von ihm über *alle* Kirchen Gewalt haben sollte. Einzig Christus hat diese Gewalt; als „Oberhirten“, oder „Erzhirten“ kennt er daher niemanden als nur Christus allein (1Petr 5,4). Wir sollten die Ansprüche der Päpste, die sich Nachfolger Petri nennen, an dem messen, was Petrus selbst geschrieben hat.

Anmerkungen

1. Bruce Shelley, *Church History in Plain Language* (Waco, Texas: Word Books, 1982), S. 158
2. Ludwig Ott, *Fundamentals of Catholic Dogma* (St. Louis: B. Herder Books Co., 1954), S. 282.
3. Ebd., S. 285.

Kapitel 5

Rechtfertigung: durch Glauben, Sakramente oder beides?

Die wichtigste Frage, die man im Leben überhaupt stellen kann, ist verschieden formuliert worden. Hiob fragte: „Wie kann ein Mensch gerecht sein vor Gott?" Der reiche Jüngling wollte vom Herrn wissen: „Was muss ich tun, um das ewige Leben zu ererben?", und der Kerkermeister fragte aufgeschreckt: „Was muss ich tun, um errettet zu werden?"

Es ist traurig aber wahr, dass wir das Neue Testament schon zwanzig Jahrhunderte besitzen und die Christenheit die Frage noch immer zwiespältig beantwortet. An der richtigen Antwort entscheidet sich, wo man die Ewigkeit verbringen wird.

Die Lehre des Neuen Testaments ist in dieser Frage unkompliziert. Mindestens einhundertmal lesen wir, dass der Glaube an Christus das Mittel ist, durch das der Sünder vom Allmächtigen selbst Vergebung empfängt und von ihm aufgenommen wird. Als Christus am Kreuz starb, war eines seiner letzten Worte *tetelestai*, „es ist vollbracht" (Joh 19,30). Man verwendete dieses Wort auch in der Handelssprache; als Vermerk auf einer Rechnung hatte es die Bedeutung: „Bezahlt". Der Tod Christi genügt, um die Schuld von einem jedem zu tilgen, der ihm *allein* vertraut.

Daraus ergibt sich ein Zweifaches: Erstens werden wir nicht durch eigene Leistungen gerettet. Wenn Christus den Preis bezahlt hat, dann können wir uns das Heil nicht verdienen: „Denn durch die Gnade seid ihr errettet, mittels des Glaubens; und das nicht aus euch, Gottes Gabe ist es; nicht aus Werken, auf dass niemand sich rühme" (Eph 2,8-9). Die Errettung ist vor allem eine freie Gabe Gottes.

Bedeutet das aber nicht, dass wir gerettet werden und dann weiter sündigen können? Diese Frage wird immer wieder von Leuten gestellt, die denken, eigene Leistungen müssen *auch* zum Heil beitragen. Christus habe zwar die erste große Anzahlung gemacht, aber wir müssten mit unseren Raten die Errettung abzahlen. Die richtige Antwort lautet nun, dass die freie Gabe der Errettung uns auf ewig gehört, wenn wir sie einmal empfangen haben, selbst wenn wir sie nachher missbrauchen sollten. Wir dürfen aber nie übersehen, dass Gott uns im Gefolge des Glaubens so radikal verändert, dass wir ganz neue Wünsche bekommen. Gott zieht in unser Leben ein und beginnt den Prozess der Veränderung. Das geistliche Wachstum ist eine ganz andere Geschichte.

Das nun führt mich zur zweiten Folgerung: Gott wirkt direkt im Menschen durch den Heiligen Geist mittels der Wahrheit der Bibel. Es braucht keine menschlichen Mittler wie Priester oder menschliche Mittel wie Rituale. Das Wunder der neuen Geburt geschieht unmittelbar im Augenblick des rettenden Glaubens. Es finden sich im Neuen Testament Dutzende von entsprechenden Berichten. Wir denken an Levi, alias Matthäus, an den Schächer am Kreuz oder an Lydia, die Purpurkrämerin, „der Gott das Herz auftat", an den Kämmerer aus Äthiopien und an den Kerkermeister von Philippi. Sie glaubten und wurden unmittelbar gerettet.

Während der drei ersten Jahrhunderte der christlichen Kirche wurde die Errettung aus Gnade durch Glauben in mehr oder weniger großer Klarheit gepredigt. In einigen Fällen wurde der Glaube als die einzige Voraussetzung zur Errettung gelehrt, in anderen Fällen verknüpfte man die Gabe der Gnade mit Werken und mit der Taufe. Sogar die so genannten „Apostolischen Väter" (die man so nennt, weil sie die Apostel noch gekannt haben konnten) bestanden manchmal auf guten

Werken zur Errettung, oder doch zumindest, um im Stand der Errettung zu bleiben.

Hermas schrieb um 100 herum: „Es gibt keine andere Buße als diese, dass wir in das Wasser steigen und die Vergebung der vergangenen Sünden empfangen".[1] Ignatius, der Bischof von Antiochien, sprach ungefähr zur gleichen Zeit vom Nutzen der Kommunion. Ihm war die Eucharistie „die Medizin der Unsterblichkeit, damit wir in Jesus Christus ewig leben".[2] Und im sogenannten Clemensbrief (dessen Autor wir nicht kennen) steht, dass man bei der Taufe das ewige Leben bekomme und dass man danach sein Leben reinhalten müsse, um in den Himmel zu kommen. Der Barnabasbrief (der nicht vom gleichnamigen Mitarbeiter des Apostels Paulus stammt) sagt ebenfalls, dass der Gläubige die Segnungen der Erlösung durch die Taufe empfange.

Die Jahrhunderte verstrichen und der Sakramentalismus wurde immer gewichtiger. Einige glaubten bald, dass die Taufe und die Kommunion Sünden wegnehmen, und von daher erschien es geradezu logisch, dass man Säuglinge taufen sollte. Wieso sollte man ihnen ein Gnadenmittel vorenthalten, da sie doch von der Erbsünde befallen waren? Als nächstes urteilte man, dass sie auch die Kommunion empfangen sollten. In einem späteren Kapitel werden wir sehen, dass diese Ansichten sich im 2. und 3. Jahrhundert besonders in Nordafrika verbreiteten.

Natürlich glaubten nicht alle so. Polykarp, ein persönlicher Freund des Apostels Johannes, lehrte, dass wir allein durch den Glauben errettet werden. Gute Werke folgen auf die Errettung, sind aber kein Beitrag zum Empfang des ewigen Lebens. Reinhold Seeber schreibt in seiner ausführlichen Dogmengeschichte, dass die apostolischen Väter keine einheitliche und systematische Auffassung von der Heilslehre haben, weil sie wenige Anzeichen dafür aufweisen, die Briefe des Apostels Paulus verstanden zu haben. Sie sind mit den

Schriften von Petrus und Jakobus vertraut, aber kennen sich mit der Substanz des Römerbriefes kaum aus.[3]

Es gab also Leute, die der Meinung widersprachen, äußerliche Rituale trügen zur Errettung bei. Es ist sogar anzunehmen, dass der Sakramentalismus erst mit Konstantin und seinem Einfluss auf das Kirchenverständnis richtig aufkam.

Das Aufkommen des Sakramentalismus

Mit der konstantinischen Wende blühte der Sakramentalismus auf. Die Kirche wurde zu einem politischen Faktor, und *die Sakramente wurden zum Mittel, das der Kirche die Aufsicht über die Bürger des Reiches in die Hand spielte.* Errettung war nicht mehr eine Angelegenheit der persönlichen Beziehung zu Gott, dem Retter, sondern zur Kirche, die die Sakramente verwaltete.

Das gab der Kirche ungeahnte Macht. Sie hatte die Schlüssel zum Himmel und zur Hölle in der Hand. Sie konnte Gnade spenden oder Gnade verweigern. Zu sagen, man habe Frieden mit Gott außerhalb der Kirche gefunden, war Häresie. Zum Sakramentalismus gesellten sich all die kirchlichen Rituale, die sich im Neuen Testament nicht finden.

Obwohl Augustin die völlige Verderbtheit des Menschen und die Notwendigkeit der Gnade klar erfasste, betonte er auch die Notwendigkeit der Sakramente zur Errettung. Er lehrte, dass die Taufe dem Menschen einen besonderen Charakter aufpräge. Seine Gnadenlehre wurde dadurch ferner getrübt, dass er lehrte, die Werke vor dem Glauben seien nicht verdienstlich, dass aber die Werke nach dem Glauben, die aus einem erneuerten Herzen fließen, verdienstlich seien. „Grundsätzlich dient also die Gnade nur dem Zweck, den Menschen doch wieder zu befähigen, sich das Heil zu verdienen."[4]

Augustin wurde in einen folgenschweren Streit um die Sakramente verwickelt. Die Donatisten (so genannt nach ihrem Führer Donatus) argumentierten, die Sakramente seien nur wirksam, wenn der Priester, der sie spendete, ein gerechtes Leben führte. Augustin sah ganz klar, dass das die Errettung des Kirchenvolkes in Frage stellen würde, da niemand sicher sein konnte, ob der Priester wirklich einen würdigen Lebenswandel führte. Daher behauptete er, die Sakramente seien eine Gabe Gottes, weshalb der sittliche Zustand des spendenden Priesters ihr keinen Eintrag leisten könne. Sie würden darum ihre Wirkung nicht verfehlen, selbst wenn Diebe oder Räuber sie spendeten.

Augustin verfing sich damit in ein pikantes Problem: Er musste den Donatisten entgegen treten, obwohl er zur Behauptung genötigt war, auch deren Sakramente seien gültig, da ja *alle* Sakramente wirksam seien. Aber er fuhr fort und unterschied zwischen dem Sakrament und der Wirkung des Sakraments, in der Hoffnung, hier in seiner Opposition gegen die Donatisten ansetzen zu können. Von der Taufe sagte Augustin, sie könne nicht wiederholt werden, weshalb sie ihre Kraft nie verlieren könne. Dennoch sagte er auch, dass die Taufe nur dann nütze, wenn der Getaufte auf anderem Weg Gnade empfange.

In der ganzen Sakramentaltheologie wurde die Frage seither immer wieder diskutiert, ob die nicht wiederholbare Taufe, Firmung (oder Konfirmation) und Ordination immer noch gültig seien, auch wenn die betreffende Person vom Glauben abfalle. Und wenn Abgefallene wieder umkehren, warum sollten nicht einige Sakramente wiederholt werden müssen? Man erinnere sich: Die Sakramente haben ihre Wirkung unabhängig von der Verfassung des spendenden Priesters. Und zudem musste auch der Empfänger der Sakramente keinen Glauben, noch würdige innere Beweggründe haben, um von den Gnadenmitteln Nutzen zu empfangen.

Seeberg sagt in seinen Erörterungen zu Augustin: „Ein guter innerer Beweggrund, durch den er der Gnade würdig wird, wird vom Empfangenden nicht verlangt, sondern es genügt, dass der Empfangende kein Hindernis in den Weg stellt."[5] Im Grunde lehrte die Kirche, dass die Sakramente ihre Wirkung nicht verfehlten, so lange als der Empfangende keine Todsünde begangen hatte. In dem Fall müsse das Hindernis zuerst durch gründliche Reue ausgeräumt werden.

Die Donatisten glaubten, dass die Kirche rein sein sollte, das heißt, dass nur Gläubige in sie aufgenommen werden dürften. Aber Augustin berief sich auf das Gleichnis vom Unkraut im Weizen und bezog es auf die Kirche (statt wie der Herr auf die Welt), um damit die Mitgliedschaft von Ungläubigen zu rechtfertigen. Das ergab sich aus seinem Verständnis der Kirche als einer Gemeinschaft, welche die gesamte Gesellschaft umschließe.

Es ist geradezu logisch, dass sich aus diesen Voraussetzungen ein ganzes Regelwerk von verschiedenen Sakramenten herausbildete, das dem reuigen Sünder in jeder Lebenslage Zugang zum Reservoir der Gnade verschaffte. Auf diese Weise gewann die Kirche während des Mittelalters ihre nahezu uneingeschränkte Macht über die Seelen. Gleichzeitig bekamen die Traditionen das gleiche Gewicht wie biblische Gebote. Beim Konzil von Florenz konnte Papst Eugen IV schließlich die sieben noch heute bekannten Sakramente offiziell sanktionieren.

Hier ist nicht der Ort, ein jedes dieser Sakramente zu untersuchen. Die Grundidee ist die, dass *jedes Sakrament Gnade spendet, dass aber kein einzelnes Sakrament dem Sündern hinlängliche Gnade spenden kann.* Daher muss jeder zusehen, dass er so viel wie nur möglich von den verfüglichen Gnadenmitteln in Anspruch nimmt. Am Schluss ist die Frage nur noch, ob einer genug Gnade aufgehäuft hat, um errettet zu werden.

Das macht die Gewissheit der persönlichen Errettung unmöglich. Es war schwer, die Menge aufgehäufter Gnade mit der Menge zu vergleichen, die Gott forderte. Als einziger Trost blieb die Zusage, dass die Kirche in der Lage sei, den einzelnen

Sünder in den Himmel zu schaffen. Und für den Fall, dass einer bis zum Todestag doch zu wenig Gnade aufgehäuft hatte, blieb ihm der Ausweg des Fegefeuers. Dort sollten die noch verbliebenen Sünden abgebüßt werden. Aber zu sagen, man sei sich des Himmels gewiss, war die Sünde der Anmaßung.

Mit dem Sakramentalismus ging der Sacerdotalismus einher, die Priesterherrschaft (von lat. *sacerdos*, der Priester, der Übers.), die so weit ging, dass der Priester zum Mittler zwischen Gott und dem Menschen wurde. Er spendete die Gnadenmittel und damit auch die Gnade; er hatte die Macht, den Widerstrebenden den Himmel zu verschließen und ihn den Gefügigen aufzutun. Man glaubte, sie hätten die Macht, ein Weizengebäck unter ihrer Hand in den Körper des Heilandes zu verwandeln. Sie waren buchstäblich Gottes Stellvertreter auf Erden. Die neutestamentliche Lehre vom Priestertum aller Gläubigen wurde ganz verdrängt; nach alttestamentlichem Muster hatte sich eine Priesterkaste etabliert.

Welches ist nach Römisch Katholischer Auffassung der Weg der Errettung? Er führt durch die Kirche. Die Errettung ist aus Gnade, aber die Gnade fließt durch verschiedene Kanäle, denen der Gläubige folgen muss. Daher ist der Weg zum ewigen Leben alles andere als einfach und oft unklar.

Wie es funktioniert

Nehmen wir als Beispiel das Sakrament der Buße, das als das vierte Sakrament im Katechismus von Baltimore umschrieben wird als „ein Sakrament, durch das die nach der Taufe begangenen Sünden durch die Absolution des Priesters vergeben werden".[6] Da aber der Priester gewöhnlich ein Werk verlangt, bevor er dem Reuigen die Absolution erteilt, bezieht sich das Wort Buße oft auf dieses abbüßende Werk. Man glaubt, dass Gott die verdiente Strafe nicht aussetzt, ohne dass der Sünder das Werk Christi durch seine Bußübung komplementiert. Der Sünder ist damit in der Hand des Priesters, der ihm die angemessene Buße auferlegt, ehe er ihn losspricht.

Wenn jemand gelogen hat und dann beichten geht, prüft er sein Gewissen und glaubt, er hätte ein gutes Bekenntnis vollzogen. Es bleibt noch etwas zu tun, um den schmutzigen Fleck, der durch die Sünde da ist, zu entfernen. Deshalb wird der Priester wahrscheinlich von ihm fordern, eine gute Tat zu vollbringen, sozusagen einen Akt der Buße zu vollziehen.

Der Umfang der Strafe hängt oftmals von der Einstellung des Priesters ab. Im Gegensatz zu früheren Jahrhunderten wird der Priester dem Büßer heute etwas einfaches als Bußübung auftragen, etwa ein zehnmaliges Hersagen von „Gegrüßt seiest du, Maria". Ob er wirklich ein bußfertiges Gemüt hat, ist nicht das wirklich Entscheidende. Und *was zählt, ist nicht so sehr seine Beziehung zu Gott, als mehr noch seine Beziehung zum Priester und damit zur Kirche.*

Mit dem Sakrament der Buße ist der Ablass eng verwandt. Er wird folgendermaßen definiert: „Es ist der Erlass, ganz oder teilweise, der zeitlichen Strafe der Sünde ... Ein vollständiger Ablass ist der vollständige Erlass der zeitlichen Strafen der Sünde ... Ein partieller Ablass ist der Erlass eines Teils der zeitlichen Strafe der Sünde ... Um den Ablass zu erlangen, müssen wir in einem Zustand der Gnade sein (das Ergebnis einer befriedigenden Beichte vor dem Priester) und die auferlegten Werke ableisten."[7]

Der Ablass ist nicht ein Sakrament, sondern der Erlass der zeitlichen Strafen *für Sünden, die schon vergeben worden sind.* Er hilft dem Heilungsprozess auf und er kann auch die Pein im Fegefeuer verkürzen.

Um das besser zu verstehen, müssen wir auch wissen, dass die Kirche glaubte, die Heiligen vergangener Zeiten hätten einen Schatz von Verdiensten aufgehäuft, weil sie mehr Gerechtigkeit besaßen, als sie brauchten, um in den Himmel zu kommen. Die Kirche könne nun von diesem Schatz zehren und ihn bedürftigen Sündern zufließen lassen. Der (in Amerika) berühmte Bischof Sheen sagte: „Die Kirche gibt ihren Reumütigen durch diese Verdienste einen neuen Start. Und die Kirche hat ein gewaltiges geistliches Kapital, das sie durch Jahrhunderte der Bußübungen, Verfolgungen und Martyrien erworben hat. Viele ihrer treuen Kinder beteten, litten und verdienten mehr, als sie brauchten, um selbst errettet zu werden. Die Kirche nahm diese überfließenden Verdienste und legte sie in den geistlichen Schatz, aus dem reumütige Sünder in Zeiten geistlicher Not schöpfen können.“[8]

Im Mittelalter wollten sich die Menschen die drohende Pein des Fegefeuers durch Ablass verkürzen oder gar ganz tilgen lassen. Aber wie sollten sie diesen Ablass erlangen, den nur der Papst aushändigen konnte?

Im Jahre 1096 versprach Papst Urban II vollständigen Ablass für alle, die sich am Kreuzzug beteiligten. Fast dreihundert Jahre später, im Jahre 1477, erklärte Papst Sixtus IV, dass der Ablass nicht nur für die Lebenden, sondern auch für die Toten wirksam sei. Damit begann der Verkauf von Ablässen für die Verstorbenen, die man auf diesem Weg aus dem Fegefeuer holen wollte.

Als Papst Leo X Geld brauchte, um den Petersdom zu bauen, verkaufte er – was hätte näher gelegen? – Ablässe. Der Ablasshandel brachte den berühmt gewordenen Tetzel nach Sachsen.

Die Reformation

Das Problem Luthers war, wie der Sünder vor einem heiligen Gott bestehen könne. Darum begann er, nach Heiligung zu jagen. Er tat nicht nur gute Werke, sondern er fastete und tötete sein Fleisch ab. Er hielt Vigilien und Gebete, die über das geforderte Maß hinaus gingen. Sein Problem war, dass er nie wusste, ob und wann Gott zufrieden sein würde.

Die Beichte brachte ihm einen gewissen Trost. Er forschte in seinem Gewissen und hinterfragte die Beweggründe einer jeden Tat. Es kam vor, dass er während sechs Stunden beichtete, bis sein Beichtvater die Geduld verlor. Staupitz schrieb ihm einmal: „Du willst ohne Sünde sein und hast doch keine rechte Sünde ... wie die Eltern morden, öffentlich lästern, Gott verachten, die Ehe brechen usw. Du musst ein Register haben, darin rechtschaffene Sünden stehen, wenn Christus dir helfen soll; du musst nicht mit solchem Humpelwerk und Puppensünden umgehen und aus einem jeglichem Bombart eine Sünde machen!“[9] Aber Luthers Frage war nicht, ob seine Sünden klein oder groß waren, sondern ob er sie wirklich bekannt hatte. Er begriff, dass man sündigen kann, ohne es zu merken.

Wie der Historiker Roland Bainton sagt, befand sich Luther schließlich in einer Sackgasse: „Sünden mussten bekannt, sollten sie vergeben werden; sollten sie bekannt, mussten sie zuvor erkannt und bedacht werden. Wurden sie nicht erkannt und bedacht, konnten sie nicht bekannt, und konnten sie nicht bekannt, konnten sie nicht vergeben werden.“[10]

Während dieser Kämpfe wurde Luther bewusst, dass sein Problem sogar noch ernster war, als er gedacht hatte. Er beging nicht nur Sünden, sondern er war innerlich unrein. Es war, als wollte einer das Wasser vom Boden aufwischen, während der Wasserhahn läuft und läuft. Es gab nicht einmal einen Augenblick der Gewissheit, dass man mit Gott im Reinen war. *Was Luther brauchte, war ein Akt Gottes, der ihn von allen Sünden befreite, den vergangenen, den gegenwärtigen und den zukünftigen.*

Durch sein Studium des Römerbriefes wurde ihm mit einem Mal licht. Luther begriff, dass der Mensch durch Glauben allein und ohne Werke gerechtfertigt wird. Rechtfertigung bedeutet, dass Gott den Sünder gerecht *erklärt*, auch wenn er unvollkommen bleibt. Paulus schrieb zum Beispiel: „Denn was sagt die Schrift? Abraham aber glaubte Gott, und es wurde ihm zur Gerechtigkeit gerechnet“ (Röm 4,3). Das Wort *angerechnet* ist ein öffentlicher rechtlicher Begriff. Er wird oftmals benutzt, wenn jemandes Konto ein Geldbetrag gutgeschrieben wird. Noch deutlicher schreibt Paulus: „Dem dagegen, der nicht Werke tut, sondern an den glaubt, der den Gottlosen rechtfertigt, wird sein Glaube zur Gerechtigkeit gerechnet“ (Röm 4,5).

Die Rechtfertigung spricht von allen Sünden frei, den vergangenen, den gegenwärtigen und den zukünftigen. Ist der Sünder einmal gerechtfertigt, muss er sich nicht aller je begangenen Sünden erinnern. Er wird durch Gott für heilig erklärt. Der Sünder, der so bei Gott angenommen ist, schuldet Gott keine Gerechtigkeit mehr. Er ist völlig und für immer angenommen. Weil er für heilig erklärt worden ist, kann Gott ihn zu einem Erben Gottes und Miterben Christi machen.

Natürlich ist es war, dass Christen ihre Sünden bekennen müssen, auch nachdem sie gerechtfertigt worden sind (1Jo 1,9). Das ist aber notwendig, um die *Gemeinschaft* mit Gott wieder herzustellen, nicht um die *rechtliche* Beziehung zu ihm wieder herzustellen. Wir stehen vor Gott, eingekleidet in die Gerechtigkeit Christi, auch wenn wir immer wieder sündigen. Es ist daher kein Wunder, dass man Paulus des *Antinomismus* bezichtigt hat, der Auffassung, man könne der Gnade Gottes wegen in der Sünde verharren. Ob dieser Vorwurf gerechtfertigt war, werden wir in einem späteren Kapitel sehen.

Wenn Rechtfertigung bedeutet, dass Gott einem Menschen alle vergangenen, gegenwärtigen und zukünftigen Sünden wegnimmt, dann ist die Gewissheit der himmlischen Herrlichkeit möglich. Wenn aber die Errettung durch Anzahlungen von Gnade bis ans Lebensende erworben wird, kann man nie zur Gewissheit kommen. Sich auf Christus allein zu verlassen, heißt auf einer hinreichenden Grundlage der Vergebung und Annahme zu stehen.

Zu seiner Verwunderung und Wonne hatte Luther die Antwort auf all sein Grübeln gefunden. Er konnte vor einem heiligen Gott bestehen, der vollkommenen und hinlänglichen Verdienste Christi wegen. Das war für Luther etwas völlig Neues, obwohl es natürlich in der Kirchengeschichte nichts Neues war. Die Tatsache, dass es damals einer Entdeckung gleich kam, ist ein sprechender Kommentar darüber, wie weit sich die christliche Kirche vom Neuen Testament entfernt hatte.

Wenn Rechtfertigung aus Glauben allein und ohne Werke möglich ist, dann fragt man sich, welche Bedeutung die Werke im Leben des Christen überhaupt haben. Jetzt, da die Beziehung des Christen mit Gott auf immer geregelt ist, ist er frei, seinem Herrn vertrauensvoll und freudig zu dienen. Der Gläubige bemüht sich nicht um guteWerke, um gerettet zu werden, sondern er tut gute Werke, weil er schon gerettet ist. Die guten Werke sind nicht verdienstlich; denn sie können auch nicht eine einzige Sünde tilgen. Aber sie sind die Frucht eines neuen Lebens, das Gott dem Glaubenden eingepflanzt hat.

Die Römisch Katholische Reaktion

Beim Konzil von Trient, das 1546 einberufen wurde, nahm die Römische Kirche öffentlich Stellung zu Martin Luthers Lehre, dass der Mensch durch Glauben allein von Gott gerechtfertigt wird. Das Konzil hielt fest, dass alle Werke, die ein Mensch tut, er nur mit Hilfe der göttlichen Gnade tun kann. Aber diese Werke sind ein Bestandteil des Prozesses der Errettung. Besonders die folgende Bemerkung wurde als *anathema* verurteilt: „Dass der Gottlose durch Glauben allein gerechtfertigt wird – wenn dies bedeutet, dass nichts anderes gefordert wird, um hinsichtlich des Erwerbs der Gnade der Rechtfertigung zu kooperieren und dass es in keiner Weise notwendig für einen Menschen sei, durch die Bewegung seines eigenen Willens zubereitet und ausgerichtet zu werden."[11] Das Konzil bekannte auch, dass Werke notwendig seien, nachdem jemand gerechtfertigt worden ist, um ihn im Stand der Gnade zu erhalten. Alle der sieben bereits verordneten Sakramente wurden bestätigt.

Die Römische Kirche leugnete damit, dass Glauben allein hinreichend sei, um errettet zu werden. Obwohl einige Reformen aus dem Konzil hervorgingen, blieb das ganze System der Sakramente intakt.

Wie sieht es heute in der Römischen Kirche aus? Lehrt sie noch heute, dass Buße und Ablass den Gläubigen portionsweise Gnade verabreichen? Heute noch wird dem Gläubigen, der sich auf dem Petersplatz einfindet, um vom Papst den Weihnachts- oder Ostersegen zu empfangen, versprochen, er werde vollumfänglichen Ablass von den Strafen des Fegefeuers bekommen. Da dieser Ablass aber nur für vergangene Sünden gilt, hat man nie eine Garantie für zukünftige. Aber immerhin hat der Gläubige wieder ein bis dato getilgtes Register.

Im Jahre 1939 dehnte Papst Pius diese gnädige Vorkehrung auch auf alle aus, die den päpstlichen Segen nur via Radio entgegennehmen konnten. Im Dezember 1985 verkündigte der Vatikan, dass die Gläubigen vom Priester oder Bischof auch via Fernsehen Ablass erlangen können, wenn sie ihn nicht persönlich aufsuchen können. Das zeigt, dass die Praxis der Gewährung von Ablass noch immer treu geübt wird.

Sakramente oder Glaube?

Der Sakramentalismus betont, dass die Errettung durch die von der Kirche verwalteten Kanäle der Gnade zu den Gläubigen fließt. Unter *Sacerdotalismus* (= Priesterherrschaft) verstehen wir die den Priestern zugeschriebene Macht, die göttliche Gnade zu spenden. Das steht in krassem Kontrast zur Rechtfertigung allein aus Glauben. Beide Male wird gesagt, die Errettung geschehe durch Gnade, aber die Ansichten darüber, wie dem Menschen die Gnade zuteil wird, unterscheiden sich scharf.

Die Antworten widersprechen einander. Welche Sicht ist die biblische?

Der Sakramentalismus lehrt den Gläubigen, sich an die Kirche zu klammern, um errettet zu werden. Durch die Kirche und ihre Einrichtungen wird die göttliche Gnade den Menschen vermittelt. Die Kirche nimmt damit die Stelle Gottes ein. Der große Theologe und Lehrer am Seminar von Princeton, Benjamin Warfield, schrieb vor vielen Jahren: „Die durch den Sacerdotalismus aufgeworfene Frage ist die, ob es Gott, der Herr, ist, der uns rettet, oder ob es Menschen sind, die im Namen Gottes handeln, bei denen wir das Heil suchen und erlangen müssen."[12] Er stellte ferner fest: Wenn der Sacerdotalimus rechtens ist, dann werden die Menschen nicht durch Gottes Verordnung errettet, sondern durch das natürliche Wirken sekundärer Ursachen.

Warfield nennt drei Einwände gegen die sakramentalistische oder sacerdotale Sicht der Errettung. Erstens trennt es die Seele von der direkten Begegnung mit Gott und dem Heiligen Geist als der Quelle allen Handelns in Gnade. Die Kirche stellt sich zwischen die Seele und Gott. Es besteht sehr wenig Gemeinschaft zwischen der Seele und Gott; die Kirche übernimmt für den Sünder die Verantwortung für seine Beziehung zu Gott.

Das Neue Testament lehrt, dass zur Errettung nicht allein die Vergebung der Sünden gehört, sondern auch das Wunder der neuen Geburt. Die Wiedergeburt ist nichts Geringeres als die Erschaffung eines neuen Herzens im Leben eines Sünders. Diese Bekehrung verändert seine Wünsche und schlägt sich in einem völlig neuen Lebensstil nieder. Das wird übersehen, wenn der Sünder zum Priester kommt, um von ihm gezeigt zu bekommen, durch welche Bußleistung er für seine Verfehlung Sühne bekommen kann. Er rechnet sich aus, wie viel ihn seine Sünde kostet und kommt nie dazu, nach einem veränderten Leben zu trachten. Wenn der Preis nicht zu hoch ist ... wenn es genügt, einmal in der Woche die Messe zu besuchen und ein- oder zweimal im Jahr zur Beichte zu gehen, dann muss man sich ja nicht vor Gott beugen und von ihm ein neues Leben bekommen. Hauptsache, man steht mit der Kirche auf gutem Fuß ...

Die Leute, die sich vom Sakramentalismus bekehren, erzählen, wie sie im alten Leben keine Ahnung hatten, dass man eine persönliche Beziehung zu Gott haben kann. Sie hatten sich nur gefragt, ob sie den Anforderungen der Kirche genügten; sie wussten nicht, dass Gott das Herz eines jeden Menschen will.

Zweitens, sagt Warfield, dass die Persönlichkeit des Heiligen Geistes verdrängt wird, wenn sich die Kirche zwischen den Menschen und Gott stellt. Man glaubt nicht, dass der Heilige Geist nach seinem Willen und Vorsatz wirkt, sondern verfällt der Vorstellung, er wirke immer uniform und nur dann, wenn die kirchlichen Handlungen sein Wirken in Gang setzen. Da die Kirche als „das Schatzhaus des Heils" gilt, entwickelt sich die Vorstellung, die kirchlichen Amtsträger könnten das Heil wie aus einem Wasserhahn spenden. Wie wir oben hörten, müssen die Priester nicht einmal ein moralisches Leben führen, damit die Sakramente wirksam werden. Das Sakrament ist in sich selbst fähig, Heil zu verabreichen (es ist also ex opere operato wirksam, wie der lateinische Terminus lautet; der Übers.).

Und drittens bedeutet der Sakramentalismus, dass die Errettung nicht mehr in der Hand Gottes, sondern in der Hand des Menschen ist. Der Heilige Geist „geht, wohin die Menschen ihn senden. Er wirkt, wenn sie ihn zum Wirken freigeben; er muss auf ihre Einwilligung warten. Ohne ihr Lenken und Steuern kann er kein Heil wirken".[13] Wer die Sakramente ignoriert, ist verloren, wer sie akzeptiert, ist gerettet. Weil das Heil nicht in Gottes Hand, sondern in der Hand der Menschen ist, kann die Römische Kirche lehren, dass es außerhalb der Kirche kein Heil geben kann. Wenn wir fragen, warum diese Person gerettet werde, jene aber nicht, wird man uns antworten: Weil dieser die Sakramente empfing, jener nicht. Alles hängt an den Sakramenten, nicht am persönlichen Glauben an Christus.

Der Sakramentalist glaubt, dass ein Ungetaufter in die Hölle fährt, wenn er als Säugling stirbt. Wenn ein Säugling in Todesgefahr ist, wird daher ein Priester gerufen, damit das Kind noch vorher getauft werde. Vielleicht schafft der Priester es nicht, rechtzeitig zur Stelle zu sein. So ist denkbar, dass ein Verkehrstau das ewige Schicksal eines Kindes entscheidet. Die Kirche verweist in solchen Fällen auf das Fegefeuer und auf die Messen, die man für Tote lesen kann; aber auch dann noch ist die Errettung in der Hand der Menschen. Wenn die Eltern die entsprechenden Anweisungen nicht befolgen, wird das Kind höchst wahrscheinlich verloren sein.

Man vergleiche das nun mit der Lehre der Bibel, wo es heißt, dass die Errettung ein Werk Gottes ist, das er direkt am menschlichen Herzen wirkt. Da Taufe und Messe in späteren Kapiteln ausführlich behandelt werden, brauchen wir uns hier nicht mit der neutestamentlichen Widerlegung dieser Sakramente aufzuhalten.

Der Kontrast zwischen den beiden Wegen der Errettung kommt im folgenden Gespräch zum Ausdruck, das ich mit einem Protestanten führte, der zum Katholizismus konvertiert war. Eine Frau schloss sich unserer Diskussion an und sagte, sie werde in den Himmel kommen, weil sie an einem Kirchenbazar für 1200 Dollar Gebäck verkauft hatte. Als ich sie fragte, ob sie Gott noch mehr zu bieten habe, antwortete sie, dass sie sich auf Gottes Gnade verlasse. Mein katholischer Freund bezeugte seine Zustimmung, indem er folgendes Gleichnis erzählte:

Ein Mann erschien vor der Himmelspforte und wurde vom Heiligen Petrus gefragt, warum man ihn hereinlassen sollte. Darauf antwortete er:

„Meine Eltern brachten mich zur Taufe."

„Das ist fünf Punkte wert", antwortete Petrus.

„Ich ging einmal die Woche zur Messe."

„Das macht zwanzig Punkte."

„Ich ging zweimal im Jahr beichten."

„Dafür gibt's zehn Punkte."

„Ich war ehrlich im Geschäft."

„Das gibt fünf Punkte."

Inzwischen war der Mann unruhig geworden, denn er konnte sich an keine Verdienste mehr erinnern, und hatte nur 40 von 100 notwendigen Punkten gesammelt. Aber dann kam ihm zum Glück eine Predigt über Gnade in den Sinn, die er einmal gehört hatte:

„Ich verlasse mich auf die göttliche Gnade", worauf Petrus antwortete: „Du hast Glück, das ist sechzig Punkte wert!"

Natürlich würde ein katholischer Theologe die Geschichte ein bisschen aufpolieren, denn streng genommen seien die 40 Punkte, die der Mann mit der Taufe, der Messe, der Beichte und den guten Werken gesammelt hatte, auch Gnade. Gott habe dem Mann die Gnade gegeben, gute Werke zu tun. Ja, auch die Werke gehören zum Heil, aber das leugnet nicht die göttliche Gnade.

Aber können gute Werke im Gewand von Gnade in die Botschaft des Evangeliums geschmuggelt werden?

Jesus erzählte ein Gleichnis von zwei Männern, die in den Tempel gingen, um zu beten (Lk 18,9-14). Einer war ein Pharisäer, also ein religiöser Führer, der andere ein Zöllner, also ein moralischer Bankrotteur. Der Pharisäer „dankte Gott", dass er nicht wie die andern Leute war, und dann zählte er alle seine guten Werke auf: Er fastete, er gab Almosen, er betete. Man beachte, dass er nicht sich selbst die Ehre gab für diese guten Werke; er verstand, dass er all das nur durch Gottes Gnade hatte tun können.

Aber der Zöllner wusste, dass er ein Sünder war. Er versuchte gar nicht erst, eine Aufstellung vor löblichen Leistungen zu präsentieren. Wenn wir meinen, er habe eben keine guten Taten zu nennen gewusst, haben wir die Pointe missverstanden. Die Tatsache ist, dass er, als er vor Gott stand, *wusste, dass alles Gute, das er hätte nennen können, in den Augen eines heiligen Gottes wie Kot gewesen wäre* (so nennt Paulus seine guten Werke in Philipper 3). Er sah, dass er *vollständig* auf Gottes Erbarmen angewiesen war. Er ging gerechtfertigt nach Hause; der religiöse Mann mit all seinen guten Werken nicht.

Die Werke, die der Pharisäer als Reaktion auf Gottes Gnade getan hatte, rechtfertigten ihn nicht. Der Zöllner wurde gerechtfertigt, weil er wusste, dass keine guten Werke ihn retten konnten.

Dieses Gleichnis illustriert die Worte des Propheten Jesaja: „Alle unsere Gerechtigkeiten gleichen einem unflätigen Kleide“ (Jes 64,5). Kein menschlicher Verdienst kann von Gott als Mittel zur Rechtfertigung oder auch nur als Beitrag dazu akzeptiert werden. Man kann eine Million Bananen aufeinander häufen und wird deswegen doch nie eine Orange bekommen; und ebenso können wir alle löblichen Leistungen der Menschen zusammenzählen und doch werden diese nie in Gottes Gerechtigkeit verwandelt. Allein der Verdienst Christi wird von Gott angenommen.

Daher sagt Paulus, dass Gnade und Werke sich gegenseitig ausschließen: „Wenn aber durch Gnade, so nicht mehr aus Werken; sonst ist die Gnade nicht mehr Gnade“ (Röm 11,6).

Die wichtigste Frage im Leben muss klar beantwortet werden: „Denn durch die Gnade seid ihr errettet, mittels des Glaubens; und das nicht aus euch, Gottes Gabe ist es; nicht aus Werken, auf dass niemand sich rühme“ (Eph 2,8-9).

Was ist rettender Glaube? Er beinhaltet zunächst *Erkennt-*

nis; Erkenntnis der Tatsache, dass Christus für Sünder gestorben ist. Zweitens bedeutet es, dass wir den Wahrheiten der Errettung unsere *Zustimmung* geben müssen. Und schließlich bedeutet es, dass wir *vertrauen* müssen, indem wir unser ganzes und ausschließliches Vertrauen auf Christus übertragen; nicht auf Christus *und* die Kirche; nicht auf Christus *und* die Taufe; oder auf Christus *und* gute Werke. Die relative Größe unseres Glaubens ist nicht so wichtig wie der Gegenstand des Glaubens. Wir müssen unseren Glauben auf Christus allein richten.

Bishop Munsey erzählt das Gleichnis von einem Mann, der von einem Felsen in die Tiefe stürzte, sich im Fallen aber an einem Ast festhalten konnte, der aus der Felswand ragte. Da hing er nun und sah weit unter sich die scharfen Felszacken, die ihn bald zerfetzen würden. Plötzlich erschien ein Engel und der Mann flehte ihn um Hilfe an. „Glaubst du, dass ich dich retten kann?“, fragte der Engel.

Der Mann sah die starken Arme des Engels und sagte: „Ja, ich glaube, dass du das kannst.“

„Glaubst du, dass ich dich retten will?“, fragte der Engel als nächstes.

Der Mann sah das freundliche Lächeln auf dem Gesicht des Engels und antwortete: „Ja, ich glaube, dass du mich retten willst.“

„Dann lass dich fallen“, versetzte der Engel. „Wenn du wirklich glaubst, dass ich dich retten kann und retten will, dann lass los.“

Dieses „Loslassen“ ist Glauben. Christus will, dass wir unser ganzes intellektuelles, emotionales und geistliches Gewicht auf ihn allein legen. Das ist rettender Glaube an Christus, der allein das Recht und die Macht hat, uns mit Gott zu versöhnen. Wer diese Übertragung von Vertrauen vorgenommen hat, schuldet Gott keine eigene Gerechtigkeit mehr.

Not the labors of my hands
can fulfill thy law's demands;
could my zeal no respite know,
could my tears forever flow,
all for sin could not atone;
thou must save, and thou alone.

Nicht meiner Hände Werk
kann die Forderung deines Gesetzes erfüllen;
und würde mein Eifer keine Grenzen kennen
und meine Tränen ewig fließen,
nichts könnte meine Sünde sühnen.
Du must retten, du allein!

Anmerkungen

1. Reinhold Seeberg, *Text-Book of the History of Doctrine*, trans. Charles Hay (Grand Rapids, Baker, 1964) I, S. 61.
2. Ebd., S. 68.
3. Ebd., S. 78.
4. Louis Berkhof, *The History of Christian Doctrines* (Grand Rapids, Baker, 1937), S. 208.
5. Seeberg, S. 129.
6. *The Saint Joseph Baltimore Catechism* (New York: Catholic Book Publishing Co., 1969), S. 184.
7. Ebd., S. 206-207.
8. Fulton J. Sheen, *Peace of Soul* (New York: McGraw-Hill, 1949), S. 208-209.
9. Roland H. Bainton, *Here I Stand – A Life of Martin Luther* (New York: The New American Library, 1950), S. 41.
10. Ebd., S. 42.
11. Henry Bettenson, Hrsg., *Documents of the Christian Church* (New York: Oxford University Press, 1963), S. 263.
12. Benjamin B. Warfield, *The Plan of Salvation* (Grand Rapids: Eerdmans, n. d.), S. 55-56.
13. Ebd., S. 68.

Kapitel 6

Warum können wir uns nicht über das Mahl des Herrn einigen?

„Gibt es etwas Kummervolleres, etwas, das der Tränen würdiger wäre, als dass dies (das Herrenmahl) zum Anlass für Zwist und Entzweiung werden sollte?“ fragte Philipp Melanchthon im August des Jahres 1544. Er hatte Ursache, bekümmert zu sein. Wenige Jahre zuvor hatten Martin Luther und Ulrich Zwingli im Schloss zu Marburg über das Abendmahl gestritten. Von einigen Freunden sekundiert und von Zuhörern beobachtet, saßen Luther und Zwingli einander an einem langen Tisch gegenüber.

Luther hatte sich nur widerwillig zum Gespräch eingefunden, aber er sah ein, dass die wachsende Opposition der Katholischen Kirche ein Zusammengehen der Reformierten erforderte. Wenn sich Luther und Zwingli über das Abendmahl einigen konnten, dann wäre theologische und sogar politische Einheit zwischen den beiden Ländern möglich.

Aber es sollte nicht sein.

Luther hielt zäh an seinen Überzeugungen fest und unterstellte den Schweizern sogar, sie seien keine Brüder in Christo. Der Kirchenhistoriker Philipp Schaff schreibt, dass Zwingli nach dem Disput mit Tränen in den Augen und mit ausgestreckter Hand auf Luther zuging, dieser aber den Handschlag verweigerte. Das erste protestantische Konzil war ein Misserfolg.

Gehen wir zurück an den Anfang, können wir verfolgen, wie sich das Verständnis vom Abendmahl im Lauf der Jahrhunderte wandelte. Dann werden wir besser verstehen, warum Luther und Zwingli sich von der katholischen Auffassung und auch, warum sie sich voneinander distanzierten.

Das Mahl des Herrn im Neuen Testament

Wer die Beschreibung vom Mahl des Herrn im Neuen Testament liest, ist von der Schlichtheit dieses besonderen Geschehens beeindruckt:

> *„Während sie aber aßen, nahm Jesus Brot, segnete, brach und gab es den Jüngern und sprach: Nehmet, esset; dieses ist mein Leib. Und er nahm den Kelch und dankte und gab ihnen denselben und sprach: Trinket alle daraus. Denn dieses ist mein Blut, das des neuen Bundes, welches für viele vergossen wird zur Vergebung der Sünden"* (Mt 26,26-28).

Die Feier scheint unkompliziert und ihr Zweck scheint klar. Christus sagte allerdings: „Dies *ist* mein Leib" und: „Dies *ist* mein Blut". Es war unvermeidlich, dass über die Bedeutung dieser Worte Fragen aufkamen.

Die frühe Kirche hatte in Befolgung des Vorbildes Christi eine schlichte Feier. Justin der Märtyrer (ca. 100 – 165) sagt in seiner *Apologia* (ein Buch, das zur Verteidigung des Christentums geschrieben wurde), dass der Bischof oder Gemeindeleiter das Abendmahl einleitete, indem er für Brot und Wein danksagte. Die Versammlung antwortete mit „Amen" und dann gab man sich den Bruderkuss, der ein Ausdruck der Herzensversöhnung war.

Die apostolischen Väter gaben dieser Handlung des Herrn große Bedeutung. Und da Christus dieses Mahl eingesetzt hatte, nachdem er zusammen mit den Jüngern das Passahmahl gegessen hatte, war es naheliegend, dass die Christen das

Gedächtnis vom Tod des Herrn nach einem gemeinsamen Essen zelebrierten. Das Gebet der Danksagung, griechisch *eucharistia*, wurde bald zum Ausdruck für die Mahlfeier selbst. Später wurde daraus ein Gebet, bei dem das Brot und der Wein geweiht wurden.

Wie aber sollte man diese beiden Elemente auffassen? Zitate aus den Schriften der Kirchenväter zeigen, dass sie wohl der Auffassung waren, Christus sei in den Zeichen gegenwärtig. Ignatius, Bischof von Antiochien (ca. 115), schrieb: „Die Eucharistie ist das Fleisch unseres Retters Jesus Christus, der für unsere Sünden starb, den der Vater in seiner Güte aus den Toten auferweckte."[1] Indem er seine Auffassung auf Johannes 6,54-58 gründete, erklärte er, das Mahl des Herrn sei wie die Arznei der Unsterblichkeit. Indem wir essen und trinken, bekommen wir Anteil am Ewigen Leben.

Justin der Märtyrer sagte, dass die Zeichen nicht als gewöhnliches Brot und gewöhnlicher Wein gelten dürfen, „sondern wie unser Erlöser, Jesus Christus, durch das Wort Gottes Fleisch wurde ... so sind (die Zeichen) sowohl das Fleisch als auch das Blut des gleichen fleischgewordenen Jesus."[2]

Im dritten Jahrhundert kam die Vorstellung auf, dass der Tisch des Herrn ein Ort der geistlichen Ernährung für die Teilnehmer sei. Tertullian sagte: „Das Fleisch wird durch den Leib und das Blut Christi erquickt, damit auch die Seele von Gott ernährt werde."[3]

Wie sollen wir die Lehre über den Tisch des Herrn während des 2. und 3. Jahrhunderts charakterisieren? Jaroslav Pelikan schreibt in seinem Buch *The Christian Tradition* (Die christliche Tradition), dass kein orthodoxer Kirchenvater, von dem wir Kenntnis haben, die Gegenwart des Leibes und Blutes Christi in der Eucharistie nur symbolisch auffasste (obwohl Clemens und Origenes dem sehr nahe kamen), noch findet sich unter ihnen einer, der ausdrücklich sagt, sie seien wesenhaft verwandelt worden (obwohl Ignatius und Justin dem sehr nahe kamen). Er fügt hinzu: „Innerhalb der Grenzen dieser beiden Extreme lag die Lehre der Realpräsenz.“[4]

Die Lehre von der Realpräsenz besagt, dass der Leib und das Blut Christi irgendwie mit den Zeichen verbunden werden. Wenn man in dieser Form des Christus gedachte, war er unter den Gläubigen gegenwärtig. Einige sahen darin eine Stärkung des Leibes, andere glaubten, es sei symbolisch.

Augustin sprach beispielsweise vom Brot und vom Wein als vom Leib und vom Blut Christi, aber gleichzeitig unterschied er klar zwischen dem Zeichen und dem bezeichneten Ding. Mit anderen Worten, er war der Auffassung, dass die Substanz der Zeichen unverändert blieb. Für ihn war das Essen des Fleisches Christi symbolisch. Berkhof schreibt dazu: „Er betonte das Gedächtnis bei der Feier und sagte, dass die Gottlosen wohl vom Brot und Wein nehmen können, ohne dabei am Leib teilzuhaben. Er protestierte sogar gegen die abergläubische Verehrung, die man zu seiner Zeit der Eucharistie entgegenbrachte.“[5]

Schon im 4. Jahrhundert wurde die Eucharistie als Messe bezeichnet. Das Wort kommt vom lateinischen *missa*, von *mittere*, „entlassen“. Das bezog sich auf die Worte, die der Priester am Ende der Feier sprach. Schließlich kam es für die Feier selbst zu stehen.

Zusammenfassend kann gesagt werden, dass während der ersten acht Jahrhunderte die allgemeine Auffassung zu einer realistischen Auffassung der Zeichen neigte: Christus sei im Brot und im Wein geistlich gegenwärtig. Wer davon isst, hat Teil am Leib und am Blut Christi, jedoch nicht in einem wörtlichen Sinn.

Transsubstantiation

Im Jahre 818 veröffentliche der Abt des berühmten Klosters Corbie nördlich von Paris, Paschasius Radbertus, ein Traktat, in dem er darlegte, dass das Brot und der Wein in den wirklichen Leib und in das wirkliche Blut Christi verwandelt würden. Obwohl das Aussehen der Elemente sich nicht ändere, so geschehe durch die Worte des Priesters doch ein Wunder: Der Wein und das Brot werden zum buchstäblichen Blut und Fleisch des historischen Christus. Er schrieb, der äußere Schein sei nur ein Schleier, der die Sinne täusche.

Diese Lehre wurde nicht ohne Widerspruch hingenommen. Theologen wie Rabanus Maurus wiesen darauf hin, dass ein solcher Glaube das Zeichen mit dem Bezeichneten verwechselt. Im Jahre 1050 legte Berengar von Tours seine Sicht dar, dass der Leib und das Blut Christi nicht der Substanz nach, sondern in ihrer geistlichen Kraft da seien. Die Substanz bleibe unverändert; Glaube seitens des Teilnehmenden sei erforderlich, um die Kraft wirksam zu machen. Der Philosoph Johann Duns Scotus dachte wie Augustin, dass die Zeichen symbolisch seien und dass sie nicht verändert würden.

Die Kontroverse dauerte über hundert Jahre, bis ein Bischof namens Humbert im Jahre 1089 den derben Ausspruch tat: „Der wahre und wirkliche Leib Christi war in den Händen des Priesters, wurde von ihm gebrochen und von den Zähnen der Gläubigen gekaut." Hildebert von Tours war der erste, der die Verwandlung der Zeichen als *Transsubstantiation* bezeichnete. Die IV. ökumenische Lateransynode vom Jahre 1215 machte diese Lehre zum kirchlichen Dogma.

Thomas von Aquin fand bei Aristoteles die philosophische Methode, um die Verwandlung der Substanz ohne Verwandlung des Aussehens zu begründen. Wir erkennen Gegenstände an ihren sekundären Eigenschaften wie Gewicht, Farbe und Geruch. Aber die wirkliche Substanz einer Sache, ihre innerste Essenz, ist uns sinnlich nicht zugänglich. So kann ein Wachskügelchen Form, Farbe und Geruch ändern, und doch wissen wir, dass es noch immer Wachs ist. So geschieht es auch bei der Messe. Die sekundären Qualitäten der Elemente bleiben unverändert, während sich die unsichtbare Substanz verändert. Diese Veränderung der Substanz, lateinisch *transsubstantiatio*, geschieht beim Weihegebet des Priesters. Dass die sekundären Eigenschaften der Elemente unverändert bleiben, erklärt, warum man die Hostie und den Wein im Labor untersuchen kann, und sie keinerlei Veränderung aufweisen.

Diese Erklärung hatte den Vorteil, dass man sie nicht falsifizieren konnte, da die Substanz einer Sache sich dem plumpen Zugriff der Sinne entzieht. Allerdings kann sie auch nicht verifiziert werden. Die Skeptischen wollen wissen, wie denn das Wesen einer Sache sich ändern kann, ohne dass das Äußere im Geringsten davon betroffen ist. Natürlich, Gott kann Wunder tun, nur: Die Wunder im Neuen Testament konnten immer durch Augen, Ohren und Tastsinn verifiziert werden. Warum sollte die Verwandlung der Elemente ein Sonderfall sein? Ein Historiker kommentiert die Sache so: Der Glaube war auf der Strecke geblieben und die Magie hatte obsiegt.

Die Lehren des Thomas wurden zum kirchlichen Dogma erhoben. Das Konzil von Trient bekannte im Jahre 1546, dass in der Eucharistie der *gesamte* Christus, Leib, Blut, Seele und Gottheit, gegenwärtig sei. Sogar wenn eines der Elemente geteilt wird, ist der ganze Christus in einem jeden Teile gegenwärtig.

Ideen haben Auswirkungen. War einmal die Annahme gesetzt, dass die Elemente zum buchstäblichen Leib und Blut Christi wurde, rankten sich im Lauf der Generationen weitere Traditionen um das Messopfer.

Zunächst schrieb man dem Priester außergewöhnliche Kräfte zu. Er hatte die Fähigkeit, gewöhnliches Brot und gewöhnlichen Wein zu nehmen und sie auf sein Wort hin in den Leib und in das Blut Christi zu verwandeln. Eine Aussage zu dieser Lehre erscheint in einem Handbuch mit dem Titel „The Dignity and the Duties of the Priest – Die Würde und die Pflichten des Priesters“:

> *Betreffs der Macht der Priester über den wirklichen Leib Christi, erkennt der Glaube, dass der menschgewordene Gott sich selbst verpflichtet hat, auf die Worte der Einsetzung des Priesters hin zu gehorchen und sich in ihre Hände zu begeben unter der sakramentalen Gestalt von Brot und Wein ... Gott selbst steigt auf den Altar hernieder ... Er kommt, wann immer und sooft sie Ihn rufen, und Er legt sich in ihre Hände, sogar wenn sie seine Feinde sein sollten. Und nachdem Er gekommen ist, bleibt Er ganz in ihrer Verfügungsgewalt und sie tragen Ihn nach ihrem Belieben von einem Ort an den andern. Sie können, wenn sie wünschen, Ihn im Tabernakel einschließen oder Ihn auf dem Altar darstellen oder Ihn aus der Kirche hinaustragen. Sie können, wenn sie es so wollen, Sein Fleisch essen und Ihn anderen zur Speise geben.*[6]

Einmal eingesetzt, werden die Elemente zum buchstäblichen Leib und Blut Christi *in ihrer Vollständigkeit*. Das Konzil von Trient sagte, dass die höchste Form der Anbetung – jene Anbetung, die nur Gott selbst zusteht – den verwandelten Elementen dargebracht werden könne. Die Gläubigen können „in Ehrfurcht den Dienst der *latria*, die dem wahren Gott zukommt, diesem heiligen Sakrament darbringen".[7]

Da der irdische Leib Christi am Kreuz ein Opfer war, entstand die Vorstellung, dass Christus in der Messe von neuem geopfert werde. Wenn die Elemente buchstäblich sein Leib und sein Blut sind, dann kommt es jedesmal neu zur Menschwerdung. Die Annahme ist also naheliegend, dass er immer neu geopfert wird. Der Baltimore Katechismus sagt: „Die Messe setzt das Opfer am Kreuz fort. Jedes Mal, wenn die Messe geopfert wird, wird das Opfer Christi wiederholt. Es ist nicht ein neues Opfer, das dargebracht wird, sondern durch Gottes Macht wird dasselbe Opfer wiederholt".[8]

Die Worte „es ist nicht ein neues Opfer" will aber nicht

besagen, es handele sich lediglich um eine symbolische Darbringung Christi. Das Tridentinum sagt ausdrücklich, dass die Messe ein wahres und wirkliches Sühneopfer ist, das Gott dargebracht wird und für Lebende und Tote wirksam ist. Das Opfer der Messe ist identisch mit dem Opfer am Kreuz, insofern als Jesus sowohl der Priester als auch das Opfertier ist. Der einzige Unterschied liegt in der Art der Darbringung; denn am Kreuz war es blutig, am Altar ist es unblutig. Man hat geschätzt, dass Christus jeden Tag in der ganzen Welt etwa zweihunderttausend Mal geopfert wird.

Logischerweise wurde eine Liturgie entwickelt, die dieser exaltierten Sicht von den Elementen entsprach. Das einfache Dankgebet, das der Herr bei der Einsetzung des Mahles gesprochen hatte, entwickelte sich zu einem ausgeklügelten Ritual. Die Messe hatte bald nur noch sehr entfernte Ähnlichkeit mit dem Mahl, das in den Evangelien beschrieben wird. Das Brimborium wurde so aufwendig, dass Voltaire die Messe „die große Oper für die Armen" nannte.

Das Kirchenvolk durfte am Kelch nicht mehr teilhaben, damit nicht etwa vom Blut Christi etwas verschüttet werde. Man sollte von der Hostie nur auf nüchternen Magen essen, damit nicht etwa das Fleisch Christi sich mit anderen Speisen vermische.

Das alles widerspricht dem Befehl des Herrn an die Jünger: „Trinkt alle daraus" (Mt 26,27) und dem Bericht des Markus: „Und sie tranken alle daraus" (Mk 14,23). Das Neue Testament sagt deutlich, dass die Jünger *von beidem*, sowohl vom Brot aßen als auch aus dem Kelch tranken. Zudem taten sie das durchaus nicht auf nüchternen Magen, hatten sie doch eben das Passah gegessen.

Eine Tradition führte zur nächsten. Die Messe wurde bald auch für Tote gelesen, was so weit ganz logisch ist, da die Macht der Kirche über die Seelen nicht mit dem Tod endet. Es gibt verschiedene Arten von Messen, z. B. (1) die *Votivmesse*, die, von Privatpersonen veranlasst, bei besonderen Notlagen gelesen wird; (2) das *Requiem* oder die Totenmesse; (3) die *Nuptialmesse* bei Hochzeiten; (4) die *Pontifikalmesse*, die von einem Bischof gelesen wird, etc. Zudem gibt es alle Arten von Messen in zwei Varianten der *missa solemnis* (der feierlichen Messe) und *non solemnis*, wobei erstere gesungen und oft von einem Chor begleitet wird.

Inzwischen versucht man nicht einmal mehr den Schein zu wahren, dieser theatralische Aufwand habe eine biblische Grundlage. In der Messe wird Christus wieder geopfert; hier empfängt man Gnade, hier begegnet Gott dem Gläubigen. Es ist Herz- und Höhepunkt des katholischen Gottesdienstes.

Ist die Messe ein Opfer?

Die wichtigste Frage ist nicht einmal, ob wir glauben, dass die Elemente wirklich verwandelt werden, sondern ob Christus immer wieder geopfert werden müsse. Bedenken wir: Die Messe ist nicht lediglich ein wiederholtes Darstellen der Leiden Christi; die offizielle Römisch Katholische Lehre besagt, dass *Christus wiederholt geopfert wird.*

Die Römische Kirche baut ihr Verständnis vom Opfer auf dem alttestamentlichen Opferdienst auf, bei dem die Opfer täglich neu dargebracht wurden. Das erklärt, warum die katholische Heilslehre besagt, die Errettung sei ein Prozess, der nie abgeschlossen ist. Wenn die Vergangenheit geregelt und die Sünden von gestern gesühnt sind, so kommt morgen ein neuer Tag. Messe, Beichte, Gebete zur Maria – sie können die Beziehung zu Gott nie endgültig regeln. Aus purer Logik muss daher behauptet werden, das Opfer Christi sei nie vollendet und abgeschlossen.

Das NeueTestament lehrt aber im Hebräerbrief, dass das Opfer Christi Gott vollkommen befriedigt hat, dass es *ein für allemal* dargebracht wurde. In Hebräer 10,1-14 werden vier Gegensätze zwischen den alttestamentlichen Opfern und dem Opfer Jesu Christi herausgestellt:

1. Im AltenTestament brachte eine Vielzahl von Priestern die Opfer dar. Sie arbeiteten in Schichten. Jetzt aber haben wir einen Hohenpriester, der für immer lebt.

2. Viele Opfer wurden Tag für Tag dargebracht; aber Christus hat „ein Opfer für Sünden dargebracht für immer". Sein Werk bereitete dem ganzen alttestamentlichen Opfersystem für immer ein Ende.

3. Die alttestamentlichen Opfer konnten nur die Sünden der Vergangenheit sühnen und darum mussten sie immer neu dargebracht werden. Von Christus lesen wir: „Durch ein Opfer hat er für immer vollkommen gemacht, die geheiligt werden."

4. Die alttestamentlichen Priester standen täglich da; sie durften sich nicht setzen, während sie Dienst taten. Aber Christus hat sich, nachdem er ein Opfer für Sünden dargebracht hat, „auf immerdar gesetzt zur Rechten Gottes".

Wie gesagt, gründet sich die Römisch Katholische Opferauffassung auf das alttestamentliche Opfersystem. Das katholische Priestertum, das beständige Darbringen gleicher Opfer, die Idee der nie vollendeten Errettung – all das ist alttestamentlich und ignoriert vollständig das Neue, das mit dem Kommen Christi eingeführt wurde.

Die Reformation

Als frommer Katholik glaubte Luther zunächst an die Transsubstantiation und als Priester sprach er die Worte, die Brot und Wein verwandelten. Er hatte die Handbücher studiert und war für die feierliche Stunde gründlich vorbereitet. Er nahm seinen Platz am Altar ein und begann, die Liturgie zu rezitieren, bis er im Messkanon die Worte las: „Wir opfern dir, dem Lebendigen, Wahren und Ewigen". Da wurde er nach seinen eigenen Worten „völlig starr und entsetzt ob diesen Worten". Denn er dachte: „Wie soll ich eine Majestät von solcher Größe anreden, da schon beim Anblick oder der Unterredung mit einem Fürsten oder Könige alle verzagen müssen? Die Engel sind um ihn herum. Von seinem Atem zittert die Erde. Sollte ich unglückseliger Zwerg da sagen: ‚Ich will dies oder ich will das?' Denn ich bin nicht mehr als Staub und Asche." Bainton drückt es so aus: „Der Schrecken des Heiligen hatte ihn wie ein Blitz getroffen und nur mit größter Anstrengung konnte er die Messe zu Ende führen."[9]

Die offizielle römische Lehre lautete, die Elemente seien unabhängig vom Charakter des Priesters oder Glaubens der Teilnehmenden. Als Luther mit Rom brach, betonte er die Tatsache, dass der Wert des Mahles vom Glauben des Teilnehmenden abhing. Er modifizierte die Auffassung der Transsubstantiation zu dem, was er die Realpräsenz in Brot und Wein oder *Konsubstantiation* nannte. Christus war in den Elementen buchstäblich gegenwärtig, aber diese selbst waren unverändert.

Die Reformatoren verwarfen alle die katholische Theorie vom Opfer, aber in der Auffassung von der Bedeutung des Mahles gingen sie auseinander. Da das Abendmahl für ihr Verständnis des Gottesdienstes von zentraler Bedeutung war, hielten sie an ihren jeweiligen Überzeugungen fest.

Luther und Zwingli trafen sich in Marburg und es kam zum Bruch. Zwingli hatte vorher geschrieben, die physikalische Präsenz Jesu im Abendmahl sei unmöglich, da der Leib Christi nur in drei verschiedenen Weisen existieren könne: in natürlicher, in auferweckter und in mystischer. Christus kann nicht in natürlicher Weise in den Elementen sein, denn „das Fleisch nützt nichts" (Joh 6,63). Er konnte auch nicht als Auferweckter gegenwärtig sein, denn seine Worte „dies ist mein Leib" wurden vor der Auferstehung gesprochen. Und Christus konnte nicht mystisch anwesend sein, denn sein mystischer Leib ist die Kirche und von dieser heißt es nicht, dass sie geopfert wurde. Durch schrittweises Eliminieren kam Zwingli so zur Überzeugung, die Elemente seien nur symbolisch.

Als Antwort auf Zwingli hatte Luther in einer Schrift seine Sicht von der Realpräsenz im Sakrament dargelegt. Er war der Auffassung, „jede der Naturen Christi durchdringt die andere und seine Menschheit hat Anteil an den Eigenschaften seiner Gottheit. Wenn Gott allgegenwärtig ist, dann sind auch Leib und Blut Christi allgegenwärtig und können es darum auch im Sakrament sein. Er wollte die Einsetzungsworte des Herrn buchstäblich verstehen, ohne an eine Wandlung der Substanz zu glauben.

Während der Debatte wurden keine neuen Argumente vorgebracht, aber die Standpunkte der beiden Parteien traten klarer hervor.

Zwingli zeigte anhand der Bibel, dass verschiedene Ausdrücke symbolisch verstanden werden müssen. Er sagte, Luther weigere sich, eine Redensart als solche anzuerkennen. Am Ende des Disputes hielt Luther unbeweglich an seiner Auffassung von der Realpräsenz oder Konsubstantiation fest. Diese Lehre zu leugnen, heiße anderen Häresien die Tür auftun.

Zwingli ließ sich seinerseits nicht von der Auffassung abbringen, es handle sich um ein Gedächtnis, Brot und Wein seien Symbole; ähnlich wie in der ehelichen Gemeinschaft der Ring, besiegle das Sakrament die Vereinigung Christi mit dem Gläubigen. Die Unnachgiebigkeit beider Seiten zementierte den Bruch, der heute noch zwischen Lutherischen und Reformierten Gemeinden besteht.[10]

Wir haben nun drei verschiedene Auffassungen vom Mahl des Herrn kennen gelernt: *Transsubstantiation, Konsubstanti-*

ation und *Gedächtnis*. Aber es gibt ein vierte Sicht. Calvin stand mit seiner Ansicht zwischen Luther und Zwingli. Er sprach von der *geistlichen Präsenz* Christi im Sakrament. In diesem Sinn besiegelt und bestätigt es die Verheißung Christi. Der Heilige Geist bewirkt, dass Brot und Wein dem Gläubigen zu geistlicher Speise werden. Für Calvin ist Christus nicht buchstäblich präsent, aber die Elemente sind mehr als nur Symbole; sie übermitteln geistliche Wirklichkeit.

Buchstäblich oder bildlich?

Die ganze Frage dreht sich um die Bedeutung der Worte des Herrn: „Dies ist mein Leib. Dieser Kelch ist der Bund in meinem Blut." Ist das bildlich oder wörtlich zu verstehen?

Es gibt etliche Hinweise im Abschnitt selbst, dass die Ausdrücke bildlich zu verstehen sind. Jesus sagte: „Dieser Kelch ist der neue Bund in meinem Blut." Alle Theologen, seien sie katholisch oder protestantisch, sind sich darin einig, dass das Trinkgefäß, das der Herr in der Hand hielt, nicht der Neue Bund war. Und mit dem *Kelch* meint man zudem den Inhalt, den man aus dem Kelch trinkt. Solche Redensarten kommen in allen Sprachen vor.

Und was noch wichtiger ist: Der Herr nannte das Brot *Brot* und den Wein *Wein* auch nachdem er gedankt und es den Jüngern gereicht hatte. Nachdem er sie aufgefordert hatte, zu essen und zu trinken, sagte er, er werde von diesem Gewächs des Weinstocks nicht trinken, bis das Reich Gottes gekommen sei (Lk 22,18). Er nannte den Wein, über dem er eben gedankt hatte, „Gewächs des Weinstocks". Er nannte die konsekrierten Elemente also nicht Fleisch und Blut, sondern Brot und Wein. Ebenso spricht Paulus davon, dass man vom *Brot* isst und vom Kelch trinkt in unwürdiger Weise. Das heißt, dass er Brot und Wein noch immer als Brot und Wein bezeichnet, *nachdem über beiden gedankt worden ist* und man sie im gemeinsamen Abendmahl untereinander teilt. Als Christus die Einsetzungsworte sprach, saß er mit dem Jüngern am Tisch in einem noch nicht verherrlichten menschlichen Leib. Blut floss durch seine Venen. Wie hätten da der Wein auf dem Tisch sein Blut und das Brot auf dem Tisch sein Fleisch sein können?

Wir zeigen Freunden ein Lichtbild und sagen: „Das ist meine Tochter." Christus hat sich öfter bildlicher und metaphorischer Sprache bedient, als ich nachzuzählen mag. Er sagte: „Ich bin der wahre Weinstock" und: „Ich bin die Tür". Es ist offenkundig, dass dies Symbole sind.

Wenn das Herrenmahl symbolisch verstanden wird, verliert es dann an Heiligkeit? Ich denke nicht. Wir behandeln eine Nationalflagge mit Respekt, obwohl es nur ein Stück Tuch ist und die Nation lediglich vertritt. So sollen wir Brot und Wein mit Respekt behandeln ihrer tiefen symbolischen Bedeutung wegen.

Die Kirche von Rom hat sich oft auf jene Worte des Herrn berufen, in denen er sich das Brot des Lebens nennt:

> „*Da sprach Jesus zu ihnen: Wahrlich, wahrlich, ich sage euch: Es sei denn, dass ihr das Fleisch des Sohnes des Menschen esset und sein Blut trinket, so habt ihr kein Leben in euch selbst. Wer mein Fleisch isst und mein Blut trinkt, hat ewiges Leben, und ich werde ihn auferwecken am letzten Tage; denn mein Fleisch ist wahrhaftig Speise, und mein Blut ist wahrhaftig Trank. Wer mein Fleisch isst und mein Blut trinkt, bleibt in mir und ich in ihm*" (Joh 6,53-56).

Da sich Kannibalismus mit biblischer Lehre nicht verträgt, kann Christus diese Worte nicht buchstäblich verstanden haben. Zudem war es den Juden ausdrücklich verboten, Blut zu trinken (3Mo 17,10), und das Apostelkonzil in Jerusalem bestätigte das Verbot (Apg 15,29).

Der Schlüssel zum Verständnis der Worte des Herrn findet sich im Passah, bei dem die Juden das Passahlamm aßen und den Passahwein tranken. Paulus sagt, dass Christus nun das Passah der Gläubigen ist (1Kor 5,6). Er ist die Erfüllung dieses Festes. Es ist also die Beziehung zu Christus, die Leben gibt. Wir sollen nicht buchstäblich Fleisch und Blut vom Herrn essen und trinken. Die Juden hätten das nie gekonnt. Christus erklärt selbst, was ermeinte:

> „*Gleichwie der lebendige Vater mich gesandt hat und ich lebe des Vaters wegen, so auch, wer mich isst, der wird auch leben meinetwegen. Dies ist das Brot, das aus dem Himmel hernieder gekommen ist. Nicht wie die Väter aßen und starben; wer dieses Brot isst, wird leben in Ewigkeit*" (Joh 6,57-58).

Wie sollen wir Christus essen? So wie er durch seine Beziehung zum Vater lebte, so sollen wir durch unsere Verbindung mit ihm leben. Christus ist Speise für die Seele. Er ist Brot und Wasser für die seelisch Umkommenden. Damit wir ihn nicht falsch verstehen, sagt der Herr etwas weiter unten: „Der Geist ist es, der Leben gibt; das Fleisch nützt nichts" (Joh 6,63).

Das Mahl des Herrn soll eine Zeit der Einkehr, des Gedächtnisses und der Anbetung sein. Wir müssen zwar alle irreführenden Traditionen abweisen, aber wir müssen das Mahl auch feiern, so wie der Herr es gewollt hat. In vielen Protestantischen Gemeinden und Gemeinschaften müsste das Mahl des Herrn wieder den ihm zukommenden Platz bekommen. Wir sollten in einer Zeit, die in kurze Predigten und fetzige Veranstaltungen verliebt ist, umso mehr darum ringen, dass wir das staunende Anbeten über dem Geheimnis der Gottseligkeit (1Tim 3,16), über Menschwerdung und Tod des Herrn, nicht verlieren.

Das Vorrecht, dass alle Erlösten am Brechen des Brotes und am Trinken des Kelches teilhaben dürfen, sollten wir nicht für selbstverständlich nehmen. Wir können uns die freudige und erhebende Stimmung in Wittenberg am Weihnachtstag des Jahres 1521 gut vorstellen, als zweitausend Menschen in der Schlosskirche versammelt waren und Karlstadt der Versammlung beides, Brot und Wein, austeilte. Ein Vorrecht, das den Gläubigen während Jahrhunderten vorenthalten worden war, war wieder erlangt worden. Die Reformatoren nannten es das allgemeine Priestertum.

Wenn Melanchthon heute unter uns wäre, vergösse er seine Tränen nicht wegen der Kontroversen um das Abendmahl, sondern vielmehr wegen der Gleichgültigkeit der Christen gegenüber dessen Bedeutung und Wert. Ja, auch darüber darf man getrost weinen.

Anmerkungen

1. Reinhold Seeberg, *Textbook of the History of Christian Doctrines*, trans. Charles E. Hay (Grand Rapids: Baker, 1964) 1, S. 68.
2. Ludwig Ott, *Fundamentals of Catholic Dogma*, trans. Patrick Lynch (St. Louis: B. Herder Book Co., 1957), S. 376.
3. Ebd., S. 377.
4. Jaroslab Pelikan, *The Christian Tradition* (Chicago: University of Chicago Press), S. 167.
5. Louis Berkhof, *The History of Christian Doctrines* (Grand Rapids: Baker, 1937), S. 252.
6. Alphonse de Liguori, *The Dignity and Duty of the Priest* (Milwaukee, Wiscounsin: Our Blessed Lady of Victory Mission, 1927).
7. Philip Schaff, *The Creeds of Christendom* (Grand Rapids: Baker, 1983), 2, S. 131.
8. *The New Saint Joseph Baltimore Catechism* (New York: Catholic Publishing House, 1962), S. 171.
9. Roland H. Bainton, *Here I Stand: A Life of Martin Luther* (New York: The New York American Library, 1950), S. 30.
10. Donald J. Ziegler, Hrsg., *Great Debates of the Reformation* (New York: Random House, 1969), S. 71-107.

Kapitel 7

Warum können wir uns über die Taufe nicht einigen?

Einmal stritten ein Baptist und ein Lutheraner miteinander über die rechte Art zu taufen. „Wenn jemand bis zum Hals untergetaucht wird, ist er dann getauft?", fragte der Lutheraner.

„Auf keinen Fall", antwortete der Baptist.

„Und wenn er bis zur Stirn untergetaucht wird, ist er dann getauft?"

„Natürlich nicht!", entgegnete der Baptist.

„Siehst du?" rief der Lutheraner: „Das ist der Beweis, dass es auf das Wasser auf dem Kopf ankommt!"

Über die Wassertaufe ist seit frühester Zeit gestritten worden. In der Apostelgeschichte steht es in enger Verbindung mit der Bekehrung: „Tut Buße, und ein jeder von euch werde getauft auf den Namen Jesu Christi zur Vergebung der Sünden, und ihr werdet die Gabe des Heiligen Geistes empfangen" (Apg 2,38). Dieser und ähnliche Texte haben bis zum heutigen Tag heftige Kontroversen veranlasst.

Es werden oft folgende drei Fragen gestellt:

1. Ist die Wassertaufe nur denen zugedacht, die persönlich zum Glauben gekommen sind, oder sollte man auch Säuglinge taufen?
2. Ist die Taufe ein Gnadenmittel, durch das der Getaufte die Wiedergeburt erlangt?
3. Als untergeordnete Frage: Welches ist die rechte Art der Taufe? Untertauchen, mit Wasser übergießen oder besprengen?

Das Aufkommen der Säuglingstaufe

Die vielleicht fähigste Verteidigung der Säuglingstaufe neuerer Zeit ist das Buch von Geoffrey Bromiley: *Children of Promise* – Kinder der Verheißung. Er beginnt mit der Aussage:

„Die Hauptschwierigkeit ist die, dass das Neue Testament uns nicht die eindeutigen direkten Aussagen für oder gegen Säuglingstaufe bietet, welche sich manche wünschten und die manche im Neuen Testament vermuten.“[1]

Bromiley gesteht, was alle Paedobaptisten (Vertreter der Kindertaufe) anerkannt haben: Es finden sich keine Belege dafür, dass man in den Kirchen neutestamentlicher Zeit Säuglinge taufte. Einige haben gemutmaßt, dass in den Haustaufen, von denen die Apostelgeschichte berichtet, auch Kinder dabei waren; aber das ist eben bloße Mutmaßung. Der Textbefund weist in die entgegengesetzte Richtung: Es finden sich zahlreiche Belege für Menschen, die erst als Antwort auf ihren Glauben und ihr Bekenntnis getauft wurden. Wir erfahren vom Kerkermeister in Philippi: „Und sie redeten das Wort des Herrn zu ihm samt allen, die in seinem Hause waren“ (Apg 16,32). Hier haben wir die Erklärung, warum alle, „die in seinem Hause waren“ mit ihm getauft wurden: Sie waren alle alt und mündig genug, das Wort zu hören und zu verstehen. Die Säuglingstaufe beruht nicht auf neutestamentlichen Vorbildern, sondern, wie wir noch sehen werden, auf theologischen Prämissen.

Im Neuen Testament folgt die Taufe unmittelbar auf Glauben und Bekenntnis. So weit wir erkennen können, gab es keine ungetauften Christen in den ersten Gemeinden. Alle, die zum Glauben kamen, wurden auf das Bekenntnis ihres Glaubens hin getauft.

Wo begann die Säuglingstaufe? Man würde Hinweise erwarten in den Schriften der apostolischen Vätern, d. h. der Leute, die gerade noch Zeitgenossen der Apostel waren. Aber das ist nicht der Fall. Irenäus, der mit Polykarp, einem Jünger Johannes, des Apostels, bekannt war, schrieb ein fünfbändiges Werk über die christliche Theologie, aber er erwähnt die Kindertaufe nicht.

Im Barnabasbrief (ca. 120-130) findet sich ein kurzes Kapitel über die Taufe, aber nur von Gläubigen: „Wir steigen ins Wasser voller Sünde und Unflat, und wir steigen heraus mit Frucht im Herzen, mit Furcht und Hoffnung auf Jesus im Geist."[2] Noch vielsagender sind die Aussagen der *Didache*, eines frühen Handbuches über christlichen Dienst (ca. 100-110). Dort werden nämlich detaillierte Angaben über den moralischen Wandel der Täuflinge gemacht. Es wird gesagt, man solle in fließendem Wasser taufen; wenn keines zugänglich sei, dann in stehendem Wasser. Ist es nicht tief genug zum Untertauchen, soll man dem Täufling drei mal im Namen des Vaters, des Sohnes und des Heiligen Geistes Wasser über den Kopf gießen. Aber über die Taufe von Säuglingen wird nichts gesagt.

Wo finden wir den ersten Hinweis auf Kindertaufe? Im Zusammenhang mit dem Aufkommen des Sakramentalismus (siehe vorheriges Kapitel) wurden Taufe und Abendmahl als Gnadenmittel angesehen. Wenn die Taufe Gnade vermittelt, dann schien es nur logisch, dass man nicht nur Erwachsene, sondern auch Kinder taufte. Der erste explizite Hinweis auf Kindertaufe findet sich bei Tertullian, einem nordafrikanischen Theologen, der um 200 n. Chr. herum wirkte. Tertullian wendet sich gegen die Praxis und sagt, Kinder sollten warten, bis sie erwachsen seien und wüssten, was sie tun: „Daher ist es entsprechend der Verfassung, dem Zustand und dem Alter eines jeden besser, die Taufe hinauszuschieben, besonders im Fall von kleinen Kindern."[3] Aber seine Ratschläge zeigen, dass um das Jahr 200 die Kindertaufe in einigen Kirchen schon praktiziert wurde.

Der zweite Hinweis auf Kindertaufe findet sich bei Origenes

(ca. 185-254), der als Kind christlicher Eltern in Alexandrien in Ägypten geboren wurde. In seinem Kommentar zum Lukasevangelium schreibt er, dass Säuglinge getauft werden, „damit die Befleckung unserer Geburt abgewaschen werde“. In seinem Römerbriefkommentar wiederholt er die gleiche Aussage.

Die Historiker sind nicht darüber einig, wie viel Gewicht diese Indizien haben. Obwohl Origenes griechisch schrieb, besitzen wir diese Kommentare nur in der lateinischen Übersetzung des Rufinus, der später lebte und dafür bekannt ist, dass er beim Übersetzen seine eigenen Ansichten einfließen ließ. Darum nehmen einige an, er habe Origines der herrschenden Meinung seiner Zeit angepasst. Sind dessen Aussagen hingegen authentisch, hätten wir in ihm einen gewichtigen Gewährsmann für die Tatsache und die Deutung der Kindertaufe um 240.

Der dritte Beleg findet sich beim Nordafrikaner Cyprian. Im Jahre 251 fragte er anlässlich einer Synode, ob die Abgeordneten der Meinung seien, man sollte die Taufe auf den achten Tag aufschieben. Er hält schriftlich fest, die Synode mit ihren 66 Bischöfen habe befunden, man solle mit dem Taufen nicht warten, „auf dass wir die Seele des Kindes nicht der Gefahr ewiger Verdammnis aussetzen“. Hier haben wir ein deutliches Zeugnis für die Auffassung, die die Taufe mit der Wiedergeburt verknüpft. In einer späteren Schrift begründet Cyprian seine Ansicht, warum man Kindern auch Anteil am Abendmahl geben sollte.

Augustin ist der vierte Zeuge aus Nordafrika, der für die Kindertaufe eintrat. Wie wir schon gesehen haben, hatte er großen Einfluss auf das Denken der Kirche. Er lehrte, dass die Kindertaufe auf die Zeit der Apostel zurückgehe, obwohl er niemanden außer Cyprian als Gewährsmann zitieren kann. Im Einklang mit der Theologie jener Zeit redet er auch der Kinderkommunion das Wort. Beide Sakramente seien zum Heil notwendig, darum solle man sie Kindern nicht vorenthalten: „Wenn nun so viele göttliche Zeugnisse übereinstimmen, dass niemand auf Errettung hoffen kann ohne die Taufe und ohne den Leib und das Blut unseres Herrn, wird sie ohne dieselben den Kindern vergeblich versprochen."[4]

Jewett kommentiert diese Praxis mit folgenden Worten: „Es fiel niemandem in der alten Kirche ein, das Recht kleiner Kinder auf die Eucharistie in Frage zu stellen, nachdem man einmal das Recht, sie in die Kirche aufzunehmen, angenommen hatte." Die Theorie, dass man Kinder zwar taufen, ihnen aber nicht die Kommunion geben sollte, „beruht auf mittelalterlichen dogmatischen Entwicklungen in der westlichen Kirche, die mit einer evangeliumsgemäßen Auffassung der Sakramente unvereinbar sind".[5]

Zusammen mit der Kindertaufe kam auch die Einrichtung der Taufpaten auf. Tertullian, der sich gegen die Kindertaufe geäußert hatte, sagte bezüglich dieser Taufpaten, dass sie in Gefahr seien, übereilte Versprechungen zu machen, wenn sie sich dafür verbürgten, dass die Kinder zu Christen heranwachsen würden. „Wer kann wissen, ob das geschehen wird?", fragte er.

Die Praxis der Kindertaufe begann im Nordafrika irgendwann gegen Ende des 2. Jahrhunderts, gefördert durch die Vorstellung, dass die Sakramente Gnade vermitteln und Sünden abwaschen.

Die Bedeutung der Kindertaufe im Mittelalter

Bekanntlich wurden die Christen in den ersten Jahrhunderten vom Römischen Reich verfolgt. Welle auf Welle von Verfolgungen suchte die Gläubigen heim. Nicht dass Rom religiös intolerant gewesen wäre, denn man konnte in Rom glauben, was man wollte. Was die Cäsaren reizte, war die Weigerung der Christen zu bekennen: „Der Kaiser ist Herr."

Diokletian regierte zwanzig Jahre. Vor seinem Tod wandte er sich gegen die Christen, er wollte das Christentum sogar aus seinem Reich ausrotten. Im Jahre 305 dankte er freiwillig ab und überließ Galerius den Thron. Dieser verfolgte die Christen noch heftiger, bis er auf seinem Sterbelager im Jahre 311 einsehen musste, dass sogar die Heiden des Blutvergießens unter den Christen müde waren. Da er nicht wollte, dass die Massen sich gegen ihn wandten, erließ er ein Toleranzedikt. Nach seinem Tod stritten sich Konstantin und Maxentius um die Nachfolge. Vor dem entscheidenden Treffen der beiden gegnerischen Heere an der Milvischen Brücke außerhalb Roms, wandte er sich an den Christengott um Hilfe. In einem Traum soll er dabei ein Kreuz am Himmel gesehen haben mit den Worten: „In diesem Zeichen siege." Sein Sieg am 28. Oktober des Jahres 312 war ihm der Beweis, dass die christliche Religion die wahre sein müsse. Ob seine Bekehrung echt war oder nicht, er gab den Christen Freiheit und schließlich wurde das Christentum zur Staatsreligion.

Was hat das alles mit Taufe zu tun? Dadurch dass das Christentum zur Staatsreligion wurde, wurde man als Christ geboren, ohne dass man persönlich an Christus zu glauben brauchte. *Die Kindertaufe wurde zum Bindeglied zwischen Kirche und Staat.*

Die Kindertaufe war zuerst aus theologischen Erwägungen aufgekommen, nämlich als ein Ritus, der Sünden abwaschen sollte. Nun aber bekam sie politische Bedeutung. Jedes getaufte Kind war nun Christ und römischer Bürger. So wie man Bürger wurde ohne persönliche Überzeugung, so wurde man auch Christ ohne persönliche Überzeugung. Innerhalb weniger Jahrzehnte wurde die Kindertaufe zur allgemeinen Praxis.

Augustin stützte den Glauben an die Verbindung von Staat und Kirche, indem er erstens lehrte, die Kirche habe das Recht, die Staatsgewalt zur Durchsetzung des Christentums in Anspruch zu nehmen. Ketzer und Widerspenstige sollten so getötet oder gefügig gemacht werden; und indem er zweitens auf der Richtigkeit und Notwendigkeit der Kindertaufe bestand.

Kindertaufe spielt eine ganz entscheidende Rolle bei dieser Ehe von Thron und Altar; und darum wurden die Wiedertäufer so heftig verfolgt. Es war nicht nur eine theologische, sondern auch eine politische Auseinandersetzung. Zur Zeit Karls des Großen (gekrönt am Weihnachtstag des Jahres 800) wurden Menschen, die sich taufen ließen, nachdem sie zum persönlichen Glauben gekommen waren, hingerichtet. Wenn man das Prinzip duldete, dass die Gemeinde nur eine kleine Gruppe innerhalb des Staates und nicht gleichen Umfangs wie der Staat selbst sei, würde die Einheit von Staat und Kirche auseinander brechen.

Der berühmte Schweizer Theologe Karl Barth sagte bezüglich der Reformatoren, dass der wahre Beweggrund hinter ihrer Verteidigung der Kindertaufe *Konstantinismus* sei. „Um nichts in der Welt wollten sie auf die Existenz einer evangelischen Kirche in der Form des Konstantinischen *Corpus christianum* verzichten. Wenn die Kirche mit der Kindertaufe bricht, dann hört Volkskirche im Sinne von Staatskirche auf.“ Luther selbst habe eingesehen, dass man nicht mehr so viele Getaufte hätte, wenn ein jeder, statt zur Taufe *gebracht* zu werden, zur Taufe *kommen* müsste. Barth zeigte auf, wie die Bibel lehrt, dass die christliche Kirche immer eine Minderheit sei; wenn man aber jeden in sie aufnehme, sei die Folge Krankheit, nicht Stärke. Er schloss mit der Forderung: „Die dringende Suche nach einer besseren Form unserer Taufpraxis ist überfällig.“[6]

Die Reformatoren: Zwingli

Anfänglich hatte Zwingli große Gewissensnöte wegen der Kindertaufe. Er bekannte: „Nichts betrübt mich mehr, als dass ich gegenwärtig Kinder taufen muss, denn ich weiß, dass man so nicht tun sollte."[7] An anderer Stelle sagte er: „Ich lasse die Taufe stehen, ich nenne sie weder richtig noch falsch. Taufte ich so, wie Christus es befohlen hat, dann dürfte ich niemanden taufen, ehe er das Alter des Verstandes erreicht hat; denn ich finde nirgends geschrieben, dass man Kinder taufen sollte."[8]

Später änderte Zwingli seine Meinung. Um das zu verstehen, müssen wir uns die wichtigsten Fakten über die Wiedertäuferbewegung, die sich damals in ganz Europa verbreitete, in Erinnerung rufen.

Wiedertäufer – so nannte man die Leute, die sich zusätzlich zur Kindertaufe taufen ließen, nachdem sie zum persönlichen Glauben an Christus gekommen waren. Die ersten Wiedertäufer waren die Donatisten (nach ihrem Anführer Donatus genannt) im 4. Jahrhundert. Sie glaubten nicht, dass eine Taufe gültig sein könne, wenn der Getaufte nicht mit seiner persönlichen Entscheidung am Geschehen beteiligt war. Sie glaubten, dass die Kirche eine von der Gesellschaft geschiedene und keinesfalls mit ihr deckungsgleiche Gemeinschaft sein sollte. Wie wir gehört haben, nahm die Kirche die Staatsmacht in Anspruch, um ihre Forderungen durchzusetzen, nachdem sie einmal mit dem Staat vereint worden war. Viele Donatisten wurden aus dem einen Grund getötet, dass sie an der Glaubenstaufe festhielten.

Obwohl der Donatismus unterdrückt werden konnte, starb doch die Schau von einer Gemeinde aus getauften Gläubigen nie aus. Als Jahrhunderte später die gleichen Ansichten proklamiert wurden, wandte sich die Kirche gegen die „Ketzer", die die Kindertaufe abschaffen wollten. Es gibt zahlreiche Zeugnisse von Christen, die sich gegen eine alle Bürger umfassende Kirche äußerten. Diese Dissidenten wollten zum neutestamentlichen Vorbild zurückkehren, das eine Gemeinde von getauften Glaubenden vorsieht. Sie vertraten die Überzeugung, die Gemeinde müsse durch völlige Unterordnung unter Christus und durch Gemeindezucht rein erhalten werden. Ihr Wandel war so vorbildlich, dass Zwingli von ihnen sagte: „Bei der ersten Begegnung erscheint ihr Wandel tadellos, fromm, frei von Anmaßung und anziehend. Sogar kritisch gesinnte Leute müssen bekennen, ihr Lebenswandel sei vorzüglich."[9]

Diese Christen nannten die Säuglingstaufe ein „Eintauchen in ein römisches Bad". Ihnen war ein heiliger Wandel der wirkliche Nachweis der Wiedergeburt. Ein Katholik stellte fest: „Unter ihnen gibt es kein Lügen, Betrügen, Fluchen, Zanken, Schimpfen, kein ungemäßigtes Essen und Trinken, keine Hoffärtigkeit, sondern vielmehr Demut, Geduld, Aufrichtigkeit, Sanftmut, Ehrlichkeit, Maß und Geradheit, so dass man annehmen könnte, sie besäßen den Heiligen Geist Gottes."[10]

Die offizielle Kirche war aber so tief im Konstantinismus verankert, dass sie meinte, die „Ketzer" mit Hilfe der Staatsgewalt verfolgen und ausrotten zu müssen. Die Reformatoren wurden zu unerbittlichen, ja, fanatischen Gegnern der Täufer. In der Frage der Kindertaufe stellten sich damit die Reformatoren auf die Seite der Kirche von Rom. Zwingli sah, dass er sich nicht auf die Seite der Täufer stellen konnte, ohne das Missfallen des Stadtrates auf sich zu ziehen: „Hörte ich auf, die Kinder zu taufen, verlöre ich meine Pfründen."[11] Aber was ihm noch wichtiger erschien: Die Praxis der Glaubenstaufe würde das gesellschaftliche Gefüge aufbrechen.

Er widerrief daher seine ursprüngliche Meinung: Er habe sich geirrt. Man könne die Taufe von Kindern theologisch rechtfertigen (auf die Argumente werden wir zurückkommen).

Der Stadtrat von Zürich sagte ihm, wenn er gegen die Kindertaufe predige „verhöhne er die heilige Kirche, die Kirchenväter, die Konzile, den Papst und die Kardinäle".[12] Wenn man die Taufe auf Gläubige einschränkte, wäre das Ergebnis „Ungehorsam gegenüber den Behörden, Spaltung, Ketzerei und die Schwächung des christlichen Glaubens".

Daher verkündigte der Stadtrat am 17. Januar 1525, alle Eltern *müssten* ihre Kinder zur Taufe bringen oder sie würden aus der Stadt verbannt. 1526 beschloss der Reichstag von Speyer: „Jeder Wiedertäufer oder jede wiedergetaufte Person jeglichen Geschlechts muss hingerichtet werden, sei es durch Feuer, durch Schwert oder durch ein anderes Mittel.“[13]

Gegen den Willen der Eltern wurden Kinder getauft. Wer auf seiner Überzeugung beharrte, wurde hingerichtet. Als der Täufer Felix Manz in Zürich in der Limmat ersäuft wurde, bemerkte Zwingli sarkastisch: „Wenn er untergetaucht werden will, soll er untergetaucht werden.“ Viele gingen in den Tod und bezeugten, Zwingli habe sie verraten. Er habe seine Seele verkauft um einer falschen Christenheit willen, die keinen Unterschied machen will zwischen der wahren Kirche und der Gesellschaft.

Es ist für uns einfach, Zwingli zu kritisieren, da für uns der Unterschied und damit die Trennung zwischen Gemeinde und Staat selbstverständlich ist. Er aber lebte in einer Zeit, wo es die Pflicht des Staates war, dafür zu sorgen, dass die Bürger christlich lebten. Unglücklicherweise machte die Verfolgung aus einigen Täufern Fanatiker, und das brachte die ganze Bewegung in Verruf, was die Verfolgungen wiederum verschärfte. Dennoch ist das Hinmorden der Täufer eines der dunkelsten Blätter in der Geschichte der Reformation.

Die Reformatoren: Luther

Und was dachte Luther über die Kindertaufe? Es finden sich bei ihm Halbheiten folgender Art: „Es gibt nicht genügend Beweise aus der Schrift, um die Kindertaufe für die frühen Christen nach der apostolischen einzuführen ... aber so viel ist offenkundig, dass niemand mit gutem Gewissen wagen darf, Kindertaufe zu verwerfen oder aufzugeben, die seit so langer Zeit geübt wird.“[14]

Luther stimmte der Ausrottung der Wiedertäufer zu. Er verschloss sich dem Gedanken, die Gemeinde müsse eine von der allgemeinen Gesellschaft geschiedene Gemeinschaft sein. Sein Freund Melanchthon sagte von den Täufern: „Ein jeder Fromme kann selbst erwägen, was für ein Riss entstünde, hätten wir zwei Gruppen von Menschen, Getaufte und Ungetaufte.“[15] Er schreckte vor dem Gedanken zurück, dass die Kirche eine von der Welt getrennte Gemeinschaft werden sollte. Die Täufer glaubten hingegen, dass die Kindertaufe der Eckstein der Papstherrschaft war. Bevor man sie überwunden hätte, könne es keine christliche Gemeinde geben.

Als die Zwickauer Propheten radikalere Reformen begehrten, unter anderem die Glaubenstaufe, wurde Luther gegen alle Täufer unerbittlich; sie seien alle vom Teufel getrieben. Er wandte sich heftig gegen Leute wie Thomas Münzer, die dachten, sie hätten den Auftrag und auch die Waffen, das Neue Jerusalem auf Erden aufzurichten. Nun musste Luther versuchen, zwei einander widerstreitende Ansichten unter einen Hut zu bringen, nämlich die Rechtfertigung durch den Glauben und die Taufwiedergeburt. In seinem Galaterbriefkommentar gibt er sogar zu verstehen, ein Säugling könne das Evangelium hören und glauben, ja, es sei einem Kindlein einfacher zu glauben als einem Erwachsenen, da es empfänglicher sei. In einer Predigt sagte er, wenn jemand der Meinung sei, die Täuflinge vermöchten nicht zu glauben, möge er damit auf der Stelle aufhören, „damit wir die Majestät Gottes nicht durch solche Possen verhöhnen“.

Wir müssen Luthers Dilemma verstehen. Er lehnte die katholische Auffassung ab, nach der die Sakramente Sünden wegnehmen konnten, ob der Empfänger derselben Glauben hatte oder nicht. Luther betonte, dass es der Glaube war, der die Seele rettet. Darum gab es nur eine Möglichkeit, die Kindertaufe hinüberzuretten: Er musste sich sagen, die Säuglinge hätten Glauben.

Aber an anderer Stelle widersprach er der Meinung, der Glaube müsse die Taufe begleiten. Er schrieb:

> *„Wie könnte die Taufe mehr gelästert und geschimpft werden, als wenn wir sagen, die Taufe, so sie einem ungläubigen Menschen gegeben, sei nicht gut und sei keine wahre Taufe! Was, die Taufe soll ungültig sein, weil ich nicht glaube? Welche Lehre könnte der Teufel selbst erfinden und predigen, die gotteslästerlicher und anstößiger wäre? Und doch sind die Wiedertäufer bis über die Ohren voll von dieser Lehre. Ich lege folgendes Stück vor: Hier ist ein Jude, der die Taufe annimmt, wenn er auch nicht glaubt, wie oft genug geschieht. Was sagst Du nun? Dass dies keine wahre Taufe sei, weil er nicht glaubt? Das hieße nicht allein urteilen wie ein Narr urteilt, sondern es hieße überdies Gott lästern und schmähen!“*[16]

Heute wird im Luthertum gelehrt, Säuglinge müssten getauft und damit wiedergeboren werden. Die Taufliturgie lautet: „Wir werden geboren als Kinder eines gefallenen Menschengeschlechts; im Wasser der Taufe werden wir zu Kindern Gottes wiedergeboren und zu Erben des ewigen Lebens.“ Einige Lutheraner taufen Säuglinge, von denen man befürchtet, dass sie nicht lange leben werden, im Glauben, dieser Akt sichere ihnen das ewige Leben zu.

Obwohl der Säugling durch die Taufe zum Kind Gottes wird, hat der Kindertäufer ein Problem: Manche Kinder wachsen heran und werden zu offenen Gottesleugnern. Hier springt die Konfirmation ein: Der Getaufte bestätigt die Entscheidung seiner Eltern. Jewett sagt dazu ganz richtig: Entweder ist das Wunder der Taufwiedergeburt mit dem Mündigwerden des Kindes verflogen oder aber die Konfirmation ist das stillschweigende Eingeständnis, dass das Kind gar nie wiedergeboren worden war.

Die Reformatoren: Calvin

Und Calvin? Wie Zwingli fand er eine Analogie zwischen der alttestamentlichen Beschneidung und der neutestamentlichen Taufe. Das Zeichen der Beschneidung beweist, dass Gottes Segen nicht nur den Eltern, sondern auch den Kindern gegeben wird. Da der Bund sich nicht ändert, warum sollten Säuglinge von diesem Segen ausgeschlossen sein? Er räumte ein, dass die Bibel nirgends die Taufe eines Säuglings erwähnt, aber das habe etwa so viel Gewicht wie die Tatsache, dass die Bibel nirgends ausdrücklich sagt, eine Frau habe am Abendmahl teilgenommen. Er spottete der Meinung, die frühe Kirche habe keine Säuglinge getauft. Er wisse „von keinem Autor, aus wie alter Zeit er auch stamme, der den Ursprung der Kindertaufe in der apostolischen Zeit nicht als eine Gewissheit ansieht".

Wie Luther musste auch Calvin das Problem lösen, wie die Taufe für ein Kind von Nutzen sein könne, da es noch nicht glauben kann. Er sagte, Gott könne schon vorher in diesen Säuglingen eine neue Geburt gewirkt haben, so dass sie später gerettet würden. Kritiker haben beanstandet, dass diese Kinder dann nicht „in Adam", sondern „in Christus"geboren sein müssten. Aber diese Erklärung wurde nicht von vielen aufgenommen. Calvin hatte eine bessere Deutung. Die Taufe wirke keine Wiedergeburt, sondern sie bedeute lediglich, dass „der Same der Buße durch das verborgene Wirken des Geistes in den Säuglingen liegt". Sie werden auf zukünftigen Glauben hin getauft. Das bedeutet nicht, dass ungetaufte Säuglinge dem ewigen Tod verfallen, wenn sie als Säuglinge sterben. Die Taufe bewirke nicht die Wiedergeburt, sondern sie bedeute nur, dass „der Same der Buße" vorhanden sei.

Calvin hat auch eine Antwort auf den Einwand, wenn Säuglinge am Sakrament der Taufe teilhätten, müssten sie auch am Sakrament des Abendmahls teilnehmen dürfen: Wasser, das Zeichen der neuen Geburt, sei passend für Säuglinge, fester

Stoff hingegen nicht. Zudem werde eine Selbstprüfung für das Abendmahl ausdrücklich gefordert, für die Taufe nicht.

Schauen wir uns das Ganze etwas näher an!

Am Anfang dieses Kapitels wurde ein Buch erwähnt, das die Kindertaufe verteidigt, nämlich *Children of Promise* (Kinder der Verheißung) von Geoffrey Bromiley. Das Buch baut auf der von Calvin gelehrten Voraussetzung, dass die Säuglingstaufe ein Zeichen des Neuen Bundes sei, ebenso wie die Beschneidung ein Zeichen des Alten Bundes war. Paulus schrieb:

> „*In ihm seid ihr auch beschnitten worden mit einer nicht mit Händen geschehenen Beschneidung, in dem Ausziehen des Leibes des Fleisches, in der Beschneidung des Christus, mit ihm begraben in der Taufe, in welcher ihr auch mit auferweckt worden seid durch den Glauben an die wirksame Kraft Gottes, der ihn aus den Toten auferweckt hat*" (Kol 2,11-12).

Die Taufe sei nicht ein Zeichen für die Zeugen des Taufrituals, schreibt Bromiley, sondern ein Zeichen auf den Namen und auf den Akt Gottes, in den wir hineingenommen werden im Glauben. Es bezeuge „nicht was ich tue, sondern was Gott getan hat". Das erklärt, warum es an solchen vollzogen werden kann, die noch nicht gläubig sind. Es ist ja nicht ein Zeichen ihres Glaubens, sondern ein Zeichen dafür, was Gott getan hat (oder am Täufling noch tun wird).

Bromiley sieht in der Taufe ein Zeichen dafür, dass Gott den Säugling erwählt habe. Die Reformierten in der Schweiz nannten dies *electio praesumptiva*, angemutete Erwählung. Das Problem ist nur, dass manche, denen man die Erwählung angemutet hat, im späteren Leben nie gläubig werden. Viele sterben sogar als Gottesleugner. So sagen Kritiker der Sicht der präsumptiven Erwählung, diese sei eben nicht angemutet, sondern angemaßt! Ist es nicht übereilt, einem Kind das Zeichen der Erwählung anzuheften, bevor man wissen kann, ob es erwählt sei? Warum nicht warten, bis das Kind so weit mündig ist, dass es durch Glauben und gute Werke die Erwählung unter Beweis stellen kann?

Bromiley entgegnet diesem Einwand mit zwei Argumenten:

1. Obwohl die ganze Nation Israels von Gott erwählt war, war nicht jeder einzelne Israelit errettet. Alle männlichen Kinder wurden beschnitten, aber nicht alle wurden errettet. So können alle Kinder getauft werden, obwohl nicht alle errettet werden.
2. Auch wenn wir die Glaubenstaufe praktizieren, stehen wir in Gefahr, Leute zu taufen, die nachher abfallen. Darum kann man das Zeichen des Wassers nie der Erwählung zum ewigen Leben gleichsetzen.

Welche Vorzüge werden Kindern durch die Taufe zuteil, wenn ihnen dadurch die Errettung nicht zugesichert wird? Bromiley sagt, sie würden unter die göttlichen Verheißungen gestellt und hätten Teil an der gemeinschaftlichen Erwählung. Sie wüchsen „in der Sphäre göttlicher Berufung" auf. Die Taufe sei damit das äußere Zeichen der Gnade, die ein Kind empfangen werde, falls es beim Erwachsenwerden zum Glauben kommt.

Aber mehr gehört dazu. Bromiley hält mit Calvin und gegen Luther, dass die Taufe keine Wiedergeburt bewirkt, und doch sagt er gegen Ende seines Buches, es bestehe ein Zusammenhang zwischen Kindertaufe und Kindererrettung. Da alle Kinder von Geburt an unter der Verdammnis der Sünde Adams stehen, muss Gott besondere Vorkehrungen treffen, wenn sie errettet werden sollen. Die Kindertaufe sei nun das Mittel, durch das die Kinder gläubiger Eltern „in die stellvertretende Versöhnung des Sohnes gemäß der Erwählung des Vaters" treten. Da er mit Luther der Meinung ist, der Glaube sei eine Gabe Gottes, könne ein Säugling Glauben empfangen, auch wenn „noch kein normales Bewusstsein dafür vorhanden ist".

Was ist dann mit Säuglingen, die nicht getauft sind und sterben? Bromiley spekuliert nicht, hofft aber, dass sie errettet werden. An dieser Stelle findet sich der Leser seines Buches in einer Sackgasse. Wenn alle, die als Säuglinge sterben, errettet werden, dann ist die Taufe doch kein Mittel der Errettung. Wenn hingegen nur getaufte Säuglinge im Todesfall errettet werden, dann ist entgegen seiner Beteuerung am Anfang des Buches die Taufe doch das Mittel der Wiedergeburt. Die Frage bleibt damit unbeantwortet: Bewirkt die Taufe die Wiedergeburt des Säuglings oder nicht?

Was sollen wir mit Bromileys Argumenten anfangen? Erstens, die Vertreter der Glaubenstaufe verweisen darauf, dass die Parallele zwischen Beschneidung und Taufe nicht stichhaltig ist, da der Neue Bund ganz anders geartet ist als der Alte. Die Beschneidung wurde unter dem Alten Bund routinemäßig vollzogen; die Frage des Glaubens wurde gar nicht gestellt. Es war ein Zeichen der Segnungen des Bundes, die das Kind in Fülle empfangen würde, wenn es aufwuchs und persönlichen Glauben hatte.

Die Taufe hat unter dem Neuen Bund eine andere Bedeutung. Es ist nur die *geistliche* Nachkommenschaft Abrahams, die das Zeichen der Taufe empfängt. Das Zeichen ist also auf jene beschränkt, die persönlich glauben. Ein Säugling ist noch nicht Glied dieses geistlichen Überrests. Die Taufe ist ein Zeichen *von bereits vorhandenem Glauben*, nicht von erwartetem Glauben. Das wussten die Reformatoren selbst; darum behaupteten sie entweder, Säuglinge könnten schon glauben oder aber ihre Eltern oder Paten könnten an ihrer statt glauben.

Die Beschneidung war ein Zeichen irdischen, zeitlichen Segens, den Gott den Nachkommen Abrahams gab. Dieses Zeichen war auch ein Fingerzeig auf letztendliche geistliche Segnungen für alle, die persönlich glaubten. Im Gegensatz dazu garantiert der Stammbaum im Gemeindezeitalter keinerlei geistliche Segnungen. Darum ist die Taufe auf solche beschränkt, die glauben und damit auch Erben des ewigen Lebens sind.

Zweitens, wenn Bromiley sagt, dass Kindererrettung und Kindertaufe miteinander verbunden seien, dann gibt er stillschweigend Luther mit seiner Lehre von der Taufwiedergeburt Recht. Das ist der Grund, warum er behauptet, Säuglinge könnten glauben. Das aber widerspricht seinen vorher gemachten Aussagen, die Taufe bewirke am Säugling keine Wiedergeburt. Einerseits argumentierte er, die Taufe sei nur ein Zeichen zukünftiger Errettung; andererseits wollte er verstanden wissen, die Taufe wirke die Wiedergeburt, weil Säuglinge Glauben besitzen.

Karl Barth sagte: „Die Tatsache lässt sich nicht aus der Welt reden, dass jeder Versuch, im Interesse einer Lehre von der Kindertaufe das Verhältnis zwischen *Taufe* und *Glauben* durchzudenken, in die unglücklichsten Sackgassen führt; denn in dieser Frage beschwört eine Dunkelheit und Ratlosigkeit die nächste herauf. Eine folgt auf die andere, und zwar mit Notwendigkeit.“[17]

Kontroverse in England

Der berühmte Prediger Charles Haddon Spurgeon löste einen wahren Sturm der Kontroversen aus, als er am 5. Juni 1864 anhand von Markus 16,15-16 eine Predigt gegen die Säuglingstaufe hielt.

Da er die Anglikanische Kirche damit so offen kritisierte,

dachte er, dass er damit das Ende der Verbreitung seiner gedruckten Predigten bewirkt hatte. Das Gegenteil war der Fall. Er verkaufte von dieser Botschaft allein eine viertel Million Exemplare!

Spurgeon zitierte aus dem Katechismus der Anglikanischen Kirche und wies nach, dass die Kirche tatsächlich lehrte, der Säugling werde durch die Taufe zu einem Glied Christi, einem Kind Gottes und einem Erben des Himmelreiches. Er zitierte aus der Taufliturgie, um zu zeigen, dass die Kirche wirklich lehrt, Säuglinge würden durch die Taufe wiedergeboren.

Spurgeon fügte hinzu, dass kein Ritus irgendjemanden retten könne. Das lasse sich durch Fakten einfach beweisen: Tausende, die als Säuglinge getauft wurden, haben zuchtlos und gottlos gelebt und damit gezeigt, dass sie nie Kinder Gottes waren. Ferner lehre die Bibel nirgends, dass man stellvertretend für andere glauben könne: Eltern können nicht für ihre Kinder glauben. Und was die Sache noch schlimmer macht: Viele Eltern sind selber nicht wiedergeboren. Spurgen schrieb: „Unwiedergeborene Sünder legen für ein armes Kindlein das Versprechen ab, es werde alle heiligen Gebote Gottes halten, die sie selber jeden Tag wissentlich brechen! Wie lange kann Gottes Langmut das noch ertragen?“[18]

Damit niemand einwende, der Missbrauch einer Sache mache die Sache selbst nicht schlecht, sagte Spurgeon die Sache selbst sei schon einen Missbrauch. Es stelle die Errettung auf die falsche Grundlage. „Von allen Lügen, welche Millionen in die Hölle gerissen haben, sehe ich diese als die grausamste an – dass in einer protestantischen Kirche Menschen sein sollten, die schwören, die Taufe rette die Seele“.[19] Er forderte alle auf, die ihre Errettung auf diesem Ritus abstützten, „diesen giftigen Glauben abzuschütteln wie Paulus die Giftschlange, die sich an seine Hand geheftet hatte“.

Kritiker wendeten ein, Kinder seien zu Christus gebracht worden, damit Christus sie segne. Daraufhin hielt er eine zweite Predigt, in der er aufzeigte, dass es ein großer Unterschied ist, ob man Kinder zu Christus bringt oder zum Taufstein. „Man sehe zu, dass man das Wort über das Segnen der Kinder so liest, wie es geschrieben ist, und dann wird man sehen, dass da gar kein Wasser vorkommt, sondern nur Jesus. Sind denn Wasser und Christus das gleiche? Nein, sie sind so verschieden wie Jerusalem und Rom, wie Irrlehre und das Evangelium von unserem Herrn Jesus Christus."[20]

So viel ich weiß, glaubte Spurgeon, dass alle, die als Säuglinge sterben, in den Himmel kommen.[21] Das ist aber nicht etwa deshalb so, weil Kinder unschuldig geboren würden oder weil die Taufe ihre Sünden abwasche, sondern weil Gott in seiner Gnade ihre Sünden auf Christus legte. Auf alle Fälle ist die Errettung aller Säuglinge in der Hand Gottes, nicht in der Hand der Menschen, die ein Ritual spenden.

Rettet die Taufe irgendjemanden?

Sagt die Bibel, die Taufe sei heilsnotwendig? Einige behaupten, dass erwachsene Menschen, die zum Glauben gekommen sind, noch nicht errettet seien, bevor sie getauft sind. Die amerikanische Denomination „Church of Christ", im deutschsprachigen Raum „Die Gemeinde Christi", lehrt, dass Gott durch dieses Ritual wirkt, um dem Gläubigen seine Errettung und Gnade mitzuteilen. Es werden hauptsächlich drei Bibelstellen dazu angeführt. Die erste ist aus der Unterredung des Herrn mit Nikodemus: „Jesus antwortete: Wahrlich, wahrlich, ich sage dir: Es sei denn, dass jemand aus Wasser und Geist geboren werde, so kann er nicht in das Reich Gottes eingehen" (Joh 3,5).

Was meinte Christus damit? Eine der fundamentalen Regeln der Auslegung ist die, dass wir uns in die Haut der Person versetzen, an die die Worte gesprochen wurden. Was dachte sich Nikodemus? Würde er das Wort *Wasser* mit der Taufe in Verbindung bringen? Wenn wir an seine jüdische Erziehung und Schulung denken, ist das sehr unwahrscheinlich. Er war ein Kenner des Alten Testaments und er wird doch wohl an Hesekiel 36,25 gedacht haben: „Und ich werde reines Wasser auf euch sprengen und ihr werdet rein sein; von allen euren Unreinigkeiten und von allen euren Götzen werde ich euch reinigen." Hier steht das Wasser für das reinigende Wirken des Heiligen Geistes, wie der nachfolgende Vers zeigt: „Und ich werde euch ein neues Herz geben und einen neuen Geist in euer Inneres geben."

Griechischkenner haben darauf verwiesen, dass der Herr vielleicht ein Wortspiel gebraucht. Das griechische Wort *pneuma* (Geist) wird gewöhnlich für „Wind" verwendet. Man kann es also mit „Geist" oder mit „Wind" übersetzen, je nach Zusammenhang. Es ist also möglich, dass der Herr sagen wollte: „Wenn ein Menschen nicht aus Wasser und Wind geboren wird, kann er nicht in das Reich Gottes eingehen." Einige Verse weiter unten sagt der Herr unter Verwendung des gleichen Wortes: „Der Geist weht, wo er will." King James Version (wie auch Elberfelder Übersetzung): „Der Wind weht, wo er will." Beide Kräfte der Natur, das Wasser und der Wind, sind Symbole des Heiligen Geistes.

Auf alle Fälle ist Wasser oft ein Bild für das Wirken des Heiligen Geistes (wie im obigen Bibelzitat). Es ist undenkbar, dass Christus nur hier in seinem Gespräch mit Nikodemus und sonst nirgends gelehrt haben sollte, die Taufe sei eine Bedingung für das Eingehen ins Reich Gottes. Wenn die Taufe heilsnotwendig ist, dann müsste das an anderer Stelle klar gesagt sein. Aber an Dutzenden von Stellen wird der Glaube als die alleinige Bedingung genannt. Sogar im gleichen Kapitel wird *Glaube* als die einzige Grundlage der Errettung genannt (3,36).

Die nächste Bibelstelle ist Apostelgeschichte 2,38: „Was sollen wir tun, Brüder? Petrus aber sprach zu ihnen: Tut Buße, und ein jeder von euch werde getauft auf den Namen Jesu Christi zur Vergebung der Sünden, und ihr werdet die Gabe des Heiligen Geistes empfangen."

Dass hier sowohl Taufe als auch Buße erwähnt werden, bedeutet nicht, dass beides zur Errettung notwendig sei. Ich kann sagen: „Nimm den Autoschlüssel und deine Jacke und lass den Wagen an." Das bedeutet nicht, dass die Jacke notwendig ist, um den Wagen anzulassen. Buße, nicht Taufe, ist notwendig zur Vergebung der Sünden.

Die griechische Grammatik bestätigt diese Deutung. Der Satz „und ein jeder von euch werde getauft auf den Namen Jesu Christi zur Vergebung der Sünden" ist ein Einschub. Der Befehl, Buße zu tun, steht in der Mehrzahl („tut"), und so auch „zur Vergebung eurer Sünden" (englische Bibel). Das bedeutet, dass die Aufforderung zur Buße grammatikalisch mit der Vergebung der Sünden verknüpft ist. Der Befehl zur Taufe steht hingegen in der Einzahl: „Ein jeder von euch werde getauft", womit er aus dem übrigen Satzzusammenhang herausgehoben ist. „Tut Buße zur Vergebung der Sünden" ist also die zentrale Aussage. Man beachte, dass Petrus in Apostelgeschichte 10,43 den Glauben als die einzige Voraussetzung zur Vergebung der Sünden nennt.

Der dritte Text ist 1. Petrus 3,21, wo Petrus schreibt: „... welches Gegenbild auch euch jetzt errettet, das ist die Taufe." Aber diese Wendung muss im Licht des ganzen Zusammenhangs gelesen werden. Es wird gesagt, die Taufe rette uns, so wie Wasser Noah rettete. In welcher Weise rettete Wasser Noah? Das Wasser rettete ihn überhaupt nicht; es war viel mehr ein Gerichtswerkzeug. Es war die Arche, die ihn rettete, indem sie ihn durch das Wasser trug. Diese Arche wurde aus Glauben gebaut, und aus Glauben ging er in sie ein.

Petrus fährt fort und erklärt, dass Wasser auch uns nicht rettet. Die Taufe rettet, sagt er, aber es ist nicht die äußere Handlung der Waschung, die es wirkt: „Nicht ein Ablegen der Unreinigkeit des Fleisches, sondern das Begehren eines guten Gewissens vor Gott – durch die Auferstehung Jesu Christi." Wasser rettete Noah nicht und das Wasser der Taufe rettet uns nicht. Was rettet? Das Begehren eines guten Gewissens vor Gott. Dieses Wort *„Begehren"* kann auch mit „Antwort" übersetzt werden. Damals mussten die Täuflinge vor der Taufe ein Bekenntnis ihres Glaubens ablegen. Es ist der Glaube, den sie bezeugen, der rettet.

Doch einen Augenblick! Wir wissen, dass Gott denen, die glauben, die Gabe der Errettung gewährt. Wie kann das Bekenntnis des Glaubens, das man bei der Taufe ablegt, jemanden retten? Ist denn dieses Bekenntnis nicht vielmehr das Ergebnis rettenden Glaubens und nicht der Akt des rettenden Glaubens? Wenn wir den Text näher betrachten, bekommen wir den Eindruck, dass Petrus hier sagen wollte, die Bereitschaft, in der Taufe Christus zu bezeugen, *errettet von einem schlechten Gewissen.* Man beachte seine eben gemachte Aufforderung, „ein gutes Gewissen" zu bewahren (V. 16). Es geht im Zusammenhang um die Bereitschaft, für Christus zu leiden, ohne Rücksicht auf die Kosten. Die Taufe ist eine öffentliche Identifikation mit Christus. Sie rettet von der Versuchung, seinen Glauben zu verschweigen. Wie Petrus sagt: Mit der Taufe begehrt man ein gutes Gewissen vor Gott.

Fassen wir zusammen: Das Wasser rettete nicht Noah, sondern er wurde seines Glaubens wegen sicher durch die Fluten des Gerichts getragen. Das Wasser rettet niemanden, der sich taufen lässt; aber der Gläubige wird ebenfalls sicher hindurch getragen. Die Taufe ist ein Bild des Gerichts. Der Getaufte wird untergetaucht und steigt wieder aus dem Wasser, um so symbolisch auszudrücken, dass er seinem eigenen Leben gestorben und zu neuem Leben auferstanden ist. Es mögen Verfolgungen bevorstehen, aber er hat ein gutes Gewissen vor Gott.

Wenn jemand denkt, die Taufe sei notwendig, um von Sünden errettet zu werden, dann bedenke er, was Paulus an die

Korinther schrieb. Er nennt dort alle, die er, so weit er sich erinnern kann, getauft hat, nämlich nur Krispus, Gaius und das Haus des Stephanas. Dann fährt er fort: „Denn Christus hat mich nicht ausgesandt zu taufen, sondern das Evangelium zu verkündigen“ (1Kor 1,17). Wäre die Taufe heilsnotwendig, hätte Paulus dafür gesorgt, dass alle, die zum Glauben gekommen waren, getauft würden. Aber er macht einen Unterschied zwischen dem Evangelium des Heils und der Taufe.

Wenn die Taufe heilsnotwendig ist, dann hätte der Schächer am Kreuz nicht errettet werden können, denn er wurde nicht getauft, nachdem er zum Glauben gekommen war. Und doch verhieß ihm der Herr selbst: „Wahrlich, ich sage dir: Heute wirst du mit mir im Paradiese sein“ (Lk 23,43).

Die symbolhaften Handlungen im Neuen Testament sind wie ein Ehering. Man kann verheiratet sein, auch wenn man keinen Ehering trägt. Man kann auch einen Ehering tragen, ohne verheiratet zu sein. Obwohl die Taufe im Neuen Testament einen hohen Stellenwert hat, wird sie nie als Heilsmittel angesehen.

Der Modus der Taufe

Welches sollte der *Modus* der Taufe sein? Es lässt sich kaum anzweifeln, dass das Neue Testament das Untertauchen des Täuflings lehrt. Sei es Johannes der Täufer, sei es Philippus und der Kämmerer, immer wieder zeigt der Text, dass der Getaufte ins Wasser stieg und aus dem Wasser heraufstieg. Das stellt auch am eindeutigsten das dar, was Paulus in Römer 6,1-4 über die Taufe als ein Abbild von Tod, Grablegung und Auferstehung sagt.

In den römischen Katakomben finden sich Bilder, die zeigen, wie man dem Täufling Wasser über den Kopf leert. Wie gesagt, sagte die *Didache*, ein Handbuch für kirchliche Praxis und Lehre aus dem 2. Jahrhundert, dass man Wasser über den Kopf schütten könne, wenn man nicht Zugang zu fließendem Wasser (zu einem Fluss) hatte. Es braucht natürlich viel Wasser (siehe Joh 3,23, der Übers.), um einen erwachsenen Menschen untertauchen zu können, und das ist nicht immer erreichbar. Dann konnte es notwendig sein, als Notbehelf Wasser über den Kopf zu schütten. Einige Teile der Kirche haben traditionell den Täufling mit ein wenig Wasser besprengt, vielleicht um sich zu ersparen, vom Scheitel bis zur Sohle nass zu werden.

Was auch der Modus ist, er ist gegenüber der zuerst erörterten Frage zweitrangig, nämlich ob die Taufe Gnade vermittelt oder nicht. In dieser Frage ist die Klarheit der Botschaft des Evangeliums direkt betroffen.

Unglücklicherweise besteht kaum Hoffnung, dass die Christenheit sich je über die Tauffrage einigen wird. Die Grundfrage ist einmal mehr, ob die Errettung aus Glauben allein geschieht oder ob Sakramente einen Beitrag leisten bei der Bekehrung und Errettung.

Anmerkungen

1. Geoffrey Bromiley, *Children of Promise* (Grand Rapids, Eerdmans, 1979), S. 1.
2. Paul K. Jewett, *Infant Baptist and the Covenant of Grace* (Grand Rapids, Eerdmans, 1978), S. 40.
3. Ebd., S. 20.
4. Ebd., S. 17-18.
5. Ebd., S. 42.
6. Ebd., S. 111.
7. Leonard Verdium, *The Reformers and Their Stepchildren* (Grand Rapids, Eerdmans, 1964), S. 198.
8. Ebd., S. 199.
9. Roland H. Bainton, *The Reformation of the Sixteenth Century* (Boston: Beacon Press, 1952), S. 97.
10. Ebd.
11. Verdium, S. 199.
12. Ebd., S. 201.
13. Ebd.

14. Ebd., S. 204.
15. Ebd., S. 209.
16. Ebd., S. 201.
17. Ebd., S. 185.
18. Charles H. Spurgeon, „Baptismal Regeneration", in: *Sermons* (New York: funk and Wagnalls, o. d.), 8, S. 23.
19. Ebd.
20. Spurgeon, „Children Brought to Christ, Not to the Font", in: *Sermons*, 8, S. 41.
21. Das war Spurgeons Überzeugung, wie man nachlesen kann in der Predigt „Misrepresentations of True Calvinism Cleared Away" in: *Sermons on Sovereignty*, (Pasadena, Pilgrim Publications, 1990); d. Übers.

KAPITEL 8

Wie viele Bücher gehören zur Bibel?

Auch Leute, die die Bibel nur oberflächlich kennen, wissen, dass die katholische Bibel mehr Bücher enthält als die protestantische. Woher stammen diese Unterschiede? Nach welchen Kriterien wurden gewisse Bücher als biblisch erklärt und andere verworfen?

Wenn man die Sache bedenkt, ist es nicht verwunderlich, dass diese Frage Anlass zu Disputen gegeben hat. Die Bibel ist nicht als ein schönes, in Leder gebundenes Buch mit Goldschnitt vom Himmel gefallen. Es ist ein sehr menschliches Buch, das den Geist seiner Zeit und seiner verschiedenen Autoren atmet. Gleichzeitig ist es ein göttliches Buch, und daher ist es irrtumslos. Wie Christus, der wahrer Gott und wahrer Mensch war, ist die Bibel ganz menschlich und ganz göttlich.

Kanon ist ein griechisches Wort, das ganz konkret das Maßrohr, die Messlatte bezeichnet. Von daher kann es auch Maßstab oder Standard bedeuten, und so steht das Wort für die als Standard akzeptierte Sammlung biblischer Bücher. Athanasius ist der Erste, von dem wir wissen, dass er das Wort „Kanon" in diesem Sinn gebrauchte.

Wie die Bücher gesammelt wurden

Einige der alttestamentlichen Bücher wurden sofort als von Gott eingegeben anerkannt. Mose legte das Buch, das er geschrieben hatte, in die Bundeslade (5Mo 31,24-26). Später wurden die heiligen Schriften im Tempel aufbewahrt (2Kö 22,18). Schon früh hatte Gott den Königen geboten, eine Abschrift des Gesetzes bei sich zu haben: „Und er soll alle Tage seines Lebens darin lesen, auf dass er den HERRN, seinen Gott, fürchten lerne, um zu beobachten alle Worte dieses Gesetzes und diese Satzungen, sie zu tun" (5Mo 17,19). Als die Propheten das Wort Gottes mit den Worten einleiteten: „So spricht der HERR", wussten sie, dass ihre Botschaft für nachfolgende Geschlechter aufgeschrieben werden sollte.

Die Juden erkannten, dass mit dem Propheten Maleachi die Offenbarungen aufhörten (ca. 400 v. Chr.). Im Talmud (eine Sammlung jüdischer Traditionen) lesen wir: „Bis zu jener Zeit (der Zeit Alexanders des Großen) weissagten die Propheten durch den Heiligen Geist; von da an sollst du dein Ohr zu den Aussagen der Weisen neigen."

Was entschied darüber, ob ein Buch als kanonisch zu gelten hatte oder nicht? Offensichtlich waren auch andere Bücher in Umlauf, die aber nicht als heilige Schrift galten, wie zum Beispiel „das Buch der Kriege des Herrn" (4Mo 21,14), oder „das Buch Jaschar" (Jos 10,13).

Das erste Kriterium war, dass das Buch mit der Thora, den fünf Mosebüchern, übereinstimmen musste. Das war aber nicht der einzige Prüfstein; einige Bücher, die mit der Thora übereinstimmten, wurden doch nicht in den Kanon aufgenommen. So schrieb beispielsweise Elia ein Buch, das dieser Anforderung sicher genügte, aber doch nicht zum Kanon gezählt wurde. Wir müssen uns natürlich fragen, wie denn die Thora selbst als heilige Schrift akzeptiert wurde.

Zweitens – und das ist äußerst wichtig – akzeptierte man diese Bücher, weil man sie für göttlich inspiriert hielt. Mit anderen Worten: Sie wurden anerkannt, *weil man anerkannte, dass sie göttliche Autorität besaßen.* Damit will ich nicht sagen, die Juden hätten den Büchern diese Autorität verliehen; man glaubte, dass den Büchern diese Autorität *innewohnte.*

Wenn ein Buch von Gott inspiriert ist, dann hat es göttliche Autorität, ob das die Menschen anerkennen oder nicht. Ein Juwelier kann einen Stein als echten Diamant anerkennen, aber das macht den Stein nicht zum Diamanten.

Wir müssen uns vor der Meinung hüten, die Kirche habe das Recht, ein Buch kanonisch zu machen. Das Volk Israel und die christliche Kirche können bestenfalls ein Buch als kanonisch *anerkennen*, weil es von Gott inspiriert ist.

Die Entdeckung der Kanonizität

Wie wurde die Kanonizität überhaupt entdeckt? Erstens hatten die Bücher das Gewicht selbstevidenter Autorität. Mose sagte von sich, er sei das Sprachrohr Gottes gewesen. Die alttestamentlichen Propheten sagten wiederholt: „Das Wort des HERRN kam zu mir." Das Leben der Propheten und die ausdrückliche Behauptung, dass sie ihre Botschaft von Gott empfangen hatten, wurde durch die jüdische Nation akzeptiert.

Das erklärt, warum das Buch Esther einige Zeit umstritten war. Da der Name Gottes im Buch nie erwähnt wird, meinten einige, es fehle ihm diese selbstevidente Autorität. Wer das Buch aufmerksam liest, erkennt, wie Gottes Vorsehung in der Geschichte Esthers ganz offenkundig ist, und dies überzeugte, dass es von göttlicher Autorität sein muss, so dass es anerkannt wurde.

Ein zweiter Prüfstein war die Verfasserschaft. Der Verfasser musste ein Mann Gottes sein und er musste ein Verkünder der Heilsoffenbarung sein, sei er nun ein alttestamentlicher Prophet oder ein neutestamentlicher Apostel.

Paulus sagt zum Beispiel, dass seine Botschaft göttliche Autorität hat, weil er ein Apostel war, gesandt „nicht von Menschen, noch durch einen Menschen, sondern durch Jesus Christus und Gott, den Vater" (Gal 1,1). Der 2. Petrusbrief war in der Alten Kirche umstritten. Einige meinten, der Stil unterscheide sich zu stark vom 1. Petrusbrief, als dass Petrus der Autor hätte sein können. Aber zu seiner Zeit war die Kirche davon überzeugt, dass Petrus, der Apostel, der Verfasser war, und daher wurde der Brief akzeptiert.

In anderen Fällen war die Identität des Autors nicht der springende Punkt. Der Verfasser des Hebräerbriefes ist unbekannt, aber das Buch wurde kaum ernsthaft hinterfragt, da es unverkennbar den Stempel der umwandelnden Kraft Gottes trägt.

Natürlich musste ein jedes Buch mit allen vorangegangenen Büchern übereinstimmen. Martin Luther dachte, Jakobus lehre Errettung durch Werke, weshalb er dessen Kanonizität in Frage stellte. Später aber ließ Luther seine Bedenken fallen und tilgte in späteren Ausgaben seine Kritik in der Einleitung zum Jakobusbrief; denn Jakobus widerspricht Paulus in seiner Lehre von der Rechtfertigung durch den Glauben nicht. Die frühe Kirche wusste, warum sie den Jakobusbrief als göttlich inspiriert anerkannte.

Es gibt Hinweise dafür, dass ein inspiriertes Buch nach seiner Niederschrift sofort akzeptiert wurde. Petrus anerkannte die Schriften des Paulus als inspiriert (2Petr 3,16). So wuchs der Kanon des Neuen Testaments, indem Buch um Buch geschrieben wurde. Da die Kommunikation im Altertum umständlich war, ist es verständlich, dass es einige Jahrhunderte dauerte, bis man sich auf die Liste kanonischer Bücher geeinigt hatte. Offenbarung und 3. Johannes waren in gewissen Gegenden nicht anerkannt, weil sie gar nicht bekannt waren. In dem Maße, wie die Verbreitung der Schriften zunahm, nahm auch die Anerkennung des Kanons zu.

Das letztendliche Kriterium ist natürlich, dass die Bibelbücher vom Volk Gottes als göttlich inspiriert angesehen wurden. Wir müssen im Glauben annehmen, dass Gott über seinem Wort gewacht hat, sodass nur inspirierte Bücher als zum

Kanon gehörig anerkannt wurden. Es ist ebenso wichtig zu sehen, dass die verbindliche Aufstellung kanonischer Bücher nicht durch eine Synode oder ein Kirchenkonzil festgelegt wurde. Die Synode hat jene Bücher bestätigt, welche das Volk Gottes bereits als kanonisch angesehen hatte.

Die Apokryphen

Sowohl die Römisch Katholischen als auch die protestantischen Bibeln haben im Alten Testament 39 und im Neuen Testament 27 Bücher; nur finden sich in den katholischen Bibelausgaben zwischen den Testamenten elf Bücher, die später hinzugefügt wurden. Woher kamen diese?

Zunächst müssen wir wissen, dass beide Zweige der Christenheit anerkennen, dass es Schriften gab, die nicht zum Kanon gehören können. Das Buch Henoch und die Himmelfahrt des Mose sind bekannt, aber alle sind der Ansicht, dass sie nicht den Stempel der Inspiration tragen. Für eine gewisse Zeit wurde der Hirte des Hermas als neutestamentlich kanonisch vorgeschlagen, aber es dauerte nicht lange, bis man ihn als ein menschliches Machwerk disqualifizierte.

Aber es gibt eine Gruppe von Büchern, die von der Römischen Kirche akzeptiert sind, während die Protestanten sie verwerfen. Sie finden sich in einer Bibelausgabe aus Alexandrien in Ägypten. Dort wurde im 3. vorchristlichen Jahrhundert das Alte Testament ins Griechische übersetzt, die sogenannte Septuaginta (lat. für „siebzig“, da angeblich siebzig jüdische Gelehrte in siebzig Tagen das Werk vollendet haben sollen). Das erklärt, warum einige der ältesten Manuskripte der Septuaginta, die wir heute besitzen, apokryphe Bücher enthalten.

Die Apokryphen (griech. für „Verborgene“) sind unter die Bücher des Alten Testaments eingestreut. Insgesamt sind es fünfzehn, elf davon gelten der Römisch Katholischen Kirche als kanonisch. Weil aber vier dieser elf alttestamentlichen Bücher beigefügt sind, führt die Douay Version in der Inhaltsangabe nur sieben zusätzliche Bücher auf.

Es gibt mehrere Gründe, warum die Römisch Katholische Kirche die umfangreichere Alexandrinische Liste als die kanonische ansieht.

1. Das Neue Testament zitiert meistens aus der Septuaginta, welche die Apokryphen enthält.
2. Einige der frühen Kirchenväter hielten die Apokryphen für kanonisch, beispielsweise Irenäus, Tertullian und Clemens von Alexandrien.
3. Es wird gesagt, auch Augustin und die großen Konzilien von Hippo und Karthago, bei denen er den Vorsitz hatte, hätten sie akzeptiert.
4. Im Jahre 1546 hat das Konzil von Trient, das Konzil der Gegenreformation, die Apokryphen als kanonisch deklariert. Es ließ verlauten, dass ein jeder, der diese Bücher in ihrer Gesamtheit nicht anerkenne, „*anathema* (verflucht) sei".

Gründe, die Apokryphen abzulehnen

Die Protestanten nennen verschiedene Gründe, warum sie diese zusätzlichen Bücher verwerfen:[1]

1. Obwohl es im Neuen Testament einige Anspielungen auf apokryphe Bücher gibt (man vgl. Hebr 11,35 mit 2Makk 7,12), gibt es kein einziges direktes Zitat aus ihnen. Kein einziger der neutestamentlichen Autoren verweist je auf eines dieser Bücher als autoritativ. Die Zitate aus den kanonischen Büchern werden gewöhnlich eingeleitet mit Wendungen wie „Es steht geschrieben" oder der Abschnitt wird zitiert, um

eine Aussage zu beweisen. Aber nie zitiert ein neutestamentlicher Autor in dieser Weise aus einem apokryphen Buch.

2. Es gibt keine Belege dafür, dass die Apokryphen zur Zeit Christi in der Septuaginta enthalten waren. Man erinnere sich: Die ältesten Handschriften der Septuaginta stammen aus dem 4. nachchristlichen Jahrhundert. Und sogar wenn sie damals zur Septuaginta gehört hätten, so bleibt doch die auffällige Tatsache bestehen, dass weder der Herr noch die Apostel je aus ihnen zitierten.

3. Obwohl einige der führenden Christen in der alten Kirche sie akzeptierten, so lehnten sie viele ab, etwa Athanasius, Origines und Hieronymus, um nur einige zu nennen.

4. Die Belege dafür, dass Augustin die Apokryphen anerkannt haben soll, sind bestenfalls zweideutig. Zum einen lässt er Baruch aus und schließt 1. Esra ein und nimmt so ein Buch an, während er ein anderes verwirft im Gegensatz zum Konzil zu Trient. Zum anderen scheint er später seine Meinung geändert zu haben.

Während Hieronymus an seiner lateinischen Bibelübersetzung arbeitete, stritt er mit Augustin über den Wert dieser zusätzlichen Bücher. Obwohl Hieronymus sie zunächst nicht übersetzen wollte, fertigte er doch in aller Eile eine Übersetzung an, wies ihnen aber einen gesonderten Platz neben der Bibel an. Nach seinem Tod wurden aber diese Bücher in seine lateinische Bibel eingefügt.

Augustin sprach für die Anerkennung der Apokryphen, wobei er ihnen später eine Art zweitrangige Kanonizität zuschrieb. Sein Zeugnis ist zwar wichtig, aber es ist nicht ganz deutlich.

5. Sogar die Römisch Katholische Kirche machte vor der Reformation einen Unterschied zwischen den apokryphen und den kanonischen Büchern der Bibel. Kardinal Cajetan, der Gegner Luthers in Augsburg, publizierte im Jahre 1518 einen Kommentar über alle echten historischen Bücher des

Alten Testaments. Sein Kommentar enthielt die Apokryphen nicht.

6. Das erste offizielle Konzil der Römisch Katholischen Kirche, die diese Bücher beglaubigte, war das Konzil von Trient, und zwar im Jahre 1546, bloße 29 Jahre nach dem Thesenanschlag Luthers an der Schlosskirche zu Wittenberg. Das kam den Interessen der Römischen Kirche entgegen, da man aus diesen Büchern zitierte, um Luther zu widerlegen. So spricht beispielsweise 2. Makkabäer 12,45-46 für Gebete für die Toten und ein anderes Buch lehrt das Heil durch gute Werke (Tobias 12,19).

Trotzdem anerkannte die Römische Kirche nur elf der vorgeschlagenen fünfzehn Bücher, während man hätte annehmen müssen, dass sie die ganze Sammlung entweder akzeptieren oder verwerfen würde, da sie so viele Jahrhunderte in diesem Umfang vorgelegen hatte.

7. Der Inhalt der Apokryphen liegt unter biblischem Niveau. Einige Geschichten sind ganz deutlich jüdische Fabeln. Bel und der Drache, Tobias sowie Judith haben die Merkmale von Legenden. Die Autoren dieser Bücher geben sogar im Verlauf der Erzählung Hinweise, dass man sie nicht zum Nennwert nehmen müsse.

Zudem enthalten diese Bücher historische Irrtümer. Es wird behauptet, Tobias habe die Eroberung Samarias durch die Assyrer erlebt (722 v. Chr.) und ebenso die Revolte Jerobeams gegen Juda (931 v. Chr.). Damit hätte er mindestens 209 Jahre alt sein müssen. Die Erzählung selbst sagt aber, er sei im Alter von 158 Jahren gestorben. Das Buch Judith lässt Nebukadnezar in Ninive regieren statt in Babylon.

Diese Irrtümer vertragen sich nicht mit der Tatsache der Inspiration; denn ein von Gott inspiriertes Buch muss frei sein von aller Art von Irrtümern.

8. Schließlich das wichtigste Argument: Die Apokryphen gehörten nie zum hebräischen Kanon. Als Christus auf der

Erde war, zitierte er oft aus dem Alten Testament, aber kein einziges Mal aus einem apokryphen Buch; denn diese gehörten nicht zum hebräischen Kanon.

In den Tagen des Herrn hatte die hebräische Bibel 22 Bücher, und zwar die gleichen 29 Bücher, die wir in unseren Bibelausgaben haben. Einige hebräische Bibelbücher, die wir gesondert rechnen, gelten den Juden jeweils als nur ein Buch, daher die unterschiedliche Zahl. In der hebräischen Bibel ist das erste Buch 1. Mose, das letzte 2. Chronik. Bei mindestens einer Gelegenheit bezog sich der Herr ganz gezielt auf den Gesamtkanon, als er sagte:

> „*Deswegen siehe, ich sende zu euch Propheten und Weise und Schriftgelehrte; und etliche von ihnen werdet ihr töten und kreuzigen, und etliche von ihnen werdet ihr in euren Synagogen geißeln und werdet sie verfolgen von Stadt zu Stadt; damit über euch komme alles gerechte Blut, das auf der Erde vergossen wurde, von dem Blute Abels, des Gerechten, bis zu dem Blute Zacharias', des Sohnes Barachias', den ihr zwischen dem Tempel und dem Altar ermordet habt*“ (Mt 23,34-35).

In 1. Mose wird vom Tod Abels, in 2. Chronik von der Ermordung Zacharias berichtet (22,21). Zwischen diesen beiden Ereignissen liegt die gesamte Inhalt des Alten Testaments; der Herr sah in 2. Chronik das Ende des Kanons; die Apokryphen gehörten nicht dazu.

Die Apokryphen wurden in Griechisch geschrieben, nachdem der hebräische Kanon schon abgeschlossen war. Jüdische Gelehrte sind einhellig der Überzeugung, Maleachi sei das zeitliche letzte Buch des Alten Testaments. Die Apokryphen entstanden alle offenkundig um das Jahr 200 herum und liegen nur in griechischen Handschriften vor. Da Christus nur die Bücher zum Kanon zählte, die auch wir heute als alttestamentliche anerkennen, haben wir keinerlei Anlass andere Bücher hinzuzufügen.

Die verlorenen Bücher

Zuweilen hört man von so genannten verlorenen Büchern der Bibel, Bücher, von denen landläufig behauptet wird, sie seinen der Allgemeinheit bewusst vorenthalten worden. 1979 publizierte Bell in New York ein Buch mit dem Titel *The Lost Books of the Bibel* (Die verlorenen Bücher der Bibel), welche gemäß Klappentext einst zur Bibel gehört hätten, aber „sie wurden von der Kirche unterdrückt und über 1500 Jahre geheim gehalten“.[2]

Die dort behandelten Bücher sind überhaupt nicht geheim. Theologen beider Bekenntnisse kennen sie, obwohl sie für den Laien nicht so leicht zugänglich gewesen sein mögen. Sowohl Katholiken als auch Protestanten verwerfen sie.
Es handelt sich in diesen Büchern größtenteils um apokryphe Geburts- und Kindheitsgeschichten des Herrn, einige sind in alttestamentlicher Zeit angesiedelt.

Diese Bücher aber waren nicht einmal jemals umstritten (wie etwa der Hirte des Hermas), sondern wurden von Beginn an als pure Legenden disqualifiziert. Diese „vergessenen Bücher“ sind so offensichtlich minderwertig im Vergleich zu denen in der Bibel, dass sie nicht ernst genommen werden können.

Im Vorwort anerkennt ein gewisser Dr. Frank Crane, dass Legenden und apokryphe Geschichtlein sich um alle großen Männer wie Julius Cäsar, Karl dem Großen und Napoleon ranken. Daher sei es nur logisch, dass Christuslegenden entstanden. Er fährt fort zu sagen, dass Christus an die „dichterische Phantasie“ heute appelliert. Diese Schreiber, so Crane, gaben nicht vor, etwas niederzuschreiben, das absolut wahr wäre, vielmehr färbten sie alle Ereignisse mit ihrer persönlichen Vorstellungskraft.

Schließlich, so Crane, kann jeder normale Mensch seine eigene Entscheidung darüber treffen, ob die frühe Kirche richtig handelte, indem sie diese Bücher verwarf. Er zögerte nicht zu behaupten, ein allgemeines Gefühl würde selbst die Überlegenheit der anerkannten kanonischen Bücher zeigen.

Dem stimme ich zu. Wer am Umfang des neutestamentlichen Kanons zweifelt, der befolge ruhig den Rat von Dr. Crane und lese diese so genannten verlorenen Bücher und er wird selbst Klarheit bekommen. Es ist auch ganz gut, jene Bücher zu lesen, die schon näher daran waren, zum Kanon gezählt zu werden, und man wird feststellen, dass auch sie weit unter dem Niveau des Neuen Testaments liegen, und anerkennen, dass die Alte Kirche sich in ihrem Urteil über den Kanon nicht geirrt hat.

In seinen Abschiedsreden verhieß der Herr den Jüngern den Heiligen Geist: „Wenn aber der Sachwalter gekommen ist, den ich euch von dem Vater senden werde, der Geist der Wahrheit, der von dem Vater ausgeht, so wird er von mir zeugen" (Joh 15,26). Das war eine unausgesprochene Bestätigung des Neuen Testaments, das noch immer geschrieben werden musste. Die frühen Christen anerkannten die Schriften, die von den Aposteln selbst oder von einem ihrer Mitarbeiter (wie Lukas oder Markus) geschrieben worden waren. Nach der apostolischen Zeit konnte kein Buch mehr göttliche Autorität beanspruchen.

Das Buch der Offenbarung endet mit einer Warnung:

> *„Ich bezeuge jedem, der die Worte der Weissagung dieses Buches hört: Wenn jemand zu diesen Dingen hinzufügt, so wird Gott ihm die Plagen hinzufügen, die in diesem Buche geschrieben sind; und wenn jemand von den Worten des Buches dieser Weissagung wegnimmt, so wird Gott sein Teil wegnehmen von dem Baume des Lebens und aus der heiligen Stadt, wovon in diesem Buche geschrieben ist"* (Offb 22,18-19).

Obwohl sich diese Worte in erster Linie auf das Buch der Offenbarung beziehen, sind sie doch eine Warnung an alle Irrlehrer und Sekten, die zum Kanon hinzugefügt haben.

Mit dem abgeschlossenen Neuen Testament besitzen wir Gottes abschließendes Zeugnis an uns, bis der Herr wiederkommt und wir die Bibel in der Form, wie wir sie jetzt kennen, nicht mehr brauchen werden.

Anmerkungen

1. Norman Geisler and William Nix, *A General Introduction to the Bible* (Chicago: Moody Press, 1986), S. 170-177.
2. *The Lost Books of the Bible* (New York: Bell Publishing Co., 1979).

Kapitel 9

Erwählung oder freier Wille: Augustin gegen Pelagius

Vielleicht haben Sie von jener Gruppe von Theologen gehört, die über die Probleme der Erwählung und des freien Willens diskutierten. Über den Meinungsverschiedenheiten trennte sich die Gruppe in zwei Lager. Ein Mann stand da und konnte sich nicht entscheiden, welcher Meinung er sich anschließen sollte. Schließlich trat er der Gruppe der Prädestinationsgläubigen bei, die ihn sogleich fragten, warum er zu ihnen gekommen sei. Er antwortete: „Ich kam aus freier Entscheidung." – „Wie, freier Wille? Du hast hier nichts verloren." Etwas verdattert wechselte er zur anderen Gruppe hinüber und wurde auch dort nach dem Grund für sein Kommen gefragt. „Man hat mich geschickt", antwortete er. „Wie, geschickt? Wenn du nicht aus freier Wahl gekommen bist, hast du bei uns nichts zu suchen." Am Schluss stand der Mann ganz verwirrt im Regen.

Fragen Sie einen durchschnittlichen Christen des 20. Jahrhunderts, ob er sich zu den Prädestinationsgläubigen zähle oder es mit denen halte, die an den freien Willen des Menschen glauben, und er wird wahrscheinlich ebenso bei diesem armen Mann im Regen enden. Unsere Zeit hat wenig Verständnis für ernsthafte theologische Reflexion; in einer Zeit billiger Gnade und poppiger Evangelisation sehen die Probleme von Erwählung oder freiem Willen aus wie Haarspaltereien. Die tiefgründigsten Theologen der Kirchengeschichte haben das ganz anders bewertet. Wie einer diese Frage beantwortete, zeigte ihnen, ob er das Evangelium überhaupt verstanden hatte.

Im anbrechenden 5. Jahrhundert wurde dieses Problem heftig debattiert. Das Ganze begann, als ein britischer Mönch Namens Pelagius sich gegen eine Aussage des Kirchenlehrers Augustin wandte, der im nordafrikanischen Hippo lebte und wirkte.

Die Aussage, die jene Lawine theologischer Streitigkeiten lostrat, war eine Wendung in einem Gebet Augustins, eines Mannes, der sich seiner Sündhaftigkeit zutiefst bewusst war. Im Wissen, dass er vor Gott vollständig hilflos war, rief er zu ihm: „Gib, was du befiehlst, und dann befiehl was du willst!“ Damit wollte Augustin sagen, dass Gott ihm zuerst alles geben müsse, bevor er etwas von ihm forderte. Er wusste sich selbst so hoffnungslos an die Sünde gebunden, dass er aus sich nicht das geringste der Gebote Gottes halten konnte.

Augustins Vater war ein Heide, seine Mutter Monica eine eifrige Christin. Trotz ihrer Armut konnten seine Eltern ihm eine gute Bildung verschaffen, zunächst im Heimatort, dann in der nordafrikanischen Metropole Karthago. Dort führte Augustin ein ausschweifendes Leben und zeugte mit seiner Geliebten einen Sohn, Adeodatus („von Gott gegeben“). Er ließ seine Geliebte sitzen und versank in einem Strudel „lasterhafter Liebesabenteuer“. Es quälte ihn je länger je mehr, dass er nicht Herr seiner Leidenschaften war.

Eines Tages lernte er durch Ambrosius, Bischof in Mailand, das Christentum kennen. Er beneidete die Leute, die ihre Leidenschaften zügeln konnten, und das weckte sein Interesse am Evangelium. Eines Tages hörte er, während er grübelnd im Garten eines Freundes saß, wie ein spielendes Kind einem anderen zurief: *„Tolle, lege!“* – „Nimm und lies!“ Er griff zu seinem Neuen Testament und seine Augen fielen auf einen Abschnitt, der ihn in seiner Lage genau traf: „Lasst uns anständig wandeln wie am Tage; nicht in Schwelgereien und

Trinkgelagen, nicht in Unzucht und Ausschweifungen, nicht in Streit und Neid; sondern ziehet den Herrn Jesus Christus an, und treibet nicht Vorsorge für das Fleisch zur Erfüllung seiner Lüste“ (Röm 13,13-14). Durch diese Worte kam Licht und damit auch Frieden in sein Herz; er war von dem Tag an ein bekehrter Mann. Nie vergaß er, wie vollständig er an die Sünde gekettet gewesen war, bevor Gottes Gnade ihn heimsuchte.

Pelagius, der britische Mönch, kannte kein solches Empfinden der Hilflosigkeit. Er war ein disziplinierter Schüler der griechischen Theologen und er glaubte, dass der Mensch sich mit dem Beistand Gottes bessern könne. Ungefähr im Jahre 409 kam er nach Rom und schrieb einen Kommentar über die Paulinischen Briefe. Er gewann einen jungen Theologen Namens Caelestius für seine Lehre, dass der Mensch fähig sei, jedes Gebot zu halten, das Gott ihm auferlegt. Es wäre unlogisch, dass Gott etwas gebieten sollte, das man nicht ausführen kann. Wo Christus sagte: „Ihr sollt vollkommen sein, wie euer Vater im Himmel vollkommen ist“ (Mt 5,48), argumentiert Pelagius, Christus hätte kein solches Gebot gegeben, wäre es dem Menschen unmöglich, es zu befolgen. Mit großer Beredsamkeit pries er die sittliche Stärke des Menschen und seine Fähigkeit, Gottes Willen zu tun: „Sooft ich über die sittliche Besserung und einen heiligen Lebenswandel sprechen soll, pflege ich zuerst die Kraft und die Beschaffenheit der menschlichen Natur und ihre Fähigkeiten zu erörtern.“[1]

Der Eckstein von Pelagius’ Theorie war die Freiheit des Willens. Wenn der Mensch vor der Wahl steht, ob er sündigen wolle oder nicht, kann der Mensch sich frei für das eine oder andere entscheiden. Pelagius: „Der Mensch hat jederzeit die absolut gleichwertige Fähigkeit, das Böse oder das Gute zu tun.“[2] Der Mensch könne daher sündlos leben, wenn er es wollte. Wenn wir nicht jedes der von Gott gegebenen Gebote halten könnten, wäre es unfair von Gott, sie uns gegeben zu haben. Das Schlagwort des Pelagius lautete: „Was ich tun sollte, das kann ich tun."

Augustin war mit Pelagius einverstanden, dass Adam sittlich neutral erschaffen wurde, sodass er es frei wählte zu sündigen. Aber Pelagius behauptete, die Sünde Adams habe nur Adam beschädigt. Die Nachgeborenen hätten keine vererbte Sünde, sie seien nicht von Geburt an unter Adams Sünde und Urteil, vielmehr seien sie neutral geboren und hätten zumindest theoretisch die Möglichkeit, sündlos zu leben. Augustin protestierte dagegen.

Caelestius, der Schüler des Pelagius, behauptete Folgendes:

1. Adam wurde sterblich erschaffen und wäre gestorben auch wenn er nicht gesündigt hätte.
2. Adams Fall beschädigte nur ihn allein, nicht das ganze Menschengeschlecht.
3. Kinder werden in den gleichen Zustand geboren, in dem Adam vor dem Fall war.
4. Das Menschengeschlecht stirbt nicht des Falles Adams wegen, es aufersteht nicht der Auferstehung Christi wegen.
5. Ungetaufte Kinder sind genau so errettet wie getaufte.
6. Das Gesetz führt genau so zum Himmelreich wie das Evangelium.
7. Schon vor dem Tod Christi gab es sündlose Menschen.[3]

Als er ausgefragt wurde, gab Caelestius ausweichende Antworten. Seine Thesen seien spekulativ, aber er war nicht willens, sie als Irrtümer zu bezeichnen.

Glaubten Pelagius und Caelestius, dass die Gnade Gottes unnötig sei? Ganz und gar nicht. Obwohl sie nicht glaubten, dass Gott in das Leben eines Menschen direkt eingreifen müsse, um ihn zu retten, lehrten sie, dass die natürliche Fähigkeit des Menschen, die Gebote zu halten, schon ein Ausdruck von Gottes Gnade sei. Pelagius schrieb die menschliche Fähigkeit zu einem sündlosen Leben der „Notwendigkeit der Natur" zu. So manifestiert sich Gottes Gnade unter Wahrung menschlicher Freiheit.

Da Adams Sünde nur ihn selbst schädigte, werden Kinder bis zum heutigen Tag sittlich so neutral geboren, wie es Adam vor dem Sündenfall war. In vielen Fällen werden sie erwachsen und leben ohne Sünde und wenn sie sündigen, können sie sich zu Gott bekehren, Vergebung erlangen und fortan seine Gebote vollkommen befolgen. Gewisse Menschen müssten nicht das Gebet des Herrn sprechen: „Vergib uns unsere Schulden." Sie könnten offensichtlich ohne das Evangelium errettet werden, da sie das Gesetz ganz halten könnten. Auf diese Weise wurde die Notwendigkeit der Gnade als eine übernatürliche Gabe geleugnet.

Dennoch bestand Pelagius auf der Notwendigkeit der Taufe von Säuglingen. Warum sollte diese notwendig sein, wenn sie nicht als Sünder geboren würden? Nicht zur Vergebung der Sünden, sondern um sie „in Christus zu heiligen". Warum aber sollten sie in Christus geheiligt werden müssen, wenn sie von Geburt an nicht unter der Sünde standen? Am 1. Mai 418 verwies man in der Synode von Karthago auf diese Unstimmigkeit und befand: „Wer leugnet, dass Säuglinge zur Vergebung von Sünden getauft werden müssen, sei anathema."

Wir müssen bedenken, dass Pelagius unter Willensfreiheit nicht jene Freiheit verstand, die wir haben, wenn wir entscheiden, ob wir zum Frühstück Tee oder Kaffee trinken wollen. Das ist zwar auch eine interessante Frage, aber geht hier an der Pointe vorbei. Pelagius meinte, der Mensch habe den freien Willen, Gottes Geboten zu gehorchen; er sei nicht ein hilfloser Sklave der Sünde. Was Gott befehle, *das könne der Mensch tun.* Wie wir sehen werden, wurde der Pelagianismus von Augustin und nachfolgenden Kirchenkonzilen verworfen. Aber wir müssen Pelagius zugute halten, dass er eine Frage aufgeworfen hat, die über die Jahrhunderte für Diskussionen gesorgt hat: Wenn der Wille des Menschen nicht frei ist, wie kann Gott ihn für seine Handlungen verantwortlich machen?

Augustin

Nach dem Apostel Paulus ist Augustin der Mann, der mit seiner Theologie den größten Einfluss auf die christliche Kirche gehabt hat. Er selbst hat sowohl die tiefste Verzweiflung über die Macht und Schuld der Sünde erfahren als auch die höchste Freude der Vergebung. Millionen haben seine *Confessiones*, persönliche Bekenntnisse eines Mannes, der vor Gott mit seiner Sündhaftigkeit gerungen hat, gelesen. Im allerersten Abschnitt des Buches steht schon der berühmte Satz: „Zu dir hin schufest du uns und ruhelos ist unser Herz, bis es Ruhe findet in dir."

Als Pelagius seine Theologie verfasste, war Augustin schon 57 Jahre alt. Sein Lehrgebäude war schon festgefügt, aber Augustin glaubte, dass die Lehren des Pelagius das Herz des Evangeliums angriffen, und darum schrieb er so ausführlich über und gegen diese Irrlehre.

Augustin glaubte, dass Adam mit der Fähigkeit, nicht zu sündigen, erschaffen wurde, dass der Mensch aber seit dem Sündenfall unausweichlich sündigt. Kein Mensch hat von sich aus die Freiheit, gerecht zu leben. Was noch offenkundiger ist: Der Mensch kann sein eigenes Herz nicht verändern.

Augustin glaubte, dass Kinder unter der Sünde und Verdammnis Adams geboren werden. Sie haben eine verdorbene Natur und haben daher nicht die Fähigkeit, Gottes Gebote zu halten. Wenn Menschen errettet werden, dann geschieht das durch Gottes direktes schöpferisches Eingreifen. Die Wiedergeburt der Seele muss das ausschließliche und übernatürliche Werk Gottes sein. Die Errettung ist durch Gnade allein, wie der amerikanische Theologe William Shedd schreibt: „Gnade wird dem sündigen Menschen mitgeteilt, nicht weil er glaubt, sondern damit er glaube; denn der Glaube selbst ist eine Gabe Gottes."

Schon die Erfahrung lehrt uns, dass wir nicht den freien Willen haben, von dem Pelagius redete. Wir haben nicht die Fähigkeit, gerechte Entscheidungen zu treffen, da unser Wille an die Sünde gebunden ist. Während der Schlachtruf des Pelagius lautete: „Ich sollte, darum vermag ich", rief Augustin verzweifelt: „Ich sollte, aber ich vermag nicht."

Wenn nun der Mensch so sündhaft ist, dass er an seiner eigenen Errettung nicht mitwirkt, dann stellt sich die Frage, warum einige errettet werden, andere hingegen nicht. Die Antwort Augustins lautet: Gott hat einige Menschen zum ewigen Leben vorherbestimmt. Gott gibt diesen sowohl das Verlangen als auch die Fähigkeit, an Christus zu glauben. Sie tun das, weil Gott es so gewählt hat, nicht weil sie es so gewählt haben. Was die nicht Erretteten begrifft, so sind sie zur Verdammnis vorherbestimmt.

Diese Lehre der doppelten Prädestination besagt, dass Gott gerechterweise es hätte wählen können, gar niemanden zu retten, weshalb die Errettung eines jeden einzelnen Erretteten aus reiner Gnade ist. Augustin bekannte indes wiederholt, dass die souveräne Gnade Gottes ein Geheimnis ist, das wir nicht verstehen können. Oft zitierte er die Worte des Apostels Paulus:

> „*O Tiefe des Reichtums, sowohl der Weisheit als auch der Erkenntnis Gottes! Wie unausforschlich sind seine Gerichte und unausspürbar seine Wege! Denn wer hat des Herrn Sinn erkannt, oder wer ist sein Mitberater gewesen? Oder wer hat ihm zuvor gegeben, und es wird ihm vergolten werden? Denn von ihm und durch ihn und für ihn sind alle Dinge; ihm sei die Herrlichkeit in Ewigkeit! Amen*" (Röm 11,33-36).

Wir können die Gründe nicht erforschen, warum Gott diejenigen rettet, die er retten will.

Augustin war der Auffassung, der Wille des Menschen sei nicht so frei, wie Pelagius es gelehrt hatte. Hätte Pelagius Recht, dann könnte der Mensch Gottes Vorsatz vereiteln. Weil aber der Wille des Menschen unter Gottes Leitung und Regiment steht, ist die Erfüllung seines Vorsatzes unabänderlich: „Wie stark auch der Wille der Engel oder der Menschen sein mag, und ob sie wollen, was Gott will oder nicht, so bleibt doch der Wille des Allmächtigen immer unbesiegt."

Augustin glaubte also, dass der unbekehrte Mensch keine Willensfreiheit besitze, der Christ aber wohl: Sie hatten nunmehr die Fähigkeit, das Gute zu wählen. Weil Gott ihnen den Heiligen Geist gegeben habe, vermöchten sie das zu tun, was sie tun sollten. Freiheit bedeutet also, dass ihnen die Gnade gewährt wird, die ihre Sünde überwindet. So wie der Glaube das Gesetz aufrichtet (Röm 3,31; Luther), so richtet die Gnade den freien Willen auf. Die Gnade befreit den Willen, so dass er fortan Gerechtigkeit liebt.

Warum befiehlt dann aber Gott Sündern Dinge zu tun, die sie nicht tun können? „Gott befiehlt uns Dinge, die wir nicht tun können, damit wir begreifen, dass wir es von ihm erbeten müssen."[4]

Pelagius hatte die Freiheit des Willens definiert als die Fähigkeit, zwischen dem Guten und dem Bösen zu wählen, und er glaubte, dass der Mensch diese Fähigkeit habe. Augustin widersprach; er glaubte, dass der Wille des Menschen an die Sünde gebunden sei. Für ihn bedeutete Freiheit des Willens, dass der errettete Mensch die Fähigkeit hat, das Gute zu tun.

Zusammenfassung

Es ist deutlich, dass Pelagianismus und Augustinismus einander diametral widersprechen. Mehrere Beobachtungen kommen uns in den Sinn, wenn wir uns die bisherige Erörterung der beiden Positionen in Erinnerung rufen. Zunächst können wir sehen, wie die Lehren miteinander zusammenhängen. Als Pelagius anfing an die menschliche Fähigkeit zu glauben, verringerte er das Angewiesensein des Menschen auf die göttliche Gnade. Als Augustin zur Schlussfolgerung kam, der Mensch sei so tief gefallen, dass sein Wille an die Sünde gebunden ist, wurde ihm die Notwendigkeit souveräner Gnade um so größer. Wie wir sehen werden, legt eine erste Überzeugung, ob sie richtig oder falsch ist, oft alle weiteren Überzeugungen eines theologischen Systems fest.

Zweitens sehen wir, wie groß der Einfluss eines Einzelnen in der Geschichte des christlichen Denkens sein kann. Von Augustin an verlaufen zwei theologische Ströme in die Theologie nachfolgender Jahrhunderte. Die Reformatoren, allen voran Luther und Calvin, zitierten ihn in übereinstimmender Weise, als sie ihre Heilslehre entfalteten, die im Mittelalter verlorengegangen war. Die Römisch Katholischen zitieren Augustin, um ihr Kirchenverständnis zu erhärten (worüber wir schon in einem früheren Kapitel nachgedacht haben).

Erwartungsgemäß verwarf die Kirche den Pelagianismus, aber der Augustinismus wurde auch nicht ganz akzeptiert. Die menschliche Natur sträubt sich gegen den Gedanken, dass Gott darüber entscheidet, wer errettet wird und wer verloren bleibt. Man suchte daher eine vermittelnde Position zwischen Pelagius und Augustin.

Semipelagianismus

Augustins Lehre von der doppelten Prädestination und der Unwiderstehlichkeit göttlicher Gnade wurde in gewissen Theologenkreisen angefochten. Einige Theologen meinten, das müsse zu Fatalismus führen. Sie unterstellten Augustins Lehre, sie verleite die Menschen zu Fatalismus; und schlimmer noch: Augustins Lehre führe zur logischen Schlussfolgerung, Gott wolle das Böse.

Aus solchen Erwägungen heraus suchten einige Theologen eine goldene Mitte, die sich das Beste aus beiden Systemen aneignete. Der Mensch wurde durch den Sündenfall tatsächlich verdorben, aber sein Verstand sei weitgehend intakt geblieben. Die Errettung geschehe aus Gnade, aber der Mensch könne mit Gott zusammenwirken bei der Errettung.

Diese Theologen meinten, die Souveränität Gottes und der freie Wille des Menschen stünden in Antinomie zusammen – das heißt, sie seien nur scheinbar widersprüchlich. Augustin hatte das Dilemma zu Gunsten der Gnade aufgelöst und hatte daher die menschliche Freiheit leugnen müssen. Pelagius hatte es zu Gunsten der menschlichen Freiheit aufgelöst, und hatte damit die Gnade geleugnet. Der Semipelagianismus versprach nun, beide Irrtümer zu vermeiden.

Es müsste doch einen Mittelweg geben, auf dem man einerseits die Freiheit und andererseits die Notwendigkeit der Gnade behaupten könnte. Wie kann ein Ruf an alle Menschen zur Buße ergehen, wenn nicht alle errettet werden können? Wenn nur die Erwählten errettet werden können, dann ist diese Einladung an alle Menschen überflüssig. Ja, wenn die Erwählten durch Gottes vorher gefassten Ratschluss errettet werden müssen, warum sich dann noch die Mühe machen und den Ungläubigen das Evangelium predigen?

Daher lehrt der Semipelagianismus, dass beides nebeneinander Platz hat, die freie Gnade und der freie Wille. Zum einen sandte Gott seinen Sohn, damit er für die Sünden der Welt sterbe; zum anderen gab Gott den Menschen in gnädiger Weise einen freien Willen, mit dem der Mensch Gottes Angebot annehmen oder ablehnen kann. Diese natürliche Fähigkeit des Menschen ist auch eine gnädige Gabe. Die Tatsache, dass Gott diesen Samen des Guten in den Menschen gelegt hat, schmälert nicht das Wunder der Erlösung. Wenn wir den freien Willen rühmen, rühmen wir den Schöpfer dieses freien Willens.

Es gab noch einen Pluspunkt dieser gemäßigten Sicht. Augustin fand es schwierig zu erklären, wie denn der Mensch verantwortlich sein könne, wenn er keinen freien Willen hat. Wenn doch der Mensch seiner Natur gemäß sündigt, kann man ihn für das, was er seiner Natur gemäß tut, nicht bestrafen. Wir machen dem Küken keinen Vorwurf, weil es weiße Federn bekommt, denn das ist durch seine Natur begründet. Wenn der Mensch völlig verdorben ist, wie kann man ihn für schuldig erklären, wenn er nur das tut, was seiner Natur entspricht? Er wäre doch nur dann für sein Tun verantwortlich, wenn er die Freiheit gehabt hätte, anders zu handeln.

Obwohl der Semipelagianismus 529 am Konzil von Arausio (dem heutigen Orange in Südfrankreich) verworfen wurde, setzte er sich durch und entspricht heute der Position der Römischen Kirche. Es ist auch die von vielen Evangelikalen vertretene Sicht, die sagt, es sei der Mensch und nicht Gott, der darüber entscheidet, ob jemand errettet werde oder nicht. Der Eindruck wird vermittelt, dass Gott viel mehr retten wollte als sich retten ließen, da er den freien Willen des Menschen respektieren müsse.

Einige sagen, die Bibel lehre Semipelagianismus, wie man an Stellen wie 1. Timotheus 2,4 ablesen könne. Gott will, dass alle Menschen errettet werden und zur Erkenntnis der Wahrheit kommen. Diese Stelle zeige doch deutlich, dass Gott unmöglich einige zur Verdammnis vorherbestimmt habe. Und vor allem: Gott würde jeden retten wollen, aber seine Macht sei eingeschränkt wegen der Willensfreiheit des Menschen.

Vielen ist der Semipelagianismus ein willkommener Mittelweg zwischen den Extremen des Pelagius und Augustins. Ja, Errettung ist aus Gnade, aber ob die Gnade akzeptiert wird oder nicht, das liege am freien Willensentscheid des Menschen. Wenn er die freie Gabe der Errettung annehme, dann wirke er zusammen mit Gott zur Errettung.

Aber andere sahen, dass der Semipelagianismus einige schwierigen Fragen über Gottes Vorsatz und Gottes Macht nicht befriedigend beantworten konnte. Die Debatten sollten nach dem 5. Jahrhundert noch lange nicht abebben.

Wir kommen zur nächsten Runde.

Anmerkungen

1. Zitiert in: Philip Schaff, *History of the Christian Church*, (o. V., o. D.), 3, S. 322
2. Ebd.
3. Ebd., S. 322-323.
4. Roger Hazelton, Hrsg., *Selected Writings of Saint Augustine* (Cleveland: The World Publishing Co., 1982), S. 209.

Kapitel 10

Prädestination oder freier Wille: Luther gegen Erasmus

Sie haben sicher auch schon an Diskussionen über Erwählung und freier Wille teilgenommen und sind zu dem Schluss gekommen, die Sache sei entweder zu hoch oder zu unwichtig. Da sich in beiden Lagern vorbildliche Christen aufhalten, sind Sie geneigt anzunehmen, die ganze Sache sei ein Streit um des Kaisers Bart.

Martin Luther hat Ihnen in dem Fall ein Wörtlein zu sagen. Was er von Leuten hält, die an diesem Streit kein Interesse zeigen, zeigen seine Worte an Erasmus:

> *„Wenn du diese Frage (des freien Willens) für Christenleute nicht für nötig achtest, so verlass bitte den Kampfplatz; dann haben wir nichts miteinander zu schaffen. Wir achten sie für notwendig. Denn weiß ich nicht, was, wie weit und wie viel ich Gott gegenüber vermag und wirke, so wird es mir auch gleichermaßen unsicher und unbekannt sein, was, wie weit und wie viel Gott in mir (etwas) vermag und wirkt, so doch Gott alles in allen wirkt (1Kor 12,6). Kenne ich aber die Werke und die Macht Gottes nicht, so kenne ich Gott selber nicht. Kenne ich Gott nicht, so kann ich Gott nicht ehren und loben, ihm danken und dienen, solange ich nicht weiß, wie viel ich mir und wie viel ich Gott zuzuschreiben habe ... So siehst du, dass diese Frage eines der beiden Hauptstücke ist, in denen alles beschlossen ist, was einen Christenmenschen angeht, und womit die Erkenntnis*

seiner selbst und die Erkenntnis und Ehre Gottes steht und fällt ...“ [1]

Das sind starke Worte! Warum glaubte Martin Luther, dass diese Streitfrage von solcher Tragweite war? Er war überzeugt, sie berühre das Herz des Evangeliums. Es war ihm eine Kardinalfrage. *Wer die Freiheit des Willens behauptet, tut der Gnade Abbruch.*

Jeder kennt diese Erfahrung: Man zieht an einem losen Faden und am Schluss hat man den ganzen Strumpf aufgehaspelt. Was wie eine Kleinigkeit aussah, hatte verborgene Verbindungen und löste ungeahnte Reaktionen aus. Ebenso beruht die Frage des freien Willens unmittelbar auf der gesamten Theologie.

In der Reformation brach der pelagianisch-augustische Streit mit ganzer Wucht wieder auf. Der niederländische Humanist Erasmus von Rotterdam schrieb ein Buch, in dem er Luthers Befürworten der Augustinischen Lehre von der Unfreiheit des Willens kritisierte. Es trug den Titel *Diatribe de libero arbitrio* – Streitschrift vom freien Willen. Erasmus beginnt mit der Feststellung, er wisse wohl, man werde ihn dafür kritisieren, dass er Luther angreife – wie eine Fliege es unternehme, einen Elefanten anzugreifen. Aber er bezeuge große Achtung vor dem Reformator und er glaube, Luther werde sich über diesen Meinungsaustausch freuen. Erasmus meinte, es handle sich zwar nicht um ein allzu wichtiges Thema, aber es sei sicher einiger Erwägung wert. Er präsentierte in seiner Schrift demgemäß eine Reihe von rationalen und biblischen Belegen für die Freiheit des menschlichen Willens.

Luther antwortete mit seiner kraftvoll donnernden Schrift *De servo arbitrio* – Vom unfreien Willen. Sie gehört zu Luthers glänzendsten Schriften und er selbst hat sie immer als eine seiner wichtigsten angesehen. Luther zu lesen, heißt gleichzeitig Zeuge vom Drama, vom Geist und Witz sowie von der Leidenschaft lebendigen theologischen Disputes zu werden. Das von Erasmus ausgesuchte Thema rührte beim Reformator an einen Nerv, der ihn zu einer hinreißenden und brillianten Verteidigung des Evangeliums bewegte.

Luther und Erasmus waren Freunde gewesen; man kann sogar sagen, Erasmus habe der Lutherischen Reformation den Weg geebnet durch seine Herausgabe eines Griechischen Neuen Testaments. Historiker haben deshalb gesagt, Luther habe jenes Ei ausgebrütet, das Erasmus gelegt hatte. Aber mit diesem Streit endete ihre Freundschaft. Luther war enttäuscht über die flachen und unstimmigen Argumente des großen Humanisten, der sich eben nicht kompromittieren wollte: „Erasmus ist ein Aal; nur Christus kann ihn greifen."

Wir müssen einige Fakten wissen, damit die Diskussion die richtige Perspektive bekommt. Es geht einmal bei der Freiheit nicht darum, ob der Mensch frei sei, über die Dinge seines Alltags zu entscheiden. Luther schlug sich natürlich nicht mit der läppischen Frage herum, ob der Mensch frei sei, an einem sonnigen Tag spazieren zu gehen oder ob er lieber zu Hause bleiben wolle. Das hat mit dem Evangelium nichts zu tun. Es geht um die Frage, ob der Mensch, *auf sich gestellt*, sich von der Sünde ab- und Gott zuwenden könne. Sodann sprechen Erasmus und Luther von der Willenskraft des unbekehrten Menschen. Es geht nicht um die Frage, ob der Christ in geistlichen Dingen einen freien Willen habe; denn das dies der Fall ist, darf angesichts der Tatsache, dass der Heilige Geist in ihm wohnt, vorausgesetzt werden (wie auch Augustin glaubte).

Die Debatte dreht sich also darum, ob der unbekehrte Mensch irgendwie zu seiner Errettung beitragen könne, ob er von Natur irgendwie die Fähigkeit habe, von sich aus einen Schritt auf Gott hin zu tun, oder ob Gott in souveräner Weise Menschen belebe, die in ihren Sünden und Übertretungen tot sind und ihren Willen neige, damit sie die Wahrheit des Evangeliums annehmen.

Erasmus wollte sagen, dass der Mensch, obwohl gefallen, zu seiner Errettung beitragen könne; Luther argumentierte, der Mensch bleibe in der Errettung ein Erleidender; sie sei vollständig ein souveränes Werk Gottes. Der Unterschied scheint sehr klein zu sein, aber er betrifft unser ganzes Verständnis des Evangeliums.

Erasmus definiert den freien Willen in einer Weise, die an Pelagius erinnert: „Unter freiem Willen verstehen wir in diesem Zusammenhang das Vermögen des menschlichen Willens, mit dem der Mensch sich dem, was zur ewigen Seligkeit führt, zuwenden oder von ihm abwenden kann."[2] Ja, Gnade ist nötig zur Errettung, aber der Mensch hat die Kraft, den ersten Schritt zum Anknüpfen der Beziehung mit Gott zu tun. Er wählt Gott; es ist nicht Gott, der ihn wählt.

Welche Folgen hatte der Sündenfall auf die natürlichen Fähigkeiten des Menschen? Erasmus sagt, der Mensch sei geschwächt worden; seine Fähigkeiten seien erheblich beeinträchtigt worden, aber er sei nicht völlig fleischlich. Seine Natur besitze noch einige Fähigkeit zur Erkenntnis Gottes und zum Gehorsam ihm gegenüber. Damit kann der Mensch wenigstens *etwas* zu seiner ewigen Errettung beitragen. Gott und Mensch sind Partner in der Erlösung; obwohl der Teil des Menschen zugegebenermaßen ziemlich gering ist.

Luther sah darin eine Schmälerung der Gnade. Sogar wenn man sagt, der Mensch mache sich ja nur der Gnade würdig, indem er die ihm gegebene Wahlfreiheit verwende, macht man die Gnade Gottes kleiner. Wenn Erasmus Recht hat, dann bekehrt sich dieser, während jener verloren geht, weil in den betreffenden Menschen ein Unterschied ist. Ersterer war verständig genug, seinen freien Willen zu gebrauchen und Christus zu wählen; Letzterer hingegen nicht. Luther wollte hingegen sagen, einer werde errettet und der andere gehe verloren, weil *Gott allein den Unterschied zwischen den beiden macht.* Alle Menschen sind gleicherweise Gefangene der Sünde. Wenn einer glaubt, dann liegt das einzig daran, dass Gott ihn zum Heil erwählte und seine besondere Gnade an seinem Herzen wirkte, um Gottes Erwählung zu verwirklichen.

War Luther ganz einfach starrköpfig in einer theologischen Spitzfindigkeit? Oder stand das Evangelium auf dem Spiel, wie er behauptete? Wir wollen seinem Argument folgen, um Klarheit zu bekommen.

Freiheit oder Knechtschaft?

Luther griff Erasmus an, weil dieser sagte, man solle aus dieser Frage nicht ein solches Geschrei machen. Er wollte, dass Erasmus die in der Streitschrift veröffentlichte Meinung zurücknehme, denn er habe die reine biblische Lehre durch sein Philosophieren verwässert. Mit seiner Schrift goss er allerdings nur Öl ins Feuer der Debatte.

Erasmus hatte behauptet, die Lehre Luthers würde die Menschen, wenn sie sie vernähmen, kopfüber in hemmungsloses Sündigen stürzen, da sie sich ja sagen würden, man könne sie für das Böse nicht verantwortlich machen. Dem hielt Luther entgegen, dass es nicht des Erasmus Aufgabe sei, Gottes Wege zu kritisieren, wenn Gott sie in der Bibel so gelehrt hat. „Wie? Soll dein Schöpfer von dir, seinem Geschöpf, gelehrt bekommen, was zu predigen nützlich sei und was nicht?" Wenn Gott wollte, dass solche Dinge gelehrt und gepredigt würden ohne Rücksicht auf die Ergebnisse, wer war Erasmus, dass er dem wehren wollte?

Wenn Erasmus fragte, wer denn sein Leben würde bessern wollen, wenn er der Meinung wäre, alles geschehe durch göttliche Notwendigkeit, so antwortete Luther:

> *„Ich antworte: Kein Mensch! Und keiner kann's auch ... Du sagst: ‚Wer wird glauben, dass ihn Gott liebe?' Ich ant-*

worte: Kein Mensch wird's glauben, und keiner kann's auch! Die Auserwählten aber werden's glauben, die andern werden im Unglauben zu Grunde gehen und werden Gott zürnen und ihn lästern, wie du es hier in deinem Büchlein tust."

Luther war zufrieden damit zu wissen, dass Gott den Demütigen Gnade verheißen hat. In Wirklichkeit können wir nicht wirklich in tiefer Demut sein, bevor wir nicht erkennen, dass gar nichts in Bezug auf unser eigenes Heil ausrichten können. Lassen wir die volle Wucht seiner Worte auf uns wirken:

„*Gott hat seine Gnade allein den Gedemütigten gewisslich verheißen, d.h. den Aufgegebenen und Verzweifelten. Der Mensch aber kann nicht eher bis ins Innerste gedemütigt werden, als bis er weiß, dass seine Seligkeit ganz und gar außer seinem eigenen Vermögen, Planen, Eifern, Wollen und Wirken steht, dass sie ganz und gar hängt an dem Gutdünken, Planen, Wollen und Wirken eines andern, nämlich Gottes allein. Denn dieweil ein Mensch im Glauben ist, als könne er sich selbst mit etwas zur Seligkeit helfen, es sei so wenig es wolle, so steht er und vertraut auf sich selbst, verzagt nicht gar an seinem Vermögen. Darum demütigt er sich auch nicht mit ganzem Ernst und von Herzensgrund vor Gott, sondern nimmt sich Stätte, Zeit, Werk, Wesen vor, dadurch er gedenkt, sich selbst zur Seligkeit zu helfen ... wer aber gewiss gelernt hat, dass all unser Heil in Gottes Hand und Willen steht, der verzagt an allem seinem Vermögen und allen seinen Kräften gänzlich, erwählt sich kein Werk, sondern erleidet und harrt, dass Gott in ihm wirke.*"[3]

Luther kam es darauf an, dass die Wahrheit der souveränen Gnade den Stolz des Menschen bricht. Wenn diese Lehre gepredigt wird und der Mensch von ihr erfasst wird, dann wirft er sich als ein Hilfloser auf Gottes Erbarmen. Er fuhr entsprechend fort:

> *„Darum muss man diese Stücke lehren um der Auserwählten willen, dass sie sich also vor Gott von Herzen demütigen und ihre Nichtigkeit erkennen und selig werden. Die anderen, die dieser Demut feind und wider sind, wollen verbieten, solche Nichtigkeit unserer selbst zu lehren, wollen auch, man solle doch ein wenig dem freien Willen lassen, was wir vermögen: Dieselbigen halten heimlich im Herzen viel von sich selbst und ihren Werken, welches denn ist stracks wider Gottes Gnade.“*[4]

Was steht hier wirklich auf dem Spiel? Viele Evangelikale lehren heute, dass die Errettung durch Gottes Gnade geschieht, dass Gott aber vom Sünder erwarte, mit seinen Glauben dazu beizutragen, dass er errettet werden könne. Der Mensch müsse Gott wählen; nicht Gott erwähle den Menschen. Somit bleibt wenigstens etwas, und sei es ein noch so geringes, das Gott im Menschen sucht, das ihn für die Errettung qualifiziert. Die populäre Auffassung vom Evangelium wurde von Erasmus vertreten.

Luther wandte sich heftig dagegen. Er würde uns sagen, *sogar der Glaube, mit dem der Mensch glaubt, ist von Gott gegeben.* Selbstverständlich ist der Wille des Menschen an der Errettung beteiligt, aber es ist Gott, der den Willen des Menschen dazu bewegt, ihn zu suchen. Darum wird ein Menschen errettet, nicht weil er aus sich das Verlangen oder die Fähigkeit hatte zu glauben, sondern weil Gott ihn erwählt hatte und willig machte, an ihn zu glauben. Für Luther war die Errettung ganz vom Herrn.

Erasmus legte sich sorgfältig seine Argumente zurecht, mit denen er den Einwänden des Reformators entgegen wollte.

Die Debatte

1. Erasmus zitierte Dutzende von Bibelstellen aus dem Alten Testament, in denen Gott dem Volk befiehlt, das Recht und das Leben zu wählen. „Wendet euch zu mir“, ruft der Herr. Erasmus setzte voraus, dass der Mensch alles tun kann, was Gott ihm zu tun befiehlt. Wie es andernfalls aussähe, malt er sich anhand eines Beters aus, der sich an Gott wendet:

> *„Warum verheißt du (Gott) unter dem Vorbehalt, was nur von deinem Willen abhängig ist. Warum machst du mir Vorhaltungen, wenn doch alle meine Werke, seien sie gut oder seien sie böse, von dir verrichtet werden, wobei ich unweigerlich dein Werkzeug sein muss? Warum machst du mir Vorwürfe, wenn es doch weder in meiner Macht steht zu bewahren, was du mir gegeben hast, noch das Böse fernzuhalten, das du in mich hineinlegst? Warum beschwörst du mich, wenn doch alles nur von dir abhängt und nur nach deinem Willen ausgeführt werden kann? Warum segnest du mich, als hätte ich meine Pflicht erfüllt, wenn doch alles, was geschehen ist, nur deine Leistung war? Warum verfluchst du mich, wenn ich doch nur aus Notwendigkeit gesündigt habe? Doch wozu sollten alle die vielen Gebote dienen, wenn es nicht irgendjemandem auf irgendeine Weise möglich wäre, sie zu halten?“*[5]

Luther antwortete, es sei bloßes menschliches Räsonnieren, aus Gottes Geboten an die Menschen auf die Freiheit des menschlichen Willens zu schließen. Gott wusste von vornherein, dass der Mensch die Gebote nie würde halten können. Dass Gott uns befiehlt, ihn über alles zu lieben, bedeutet nicht, dass wir ihn in dieser Weise zu lieben vermögen. Satan versucht mit allen Mitteln den Menschen zu blenden, damit er sein Elend nur ja nicht erkenne, und er will, dass sie sich mit der erhebenden Vorstellung schmeicheln, sie seien frei, das

Gute zu wählen und zu tun. Der Mensch ist von Natur blind; daher erkennt er das Maß seiner Stärke nicht, das heißt, seine vollständige Unfähigkeit. Er bildet sich in seinem Stolz ein, er vermöge alles. Gott vermag den Menschen von seiner Einbildung und seinem Stolz durch die Proklamation seines Gesetzes zu heilen. Gott weiß, dass wir sein Gesetz nicht halten können, und er will, dass wir es einsehen.

Luther beschrieb in lebendiger Weise den Zustand des natürlichen Menschen: „Er ist gebunden, im Elend, gefangen, krank und tot, aber durch das Wirken Satans, seines Meisters, fügt er zu seinem Elend noch die Blindheit hinzu, so dass er wähnt, er sei frei, mächtig, gesund und lebendig." Es gibt für ihn nur eine Hoffnung: dass er einsieht, wie sehr er Gottes Gnade nötig hat. Der Apostel Paulus lehrte, dass das Gesetz nicht gegeben wurde, weil wir es halten und damit das Leben finden könnten, sondern um uns zu Christus zu treiben (Gal 3,22-27). Erasmus irrte mit seiner Meinung, der Mensch müsse das auch tun können, was Gott ihm befiehlt, denn sonst hätte Gott es ihm nicht befohlen. Er wusste nicht zwischen Gesetz und Gnade zu unterscheiden.

Warum gibt Gott Gebote, von denen er weiß, dass kein Mensch sie halten kann? *Um den Menschen zur Verzweiflung zu treiben, damit er sich ganz auf Gottes Erbarmen werfe.* Mit Augustin rief Luther: „Ich sollte, aber ich vermag nicht!"

2. Erasmus zitierte die Worte des Herrn aus dem Matthäusevangelium: „Jerusalem, Jerusalem, die da tötet die Propheten und steinigt, die zu ihr gesandt sind! Wie oft habe ich deine Kinder versammeln wollen, wie eine Henne ihre Küchlein versammelt unter ihre Flügel, und ihr habt nicht gewollt!" (Mt 23,37). Und dann stellte er die Frage:

> *„Hätte nicht, wenn alles aus Notwendigkeit geschieht, Jerusalem mit Recht dem weinenden Herrn antworten*

können: ‚Warum quälst du dich mit vergeblichem Weinen? Wenn es dein Wille war, dass wir auf die Propheten nicht hören sollten, warum hast du sie gesandt? Warum rechnest du uns zu, was du willentlich getan hast, während wir nur aus Notwendigkeit gehandelt haben? Du hast uns zwar sammeln wollen, aber du hast dies nicht auch in uns gewollt, hast vielmehr in uns gerade bewirkt, dass wir nicht gewollt haben.‘“[6]

Luther antwortete: „Denn Gottes Sohn ist darum Mensch geworden und darum gesandt in die Welt, dass er rede, schaffe, tue, leide, allen Leuten alles freundlich anbiete, was ihnen zur Seligkeit vonnöten ist; obwohl sich viele an ihm stoßen (welche also gelassen werden in ihren Wegen und verhärtet nach dem heimlichen Willen Gottes), und den Christus, obwohl er lockt, reizt, vermahnt, viel tut, viel freundlich anbietet, nicht annehmen, wie Johannes sagt: ‚Das Licht leuchtet in der Finsternis, und die Finsternis hat es nicht begriffen‘, und: ‚Er kam in sein Eigentum, und die Seinen haben ihn nicht aufgenommen.‘“

Luther macht an dieser Stelle eine Unterscheidung, die für seine Theologie wichtig ist: Es gibt einen geoffenbarten Willen Gottes und es gibt einen verborgenen, einen geheimen Ratschluss Gottes. Auf der einen Seite ruft Gott den Sünder auf, an ihn zu glauben, und auf der anderen Seite plant er die Verdammnis vieler. Es ist nicht unsere Sache, den geheimen Willen Gottes ergründen zu wollen, sondern darüber in Ehrfurcht anzubeten. Wir sollten nicht fragen, warum es so ist, sondern Gott durch Glauben in allem die Ehre geben.

Hatte Luther biblische Gründe für die Annahme eines „verborgenen Willens Gottes“, der vom geoffenbarten Willen Gottes unterschieden werden muss? Paulus verweist auf diese Sache, wenn er in Römer 9 den Gottlosen fragen lässt, warum Gott denn den Menschen tadle, wenn doch keiner seinem

Willen widerstehen könne. Wie Erasmus wendet der Ungläubige, wenn er hört, dass Gott begnadige, wen er wolle, und verhärte, wen er wolle: „Warum tadelt er noch? Denn wer hat seinem Willen widerstanden?“ (Röm 9,19). Hier hätte nun Paulus die goldene Gelegenheit gehabt zu sagen, Gott tadle zu Recht, weil der Mensch ja den freien Willen und damit das Vermögen habe, sich richtig zu entscheiden, es aber nicht tut. Stattdessen antwortet Paulus:

> *„Ja freilich, o Mensch, wer bist du, der du das Wort nimmst wider Gott? Wird etwa das Geformte zu dem Former sagen: Warum hast du mich also gemacht? Oder hat der Töpfer nicht Macht über den Ton, aus derselben Masse ein Gefäß zur Ehre und ein anderes zur Unehre zu machen?“* (Röm 9,20-21).

Der Ton hat kein Recht, das Tun des Töpfers zu hinterfragen. Wir haben keine Erlaubnis, unsere Nase in Gottes geheime Ratschlüsse zu stecken, sondern vielmehr sollen wir die Hand an den Mund legen. Wie Luther sagte: Wir können nur stumm vor Gottes Majestät anbeten.

Luther hätte auf Abraham verweisen können: Gott befahl Abraham, seinen Sohn zu nehmen und ihn zu opfern. Das war Gottes geoffenbarter Wille; aber gleichzeitig plante Gott im Verborgenen, den Sohn am Leben zu erhalten. So kann Gott Befehle erteilen, während er etwas plant, das dem geoffenbarten Gebot entgegenläuft. Mit anderen Worten: Wir sollten uns nie anmaßen, wir könnten Gottes endgültige Absichten lesen (mehr davon im nächsten Kapitel).

Luther entgegnete den Semipelagianern, die sich auf 1. Timotheus 2,4 beriefen („Gott will, dass alle Menschen errettet werden“), folgendermaßen: Gott mag die Errettung aller Menschen wünschen, aber er hat beschlossen, diesen Wunsch im Interesse höherer verborgener Ratschlüsse zurückzustellen. Wenn die Errettung aller Menschen sein höchster und endgültiger Vorsatz wäre, dann könnte er den Satan daran hindern, die Augen der Unbekehrten zu verblenden, so dass sie alle glauben könnten. Er würde dann zur Erweichung aller Herzen und zur Verhärtung keines einzigen Herzens wirken.

Weiter zu gehen, weigerte sich Luther. Wenn jemand begehrt, Gottes geheime Ratschlüsse ergründen zu wollen, dann tut er das auf seine eigene Gefahr hin. Luther schrieb: „Nachdem diese Sache vom freien Willen und ewiger Vorsehung sonderlich eine solche ist, da die verkehrte Vernunft und fleischliche Menschen nach demselbigen Willen der (göttlichen) Majestät zu forschen pflegen, so ist hier sonderlich not, ihnen zu sagen, dass sie hier stillschweigen, und dem göttlichen Willen und der Majestät ihre Ehre geben ... Wo aber trotzdem noch etliche sind, die nach dem Willen forschen wollen und unserer Vermahnung nicht gehorchen, die lassen wir fahren und wie die Giganten mit Gott fechten, und sollen zusehen, was sie für Gewinn oder Preis erlaufen werden. Des bin ich gewiss, dass sie unsere Sache nicht werden abbrechen noch ihre erhalten."[7]

Kann eine solche Sicht mit der Güte Gottes vereinbart werden? Luther schrieb: „Das ist die höchste Stufe des Glaubens – zu glauben, dass der gütig ist, der so wenige selig macht und so viele verdammt." Dass Gott den Erwählten Erbarmen erweist, das ist ganz deutlich. Aber wie Paulus sagte: „So denn, wen er will, begnadigt er, und wen er will, verhärtet er" (Röm 9,18).

Als Christus sich an die Bewohner Jerusalems wandte, zeigte er ihnen Gottes *geoffenbarten* Willen. Aber der geheime Wille Gottes war, dass das Volk nicht glaube. Gott hatte offensichtlich eine höhere, eine letztendliche Absicht, als er einigen Erbarmen zuwendete und andere verhärtete.

3. Erasmus versuchte, einige Bibelstellen zu erklären, die der Vorstellung vom freien Willen widersprechen. Er erklärte

die Verhärtung des Pharao so, dass seine bösen Taten ihn widerspenstig machten, und dass Gott das Böse steigerte, um ihn zur Buße zu bringen: „Wie von derselben Sonne Wachs weich und Lehm hart wird, so veranlasst die Milde Gottes, die den Sündern gewähren lässt, den einen zur Sinnesänderung, den anderen zur Verhärtung im Bösen."

Luther entgegnete, Erasmus stelle damit alles auf den Kopf. Wenn Gott sagt: „Ich will das Herz des Pharao verhärten", verändert Erasmus die handelnden Personen und sagt: „Der Pharao verhärtet sich selbst sein Herz." Der Vergleich mit dem Wachs und dem Lehm trifft nicht, denn die Pointe des Paulus ist ja eben, dass es Gott ist, der entscheidet, ob das Herz eines Menschen weich oder hart werde. Es ist offenkundig, dass Gott das Herz des Pharao nicht verhärtete, um ihn zur Buße zu bringen, sondern damit er der Forderung des Mose trotze. Paulus sagt tatsächlich, dass Gott dem Pharao kein Erbarmen zuwandte, damit er nicht etwa zur Buße komme (Röm 9,17).

Luther vermerkt allerdings, dass wir nicht denken sollten, Gott habe im Herzen des Pharao das Böse bewirkt. Gott befiehlt ganz einfach dem bösen Willen das zu tun, was er von Natur tut. David sagt beispielsweise von Simei: „Ja, mag er fluchen! Denn wenn der HERR ihm gesagt hat: Fluche David! Wer darf dann sagen: Warum tust du also?" (2Sam 16,10). Obwohl Gott selbst nicht fluchen würde, gebietet der gute Gott durch ein böses Werkzeug diese bösen Worte.

Der Herr hätte den Teufel zur Verhärtung verwenden können, wie im Falle Sauls, wo ein vom Herrn gesandter böser Geist ihn quälte. Ja, Gott veranlasste das Böse, obwohl er es nicht tat, sondern befahl, dass es getan werde.

Zusammenfassend halten wir fest: Luther sagte, der Wille des natürlichen Menschen sei ein Gefangener der bösen Begierden des Herzens und Satans, so wie Paulus schrieb, dass Menschen im Fallstrick Satans seien, gefangen für seinen Willen (2Tim 2,26). Im Gegensatz dazu ist der Wille des Gläubigen an Gott gebunden, der zuvor in ihren Herzen sein Heil gewirkt hat.

Luther fuhr fort und sagte, der Wille des Menschen sei wie ein Reittier: „Also ist des Menschen Wille in der Mitte zwischen Gott und Satan, und lässt sich führen, leiten und treiben, wie in Pferd oder anderes Tier. Nimmt ihn Gott ein und besitzt ihn, so geht er, wohin und wie Gott will, wie der 73. Psalm sagt: ‚Ich bin wie ein Tier bei dir' (V. 22). Nimmt ihn der Teufel ein und besitzt ihn, so will er und geht er, wie und wohin der Teufel will. So ist nun der menschliche Wille hierin nicht und seiner selbst nicht mächtig, zu welchem unter den zweien er laufen und sich fügen wolle; sondern die zwei Starken fechten und streiten darum, wer ihn einnehme."

Luther glaubte nicht, dass Gott den Menschen zum Bösen nötige: „Wenn der Mensch nicht Gottes Geist hat, so wird er nicht als mit Gewalt und bei dem Halse hingerissen, dass er wider seinen Wille müsse Böses tun, wie man einen Dieb oder Mörder wider Willen zum Galgen hinführt, sondern er tut's willig und gern. Und denselbigen Willen, Lust und Neigung kann er aus seinen Kräften nicht nachlassen, ändern oder bezwingen." Um das Herz eines Menschen zu verhärten, muss Gott es nur sich selbst, das heißt seinen eigenen Begierden und Lüsten überlassen. Überlässt Gott einen Menschen sich selbst, dann tut er, seiner eigenen Natur zufolge, mit Notwendigkeit Böses.

Und wenn Gott in den Herzen der Erwählten wirkt, um sie zum Glauben zu bewegen, dann ist das auch nicht Nötigung: „Wiederum wenn Gott in uns wirkt, so ist der Wille, den Gott in die Herzen gibt, und der Heilige Geist uns einbläst, auch nicht ein gezwungen Ding, sondern ein Lust und herzliche Neigung, da ich das Gute willig und gerne tue ohne Drängen, und lasse mich davon nicht reißen, wenngleich alle Teufel und die Pforten der Hölle mir wehrten, da die Lust fortfährt, gerne will und liebt das Gute, wie zuvor das Böse."[8]

Als Tatsache bleibt, dass der Wille des Menschen nicht frei ist, sondern dass er entweder der Bosheit des Herzens oder dem souveränen Wirken Gottes folgt, der einigen die Fähigkeit gibt, an das Evangelium zu glauben.

Was steht auf dem Spiel?

Wie wichtig war dieser Disput zwischen Luther und Erasmus in der Geschichte der Reformation? Die Römische Kirche sah in der Freiheit des Willens *den springenden Punkt* in Luthers Streit mit der Kirche.

In einem neulich erschienenen Artikel sagt der Römisch Katholische Theologe Thomas Molar, dass Luthers Lehren mit dem Römischen Katholizismus unvereinbar seien wegen seiner Auffassung vom Menschen. Als Beleg führte er verschiedene Stellen an, in denen Luther darauf besteht, dass der Mensch vollständig kraftlos und sein Wille gefangen und dass er von bösen Begierden gefesselt ist, die ihn daran hindern, je etwas Gutes zu wollen. Molar sieht ganz richtig, dass nach Luthers Auffassung der Glaube auf die göttliche Erwählung zurückzuführen ist. Gottes erwählende Gnade geht dem Glauben des Menschen voraus. Daher kann es keine verdienstlichen Werke geben und keine Fürbitte der Heiligen.

Molar greift Luthers Sicht vom Menschen an, aber er anerkannte, dass Luther in seiner Gnadenlehre absolut konsequent ist. Anders als die späteren Evangelischen, die ein System errichtet haben, das sowohl der menschlichen Fähigkeit als auch der göttlichen Gnade einen Platz zuweist, ist Luthers Lehre in bewunderungswürdiger Weise in sich geschlossen. „War einmal der Grundsatz festgelegt, dass die Größe Gottes gleichzeitig die Nichtigkeit des Menschen bedeutet, konnte der Mensch nicht ohne Gott wieder auf die Füße gestellt werden.“[9]

Im Gegensatz zu Luther lehrt die Römische Kirche, dass der Mensch nicht völlig verderbt sei. Der Sündenfall habe ihn sittlich krank gemacht, aber er sei nicht tot. Der Mensch könne daher zur Errettung beitragen, indem er sein Herz dazu bereitet, die Gnade zu empfangen und so mit Gott im Prozess der Errettung zusammenwirkt. Da der Mensch mit Gott zusammenwirken könne, werden gute Werke zur Erlangung des ewigen Lebens unerlässlich. Als Kardinal Bernardin von Chicago die Römische Sicht der Errettung mit der Reformatorischen verglich, sagte er: „Wir sehen die Bekehrung als einen Prozess." Der Grund? Der Mensch wirkt ja beständig mit Gott zusammen im Werk der Errettung, einem Werk, das nie vollbracht und abgeschlossen ist.

Die reformatorische Lehre unterscheidet sich von der Römisch Katholischen darin, dass sie sagt, die Errettung sei eine freie Gabe Gottes und dass die Bekehrung zu einem Zeitpunkt stattfinde. Aber manche Evangelikale gleichen den Römisch Katholischen darin, dass sie denken, Gott suche zuerst den Glauben, den es braucht, um das Evangelium anzunehmen, und dass die Entscheidung darüber, wer errettet und wer verloren sei, beim Menschen stehe und nicht bei Gott. Luther und Calvin widersprachen dem.

Man kann die beiden Auffassungen vielleicht in folgendem Vergleich besser fassen: Die Römische Kirche und die heutigen Evangelikalen sehen den Menschen als einen Ertrinkenden, dem Gott in seiner Gnade ein Seil zuwirft. Ob der Ertrinkende nach dem Seil greift oder nicht, das liege an seiner eigenen freien Entscheidung und Bereitwilligkeit. Und hat er einmal das Seil gepackt, muss er es festhalten bis zum Schluss. Luther sah den Menschen als einen Ertrinkenden, der sich dessen ganz und gar nicht bewusst ist, ist er doch geistlich tot. Daher wird er nie nach Gottes Gnade greifen. Gott ist es, der nach seiner Wahl sich herab neigt und den Ertrinkenden herausreißt. Er tut es, indem er dem Toten Leben und damit den

Glauben gibt, der ihn rettet. Damit ist die Errettung ganz Gottes Werk.

Wer hat Recht? Ist es noch möglich, an einer Art Kompromisslösung zwischen den beiden Extremen festzuhalten?

Als Nächstes wenden wir uns der Kontroverse zwischen Calvinismus und Arminianismus zu, das heißt, dem Streit um die berühmten „fünf Punkte des Calvinismus“, die eigentlich Entgegnungen auf die fünf Punkte des Jakob Arminius waren, die sich über ein Jahrhundert später John Wesley zu Eigen machte. Die Debatte ist noch nicht verstummt.

Anmerkungen

1. Martin Luther, *The Bondage of the Will,* trans. Henry Cole (Grand Rapids: Baker, 1976), S. 36.
2. Erasmus, *The Diatribe* (Library of Christian Classics), 8:2.
3. Luther, S. 69.
4. Ebd., S. 69-70.
5. Gordon E. Rupp, *Luther and Erasmus: Free Will and Salvation* (Library of Christian Classics), 8:2.
6. Ebd., S. 59.
7. Luther, S. 183.
8. Ebd., S. 73.
9. Quoted in *Christian News*, 4. November 1985, S. 19.

Kapitel 11

Erwählung oder freier Wille: Calvin gegen Arminius

Die heutzutage im Zuge der Debatte freier Wille oder Erwählung am häufigsten erwähnten Namen sind Johannes Calvin und (im deutschsprachigen Raum weniger bekannt) Jakobus Arminius. Während die Debatte weiter läuft, nimmt sie immer wieder neue Wendungen.

Der in Frankreich gebürtige Johannes Calvin war Jurist, der seiner Neigung entsprechend nach seiner ersten Ausbildung humanistische Studien betrieb. Nach seiner plötzlichen Bekehrung musste er wegen der Unterdrückung des Luthertums seine Heimat verlassen. Er floh zuerst nach Basel, wo er 1536 (mit 27 Jahren) die erste Fassung seiner berühmten *Institutio Religionis Christianae* herausgab. Im gleichen Jahr wurde er, als er auf der Reise von Frankreich nach Straßburg unterwegs war, von Wilhelm Farel überredet, in Genf zu bleiben. Dort arbeitete er weiter an seiner *Institutio*, die im Lauf der Jahre zu einer umfassenden systematischen Theologie anwuchs. Für Jahrhunderte wurde es zu dem theologischen Lehrbuch des europäischen und nordamerikanischen Protestantismus. Calvin war selbst zutiefst überführt von der Unumschränktheit Gottes und der Gewissheit, dass sich in der Vorsehung und in der Erlösung Gottes Vorsatz verwirklicht.

Calvin war sich mit Luther einig, dass der Wille des natürlichen Menschen geknechtet ist. Von dieser Knechtschaft kann der Mensch nur durch Gott befreit werden, der einige zum ewigen Leben erwählt, während er die übrigen der Verwerfung überlässt. Diese Lehren nennt Calvin „Gottes ewigen Vorsatz, kraft dessen er in sich selbst beschlossen hat, was er mit einem jeden Menschen tun will ... Das ewige Leben ist für einige verordnet, die ewige Verdammnis für andere." Die Ursache für Gottes Wahl ist unergründlich, aber die Wahl ist nicht willkürlich. Hat Gott den Sündenfall vorherbestimmt? Calvin lehrt: ja, und er sagt, es sei ein furchterregendes Dekret (die entsprechende Stelle in der *Institutio* lautet: „Wie ist es gekommen, dass Adams Fall rettungslos so viele Völker samt ihren unmündigen Kindern in den ewigen Tod verwickelt hat? Gibt es einen anderen Grund, als dass es Gott so wohlgefallen hat? Hier müssen jene sonst so geschwätzigen Zungen verstummen. Es ist zwar ein furchtbarer Ratschluss, das gebe ich zu; aber dennoch wird niemand leugnen können, dass Gott, bevor er den Menschen schuf, zuvor gewusst hat, welchen Ausgang es nehmen würde, und dass er dies eben darum vorauswusste, weil er es in seinem Ratschluss so bestimmt hatte"; III, 23, 7; der Übers.).

Im 17. Jahrhundert protestierte ein niederländischer Theologe namens Arminius gegen den Calvinismus. Er war ein Schüler von Theodor Beza, dem Nachfolger Calvins als Vorsteher der Kirche in Genf. Arminius war zur Überzeugung gekommen, der menschliche Wille sei frei und Gottes Gnade gelte allen Menschen. Er und seine Anhänger beurteilten den Sündenfall gemäßigter und fassten ihre Ansichten in fünf Punkten zusammen, die dem Semipelagianismus näher sind als dem Calvinismus. Diese fünf Punkte umschreiben ziemlich genau, was die meisten Evangelikalen heute glauben.

Die Unterzeichner dieser Glaubenssätze nannte man „die Remonstranten" (sie remonstrierten, d. h. protestierten gegen die in den Niederlanden vorherrschende Gnadenlehre Calvins); ihre Aktion löste im gesamten europäischen Protestantismus heftige Debatten aus. Knapp zusammengefasst lauten die Lehrsätze der Remonstranten wie folgt:

1. Gott hat verordnet, alle die zu retten, die glauben und im Glauben ausharren würden; alle übrigen werden in Sünde und Verdammnis belassen.
2. Christus starb für alle Menschen, „so dass er durch seinen Tod am Kreuz für sie alle Erlösung und Vergebung der Sünden erlangt hat; dass aber keiner in den Genuss dieser Sündenvergebung kommt, außer der Glaubende“.
3. Der Mensch hat keine rettende Gnade aus sich selbst, noch auch vom Vermögen des freien Willens „da er ja, in seinem Zustand des Abfalls und der Sünde, aus sich heraus irgendetwas Gutes weder denken, wollen noch tun kann ... es sei denn, er werde aus Gott in Christus von neuem geboren“.
4. Ohne das Wirken der Gnade kann der Menschen nichts Gutes tun, aber die Gnade ist nicht unwiderstehlich, da Menschen dem Heiligen Geist widerstanden haben.
5. Die Glaubenden haben Teil am ewigen Leben und haben die Kraft, dem Satan zu widerstehen. Ob sie aber abfallen und verloren gehen können, ist eine Frage „die aus der Heiligen Schrift genauer erörtert und entschieden werden muss, bevor wir sie mit voller Überzeugung beantworten und lehren können“.

Die Ansichten beeinflussten John Wesley entscheidend. Wenn Gott allen Menschen seine vorlaufende Gnade gewährt, dann sind alle Menschen, dann ist jeder Sünder fähig, an das Evangelium zu glauben. Die Verderbtheit des Menschen macht den Glauben an Gottes souveräne Gnade nicht unerlässlich, wie die Calvinisten gesagt hatten. Gott gibt einem jeden Menschen genug Gnade, um den Auswirkungen seines Sündenverderbnisses entgegenzuwirken. Die Errettung geschieht aus Gnade, aber sie hängt auch am freien Willen des Menschen.

Die Synode von Dordrecht

Die Synode von Dordrecht in den Niederlanden wurde im Jahre 1618 einberufen, um auf die arminianische Herausforderung zu reagieren. Sie setzte sich aus 84 Teilnehmern und 18 politischen Abgeordneten zusammen, die aus Ländern wie Schottland, England und der Schweiz zusammengekommen war. Es wurden 154 Sitzungen neben einer großen Anzahl anderer Versammlungen abgehalten. Die Synode dauerte vom 13. November 1618 bis zum Mai 1619. Während dieser sechs Monate wurden die Fragen der Willensfreiheit und damit zusammenhängender Lehren gründlich untersucht. Die breite Repräsentanz der Anwesenden zusammen mit der Sorgfalt ihrer Arbeit machte Dordrecht zu einer einmaligen Synode in der gesamten Kirchengeschichte.

Die Synode verwarf die fünf Artikel der Remonstranten mit aller Entschiedenheit und hielt diesen die inzwischen berühmt gewordenen „fünf Punkte des Calvinismus" entgegen. In der angelsächsischen Welt (wo die Debatte zwischen Arminianern und Calvinisten immer sehr viel lebhafter geführt worden ist) hängt man sie gewöhnlich am Akronym TULIP auf, das für *Total depravity, Unconditional election, Limited atonement, Irresistible grace and the Perseverance of the saints* steht: Totale Verderbtheit, bedingungslose Erwählung, begrenzte Sühne, unwiderstehliche Gnade und Beharren der Heiligen. Die Synode befand, die Ursache, warum nur eine begrenzte Anzahl aus dem gefallenen Menschengeschlecht zum Glauben kommt, müsse im ewigen Ratschluss Gottes begründet sein.

Eine Gegenüberstellung der fünf Punkte

Es folgt eine kurze Erläuterung zu den fünf Punkten der Calvinisten und der Arminianer:

1. *Totale Verderbtheit.* Das bedeutet ganz einfach, dass der Mensch die Schuld von Adams Sünde erbt (Röm 5,12) und von Natur ein Kind des Zornes ist (Eph 2,3). Die Verderbnis der Sünde erstreckt sich auf seinen Verstand und auf seinen Willen; folglich sucht niemand Gott (Röm 3,11). Da der Mensch in Sünden und Übertretungen tot ist (Eph 2,1), muss Gott in ihm eine neue Geburt wirken und ihm sogar den Glauben geben, damit er überhaupt glauben kann.

Dem gegenüber lehren die Arminianer, dass der Mensch zu einem gewissen Grad verderbt sei, aber dass er genügend Gnade bekomme, um den Folgen der Verderbtheit entgegenzuwirken. Die Waagschalen befinden sich also etwa im Gleichgewicht. Der Mensch ist also trotz allem fähig, sich für das Heil zu entscheiden.

Die Synode von Dordrecht widersprach der Auffassung, rettende Gnade werde allen Menschen in gleicher Weise gewährt, weshalb ein jeder sich persönlich entscheiden müsse, ob er sie annehmen wolle oder nicht. Die Bibel redet zwar von allgemeiner Gnade (Sonne und Regen beispielsweise, Mt 5; siehe auch Apg 13), aber es wird nirgends gesagt, rettende Gnade werde allen gewährt. Es ist ganz sicher so, dass all jene Völker, die das Evangelium nie gehört, solche Gnade nicht empfangen haben. Man kann schwerlich behaupten, die Millionen von Muslimen hätten ein jeder einen gleicherweise freien Willen, der unentschieden zwischen Annehmen und Verwerfen Christi steht.

Die Arminianer sagen, der Mensch sei krank, die Calvinisten, er sei tot. Wäre er nur krank, dann genügte die allgemeine Gnade, um ihn zur richtigen Entscheidung zu bewegen. Ist er aber geistlich tot, muss der Lebensspender die Entscheidung für ihn treffen.

Georg Whitefield verglich den geistlichen Zustand des Menschen mit Lazarus, der tot im Grab lag.[1] Der Unbekehrte ist von Verderbnis und Tod umwickelt wie Lazarus von den Grabtüchern:

„Kommt, ihr toten, christuslosen, unbekehrten Leute! Kommt und seht den toten Lazarus ... sein toter, gebundener, begrabener, übelriechender Leichnam ist nur ein schwaches Abbild deiner Seele in ihrem natürlichen Stand ... Du bist an Händen und Füßen gebunden mit Verderbnis ... und du bist unfähig, dich aus diesem ekelerregenden Stand des Todes zu erheben ... du magst dich der Kraft deines eingebildeten freien Willens rühmen, der Energie moralischer Überzeugung und rationaler Argumente ... aber alle deine Anstrengungen erweisen sich als fruchtlos, nutzlos, bis dieser gleiche Jesus, der befahl: ‚Rollt den Stein weg!', und der rief: ‚Lazarus, komm heraus!', mit seiner mächtigen Stärke kommt, den Stein des Unglaubens wegwälzt, zu deiner toten Seele spricht, dich von den Fesseln der Sünde und Verderbnis losbindet und dich durch das Wirken des Geistes Gottes befähigt, aufzustehen und zu wandeln ..."

Christus verwendete selbst genau diese Analogie: „Denn gleichwie der Vater die Toten auferweckt und lebendig macht, also macht auch der Sohn lebendig, welche er will" (Joh 5,21).

Warum wird nun einer gerettet, während der andere verloren bleibt? Der Arminianer sagt, der Unterschied liege im Menschen selbst, wie Erasmus, der sagte, die gleiche Sonne, welche den Ton hart mache, mache den Wachs weich. Ich bin errettet und du nicht, weil mein Herz dem Bösen weniger zugeneigt war als deines.

Der Calvinist hingegen sagt, der Unterschied sei in Gott begründet. Jeglicher Unterschied in der Herzenshaltung liegt an Gottes Wirken am Herzen des Menschen. Da nun einige errettet werden, muss das daran liegen, dass Gott sie dazu erwählt hat. Arthur Pink, ein Calvinist, sagte: „Zu sagen, die Errettung entscheide sich an der Willigkeit des Sünders, Christus anzunehmen, ist so viel, wie einem Blinden eine Geldsumme anzubieten, unter der Bedingung, dass er sie zuerst sehe."[2]

So führt die Lehre von der totalen Verderbtheit des Menschen zur Lehre der bedingungslosen Erwählung, denn ein Toter kann für sich nicht das Gute wählen.

2. *Bedingungslose Erwählung.* Die Synode befand, dass die Erretteten nur deshalb errettet werden, weil Gott sie zum ewigen Leben erwählt hatte. Die übrigen werden der Verdammnis zum ewigen Tod übergeben.

Da die Errettung vollständig auf Gott beruht, kann niemand sagen, er habe Christus gewählt (oder: „sich für Christus entschieden"), weil er klüger gewesen sei als andere. Wer Christus gewählt hat, tat es, weil Gott ihn zuvor erwählt und durch seinen Geist belebt hatte, so dass er glauben konnte.

Calvinisten haben den Arminianern oft vorgehalten, sie würden wenigstens einen Teil der Ehre der Errettung für sich selbst in Anspruch nehmen. Aber die Arminianer leugnen nicht, dass der Mensch den Beistand der Gnade Gottes braucht zur Errettung. Wir erinnern uns an die Worte der arminianischen Remonstranten: Der Mensch hat keine rettende Gnade aus sich selbst, noch auch vom Vermögen des freien Willens „da er ja, in seinem Zustand des Abfalls und der Sünde, aus sich heraus irgendetwas Gutes weder denken, wollen noch tun kann ... es sei denn, er werde aus Gott in Christus von neuem geboren". Was sie leugneten, war die Auffassung, dieser Beistand werde erstens nur einem Teil der Menschen gewährt, und zweitens, er sei unwiderstehlich.

Wenn es letztlich an der Entscheidung des Menschen liegt, ob er Christus annimmt oder verwirft, was meinte Paulus dann, als er sagte, Gott habe uns in Christus erwählt vor Grundlegung der Welt? Die Arminianer sagen, Gott erwähle auf Grund seines Vorherwissens. Da Gott wisse, wer glauben werde, erwähle er diejenigen zuvor, die nachher glauben würden. Man führt 1. Petrus 1,1-2 als Beleg für diese Deutung an, weil dort geschrieben steht, die Gläubigen seien „erwählt nach Vorkenntnis Gottes, des Vaters". Arminianer betonen, dass es nicht Gott sei, der die Wahl einleitet, sondern wir sind es, die es wählen, erwählt zu werden.

Calvinisten verweisen darauf, dass das Wort *Vorkenntnis* nicht einfach „vorher wissen" bedeutet. Sowohl im Alten wie im Neuen Testament bedeutet es „mit Wohlwollen ansehen". Amos spricht die Worte Gottes aus: „Euch allein habe ich erkannt von allen Geschlechtern der Erde" (3,2). Auch das Neue Testament verwendet das Wort im Sinne von „zuvor lieben": „Gott hat sein Volk nicht verstoßen, das er zuvor erkannt hat" (Röm 11,2). Das Wort kann nicht lediglich bedeuten „im Voraus wissen", sondern es drückt Gottes besonderes Wohlwollen aus, wie eine Reihe anderer Stellen deutlich zeigen (Mt 7,23; 2Tim 2,19; 1Petr 1,20). Erwählt nach Vorkenntnis bedeutet folglich, erwählt zu sein auf Grund von Gottes Wohlwollen oder Wahl. Das erklärt, warum das Wort *Vorkenntnis* sich nie auf Dinge oder Ereignisse bezieht, sondern auf Personen.[3]

Paulus schrieb: „Wie er uns auserwählt hat in ihm vor Grundlegung der Welt, dass wir heilig und tadellos seien vor ihm in Liebe" (Eph 1,4). Auch andere Verse sagen uns, dass es Gott war, der erwählte (2Thes 2,13; Joh 15,16).

Arminianer haben erklärt, die Erwählung beruhe auf Vorkenntnis, weil Gott über der Zeit steht. Man will damit sagen, Gott existiere nicht in zeitlichen Dimensionen; für ihn ist alles ein ewiges *Jetzt*. Daher fand die Erwählung nicht vor der Grundlegung der Welt statt, sondern sie geschieht in Tat und Wahrheit jetzt.

Die Schwierigkeit mit dieser Erklärung ist die, dass sie zwei Wahrheiten leugnet, die die Bibel bekennt, nämlich dass es Gott ist, der erwählte, und dass die Erwählung vor der Schöpfung war. Glücklicherweise anerkennen die meisten Arminianer inzwischen, dass solche Lösungsversuche mehr verdunkeln als erhellen, wie Donald Carson sagt: „Die Spannung zwischen Souveränität und Verantwortung wird damit in keiner Weise gelöst. Es ist vielmehr ein Versuch, einen für uns dunklen Sachverhalt mit etwas noch Dunklerem zu erklären."[4]

Offensichtlich werden wir wieder auf die Frage nach der Willensfreiheit zurückgeworfen. Wenn der menschliche Wille frei ist, dann liegt es an ihm, ob er Christus annimmt oder ihn verwirft. Wenn hingegen Gott erwählt hat, dann wirkt er in den Herzen der Erwählten, damit sie zum Glauben kommen. Dann aber ist der Wille des Menschen nicht frei.

Unglücklicherweise bleibt uns nicht viel Raum für einen Kompromiss. Entweder erwählte uns Gott aus seiner Initiative heraus oder aber er erwählte uns, weil wir zuerst ihn erwählt hatten. Entweder wir sind tot und damit unfähig, zu unserer Auferweckung beizutragen, oder wir sind nur geistlich krank und können zu unserer Wiederherstellung beitragen.

3. *Begrenzte Sühne.* Dies bedeutet, dass Christus nicht die Sünden aller Menschen gesühnt hat, sondern sich stellvertretend nur für die Gemeinde, das heißt für die Erwählten in den Tod gab. Diese Lehre löst reflexartig lauten Protest von allen aus, die mit arminianischem Gedankengut groß geworden sind. Auf den ersten Blick scheint uns diese Meinung so verkehrt, dass wir uns wundern, wie überhaupt jemand so etwas glauben könne. Das Bekenntnis, „Christus ist für jeden einzelnen Menschen gestorben", gehört zum A und O aller Evangelisation.

Es ist daher wichtig, dass wir zu verstehen suchen, warum eine so bedeutsame Synode wie die von Dordrecht zum Ergebnis kommen konnte, Christus sei nur für die Erwählten gestorben.

Calvinisten lehren, dass diese Lehre notwendig sei, um nicht zwei grundlegende Eigenschaften Gottes anzutasten, nämlich seine Gerechtigkeit und die Lauterkeit seiner Absichten.

Das Argument lautet wie folgt: Angenommen, ich schulde dir tausend Mark, bin aber nicht in der Lage, meine Schuld zu bezahlen. Ein Freund von mir stellt sich aber ein und bezahlt für mich. Wäre es recht, wenn du noch immer darauf bestündest, dass ich dir die tausend Mark bezahle? Gewiss nicht. Wenn mein Freund meine Schuld beglichen hat, dann fordert es die Gerechtigkeit, dass ich schuldfrei bin.

Die Analogie ist klar: Wenn das Opfer Christi für alle Menschen bezahlt hat, dann müssen entweder alle Menschen errettet werden oder Gott verlangte in ungebührlicher Weise von Sündern, dass sie eine Schuld begleichen, die jemand schon bezahlt hat. Wenn Christus für die Sünden von Menschen bezahlt hat, die in der Hölle sind, dann ist Gottes Gerechtigkeit in Frage gestellt. Wie kann ein gerechter Gott verlangen, dass für die gleiche Schuld zweimal bezahlt werde?

„Aber", wenden wir ein, „die Bezahlung ist nur gültig, wenn sie akzeptiert wird." Die Calvinisten antworten, der springende Punkt sei der, dass Gott die Bezahlung durch Christus am Kreuz *schon* akzeptiert hat. Wenn er dort für die Sünden (man beachte: Mehrzahl) aller Menschen bezahlt hat, dann war auch der Unglaube eines jeden Ungläubigen in der Bezahlung inbegriffen und man dürfte dann von niemandem fordern, dass er für seine Sünden in der Hölle bezahle. Wenn der Herr am Kreuz auch für den Verrat des Judas bezahlte und der Vater das vom Herrn bezahlte Lösegeld annahm, warum sollte Judas dann für seine Sünde noch büßen müssen?

Der Arminianismus, der lehrt, dass Christus für alle Menschen gestorben sei, hat manchen zum Irrglauben verleitet, am Ende würden alle Menschen selig. Er war auch ein Bestandteil von Karl Barths Lehre von der Allversöhnung. Unsere Aufgabe sei es, den Menschen zu sagen, sie seien *schon* mit Gott versöhnt. Seine Logik rechnete vor: Wenn Christus für alle gestorben ist, dann werden alle errettet.

Georg Whitefield nannte die Lehre universaler Erlösung, wie sie die Arminianer lehren, gotteslästerlich, „der schlimmste Anwurf auf die Würde des Sohnes Gottes und das Verdienst seines Blutes".

Spurgeon wandte sich mit genauso kräftigen Worten gegen diese Auffassung. Wenn Christus für die Sünden aller Menschen gestorben ist, aber nur wenige errettet werden, dann war der Tod des Herrn aufs Ganze gesehen ein Fehlschlag. Er schrieb:

„Einige sind in die Lehre des universalen Loskaufs verliebt ... Wenn es aber die Absicht Christi war, einen jeden Menschen zu retten, wie jämmerlich ist er dann enttäuscht worden, denn es gibt einen Feuersee, und an diesen Ort der Qual werden auch solche Personen geworfen, die gemäß der Theorie von der universalen Erlösung durch das kostbare Blut Christi erkauft waren ... Wir können das Evangelium nicht predigen, wenn wir es nicht aufbauen auf der besonderen und partikularen Erlösung seines erwählten Volkes, welche Erlösung Christus am Kreuz vollbrachte.“[5]

Die Synode von Dordrecht bekannte, dass Christus bekam, wofür er bezahlt hatte. Als er am Kreuz starb, erlöste er ein besonderes Volk – er kaufte sein Volk los von ihren Sünden. Er bezahlte nicht das Lösegeld für alle Knechte der Sünde, um nur einen Bruchteil der Losgekauften zu seinem Eigentum zu machen. Michael Hort kleidete es in folgende Worte: „Es ist einerseits absolut notwendig, dass wir an Christus glauben und sein Opfer für unsere Sünden annehmen, andererseits wird niemand, für den Christus bezahlt hat, sein Opfer ablehnen. Die Mission Christi wurde erfüllt!“[6]

Der Ausdruck „begrenzte Sühne“ ist unglücklich, denn er gibt den Eindruck, der Tod Christi sei nicht so wirksam gewesen, wie allgemein angenommen. Nach der Meinung der Anhänger der Lehre von der „begrenzten Sühne“ oder „partikularer Erlösung“ – sie sollte eigentlich „gewisse Sühne oder Erlösung“ heißen – sind es die Arminianer, die die Wirksamkeit des Werkes am Kreuz begrenzen.

Spurgeon sagte, dass es die Arminianer seien, die die Erlösung begrenzen, denn sie behaupten, der Tod Christi habe die Errettung nicht eines einzigen Sünders sichergestellt. Christus hätte sterben und als Ergebnis keinen einzigen Sünder retten können, sagen die Arminianer. Das heißt doch, den Wert des Loskaufs des Herrn begrenzen, meint Spurgeon.

Arthur Pink fragt: „Was erhöht Christus mehr: eine Erlösung, welche die Errettung eines jeden einzelnen sicherstellt, für die sie vollbracht wurde, oder aber eine Erlösung, die damit endet, dass am Ende eine riesige Mehrheit, für die sie vollbracht wurde, in der Hölle bestraft wird? Welches Vertrauen können wir zu einem Christus haben, der nicht in der Lage ist, die zu retten, für die er starb?"

Wenn es stimmt, dass Christus starb, um eine bestimmte Anzahl von Menschen zu erlösen, nämlich alle die, die der Vater ihm gegeben hatte, dann ergibt sich daraus, dass alle Gläubigen vor zweitausend Jahren durch Christus am Kreuz erlöst wurden. Sie wurden dort von aller Schuld befreit, denn Gott nahm das Lösegeld an. Das Zertifikat unserer getilgten Schuld wurde uns an dem Tag gegeben, da wir zum Glauben an Christus kamen. Paulus sagt, dass genau aus dem Grund niemand gegen die Erwählten Gottes eine Klage vorbringen kann, da Christus für sie gestorben ist (Röm 8,34).

Aber lehrt denn die Bibel tatsächlich, dass Christus nur für die Erwählten starb? Es folgen einige Bibelstellen, die zeigen sollen, dass Christus mit der bestimmten Absicht kam, das Lösegeld nur für all jene zu geben, die Gott erwählt hatte:

> „... doch *um unserer Übertretungen willen* war er verwundet, *um unserer Missetaten willen* zerschlagen. Die Strafe zu *unserem* Frieden lag auf ihm, und durch seine Striemen ist *uns* Heilung geworden" (Jes 53,5; Hervorhebung durch den Autor).

> „Gleichwie der Sohn des Menschen nicht gekommen ist, um bedient zu werden, sondern um zu dienen und sein Leben zu geben als Lösegeld für *viele*" (Mt 20,28; Hervorhebung durch den Autor).

> „Habet nun acht auf euch selbst und auf die ganze Herde, in welcher der Heilige Geist euch als Aufseher gesetzt hat, die Versammlung Gottes zu hüten, welche er sich erworben hat durch das Blut seines Eigenen" (Apg 20,28).

> „Ihr Männer, liebet eure Frauen, gleichwie auch der Christus die Versammlung geliebt und sich selbst *für sie* hingegeben hat" (Eph 5,25; Hervorhebung durch den Autor).

Die Ehemänner sollten bereit sein, ihr Leben zu lassen für ihre Ehefrauen, genauso wie Christus es für die Gemeinde getan hat. Keiner von ihnen würde sein Leben lassen für eine falsche Geliebte. Die gemeinsame Aussage dieser Verse ist, dass Christus nicht kam, um sein Leben zu geben als Lösegeld für alle, sondern für viele, um „sein Volk zu retten von ihren Sünden" (Mt 1,21).

Die Arminianer verweisen ihrerseits auf Stellen, die scheinbar lehren, Christus habe in seinem Tod für die Sünden aller Menschen bezahlt. Als die vielleicht klarste Stelle wird 1. Johannes 2,2 angeführt: „Und er ist die Sühnung für unsere Sünden, nicht allein aber für die unseren, sondern auch für die ganze Welt" (1Jo 2,2; in der englischen Bibel wird ein Wort ergänzt: „... für diejenigen der ganzen Welt"; so auch bei Luther; im Griechischen steht das allerdings nicht; d. Übers.).

Calvinisten sagen uns, wir müssten den biblischen Gebrauch des Wörtchens *alle* oder *ganz* untersuchen, und uns jedesmal fragen, ob es jeweils jeden einzelnen Menschen in der Welt meine. Wenn der Herr beispielsweise sagt, er werde *alle* Menschen zu sich ziehen, dann kann das nicht bedeuten, dass alle Menschen in der ganzen Welt zu ihm kommen, sondern im Gegenteil: Die große Masse der Menschen wird nie zu ihm gezogen und geht verloren. Als Paulus sagte: „Denn gleichwie in dem Adam alle sterben, also werden auch in dem Christus alle lebendig gemacht werden“ (1Kor 15,22), dann kann das zweite *alle* niemals alle Menschen in der ganzen Welt bedeuten; denn ganz im Gegenteil: Es werden nur verhältnismäßig wenige Menschen in Christus lebendig gemacht. Solche Verwendung des Wortes *alle* oder *ganz* ist in der Bibel häufig. Vielleicht meinte Johannes, Christus sei das Lösegeld für alle in der Welt, die glauben, unabhängig von Nationalität und gesellschaftlichem Rang (W. Kelly hat diesen Vers anders, aber sehr einleuchtend erklärt in seiner Auslegung zum 1. Johannesbrief; d. Übers.). Man beachte diese Art von Verwendung von *ganz* oder *alle* in anderen Stellen (Kol 1,6; Röm 1,8; Lk 2,1).

Die Arminianer (und auch die so genannten „Vier-Punkte-Calvinisten“, die man so nennt, weil sie den gerade besprochenen der fünf Punkte ablehnen) beeindruckt das nicht. Sie glauben, dass Christus sein Blut für alle Menschen gab und dass er damit nur potentiell bezahlte. Ob die Bezahlung von Gott angenommen wird, das hänge davon ab, ob sich einer für Christus entscheide oder nicht. Lewis Sperry Chafer (der Gründer des Dallas Theological Seminary und Verfasser einer mehrbändigen systematischen Theologie; d. Übers.) verweist darauf, dass viele der Erwählten vor ihrer Bekehrung in offener Rebellion leben. Dies beweise, dass die Menschen nicht einfach durch die Tatsache des Todes Christi für sie errettet werden, sondern durch die göttliche Annahme und Anwendung des Werkes Christi an dem Tag, da sie zum Glauben kommen. Er will damit sagen, dass niemand auf Golgatha *wirklich*, sondern nur *potentiell* erlöst wurde. Das erkläre, warum Christus für alle sterben konnte, auch für jene, die nie glauben werden. Gott nimmt das Opfer Christus stückweise an, nach und nach wie die einzelnen Menschen zum Glauben kommen. Obwohl alle im Kaufpreis eingeschlossen waren, wird der Kaufpreis für den Einzelnen erst angenommen, wenn er die Botschaft annimmt.

Die Fünf-Punkte-Calvinisten wenden ein, Gott habe das Lösegeld vor zweitausend Jahren angenommen, als Christus am Kreuz sein Blut vergoss. Es sei nicht lediglich ein potentieller, sondern ein *tatsächlicher* Loskauf gewesen, der dort geschah: „Nachdem er durch sich selbst die Reinigung der Sünden bewirkt, hat er sich gesetzt zur Rechten der Majestät in der Höhe" (Hebr 1,3). Man beachte: Die Reinigung wurde am Kreuz vollbracht. Gott hat das Lösegeld für die Erwählten schon angenommen.

Die meisten Calvinisten glauben, dass der Tod Christi für alle genügte, aber dass die *Absicht* des Kreuzes nur die Errettung der Erwählten war. Wenn sich Gott vor aller Zeit vorgesetzt hat, nur einen Teil des Menschengeschlechts zu retten und den anderen Teil nicht, dann lag die Absicht des Kreuzestodes darin, nur diese Erwählten für Gott loszukaufen. Wir können wissen, ob wir zu diesen Erwählten gehören.

Hat jemand an die Lehre der partikularen Erlösung geglaubt vor der Synode von Dordrecht? Ja, es finden sich entsprechende Aussagen bei Leuten wie Justin, dem Märtyrer und Cyprian. Anselm sagte, dass Christus nicht für dich gestorben ist, wenn du im Unglauben stirbst. Tyndale schrieb, dass das Blut Christi nur die Sünden (man beachte: Mehrzahl) der Erwählten tilgt.

Wer am Thema interessiert ist, findet im Anhang eine Liste mit weiterführender Literatur.

4. *Unwiderstehliche Gnade.* Meiner Meinung nach sollten die Calvinisten diesen Ausdruck fallen lassen zu Gunsten von „wirksame Gnade". Der Ausdruck will einfach besagen, dass die errettende Gnade, die Gott seinen Erwählten zuwendet, immer wirksam ist. Alle Erwählten werden errettet, weil Gottes Gnade Gottes Werk ausführen wird, wie J. I. Packer

schrieb: „Die Gnade erweist sich als unwiderstehlich, gerade weil sie jede Neigung zum Widerstreben zertrümmert.“ Wie später erklärt werden wird, heißt das nicht, dass irgendjemand gegen seinen Willen errettet wird.

Wie erklären die Calvinisten jene Bibelstellen, die uns sagen, dass Menschen dem Heiligen Geist tatsächlich widerstrebt haben? Stephanus klagte die Juden an, sie stritten in ihrer Hartnäckigkeit beständig wider den Heiligen Geist (Apg 7,51). Der Unbekehrte tut es auf alle Fälle. Calvinisten antworten, dass Gott notwendigerweise denen, die er zum ewigen Leben erwählt hat, die Willigkeit zum Glauben gibt. Gottes Gnade wird den Widerstand der Erwählten überwinden.

Die Arminianer hingegen glauben, dass die errettende Gnade allen Menschen gewährt wird, und dass man ihr erfolgreich widerstreben kann.

5. *Beharren der Heiligen.* Diese Lehre ist das logische Ergebnis aller vorangegangenen calvinistischen Lehren. Sie bedeutet, dass alle Heiligen im Glauben beharren werden, weshalb keiner der Erwählten verloren gehen kann. Christus bezeugt: „Alles, was mir der Vater gibt, wird zu mir kommen, und wer zu mir kommt, den werde ich nicht hinausstoßen ... Dies aber ist der Wille dessen, der mich gesandt hat, dass ich von allem, was er mir gegeben hat, nichts verliere, sondern es auferwecke am letzten Tage“ (Joh 6,37.39).

Ironischerweise leugnete Arminius, der Mann, der am häufigsten mit der Lehre der Heilsunsicherheit in Verbindung gebracht wird, nicht das Beharren der Heiligen. Er dachte allerdings, die Sache könne diskutiert werden. Er war in der Sache nicht so sicher wie die Calvinisten.

Da sich aus dieser Lehre mehrere Fragen und Überzeugungen ergeben, braucht sie eine eingehendere Untersuchung. Ein ganzes Kapitel wird sie später aufgreifen.

Da der Calvinismus in der Dogmengeschichte eine so

wichtige Rolle spielt und dennoch heute nicht verbreitet ist, ist es angebracht, einige Missverständnisse klarzustellen. Es folgen einige der häufigsten Einwände gegen die berühmten „fünf Punkte“:

Einwände und Klarstellungen

Viele lehnen den Calvinismus ab wegen Missverständnissen, die man mit ihm verbindet. Die nachstehenden Erklärungen wollen den Leser nicht zum Calvinismus bekehren, sondern zeigen, wie ein Calvinist auf verbreitete Einwände gegen seine Überzeugungen antworten würde.

Erster Einwand: *Der Calvinismus macht den Menschen zur Marionette.* Wenn Gott den Willen des Menschen lenkt, dann sind wir nur Roboter, Kasperle, die von einer fremden Hand manipuliert werden.

Lehrt der Calvinismus solches? Die Vorstellung, Gott dirigiere den Menschen wie wir einen Computer, ist selbstverständlich der Bibel fremd. Marionetten und Computer haben keinen Willen; sie können weder lieben noch hassen. Der Mensch aber hat Empfindungen, einen Verstand, und, ja, auch einen eigenen Willen, mit dem er Entscheidungen trifft. Den Menschen zur Marionette zu erklären, heißt, ihn seiner Würde zu berauben.

Was aber veranlasst den Menschen zu den Entscheidungen, die er fällt? Der Theologe Jonathan Edwards aus Neu England (1703-1758) sagte, dass wir immer gemäß der gegenwärtig stärksten Neigung wählen. Wir haben das Verlangen zu stehlen, aber unsere Angst, erwischt zu werden ist vielleicht größer und hält uns dann zurück. Wir treffen unsere Entscheidung nach unserer dominierenden Neigung. Was führt einen Menschen zum Mord? Er fühlt vielleicht Zorn, hat

Rachegelüste oder sein Sinn für Gerechtigkeit treibt ihn, er meint, er müsse „eine Rechnung begleichen“.

Der Calvinist sagt nicht, dass Gott den Menschen programmierte, Böses zu tun. Der Calvinismus lehrt aber, dass die Wünsche des Menschen des Sündenfalls wegen verderbt sind und oft von Satan ausgenützt werden. Seine Neigungen sind damit direkt zum Bösen statt zum Guten gerichtet. Er begeht also ein Verbrechen, weil er es *will*. Er tut genau das, was er begehrt.

Daher sage ich vorzugsweise mit Jonathan Edwards, der gefallene Mensch handle *willentlich*, aber nicht frei. Das ist nicht das Gleiche. Freiheit bedeutet immer auch, dass man die Möglichkeit hat das Gegenteilige zu tun. Wäre der Mensch frei, könnte er von sich aus wählen, ein vollständig gerechtes Leben zu führen, oder er könnte zumindest von sich aus Christus wählen. Aber gerade das kann er nicht, also ist er nicht frei. Aber er wählt und handelt immer *willentlich*, er tut, was ihm gefällt. Der Trinker hat die Freiheit nicht, mit dem Trinken aufzuhören – ihm fehlt bezüglich seines Lasters der freie Wille. Aber obwohl er nicht frei ist, handelt er willentlich: Er geht in die Kneipe, weil er dahin *will*. Der gefallene Mensch folgt also zu einem Großteil seinen eigenen Entscheidungen. Er wird nicht von äußerlichen Kräften genötigt Böses zu tun, sondern tut es mit seiner eigenen Einwilligung. Jakobus sagt uns, wir sollten unsere Neigung zum Bösen nicht Gott zuschreiben: „Niemand sage, wenn er versucht wird: Ich werde von Gott versucht; denn Gott kann nicht versucht werden vom Bösen, und selbst versucht er niemand“ (Jak 1,13). Die bösen Begierden des Menschen steigen in seinem eigenen Herzen auf.

Darum sagt das Westminster Glaubensbekenntnis einerseits, dass Gott alles verordnet, was geschieht, „jedoch auf solche Weise, dass Gott dabei nie der Urheber von Sünde ist, noch auch dem Willen der Geschöpfe Gewalt angetan wird, noch auch der eigene Antrieb und die Nichtnotwendigkeit sekundärer Ursachen aufgehoben, sondern vielmehr bestätigt werden". Gott tut dem Willen des Menschen nie Gewalt an, indem er ihn zu etwas zwingt, das er nicht will. Wenn die Bibel sagt, dass Gott böse Menschen wie den Pharao erweckt, dann mag er nichts anderes getan haben, als dass er dem Leben des Pharao jeden heilsamen Einfluss entzog. Gottes Entscheidung, das zu tun, ist indessen die Ursache für die Herzensverhärtung des Pharao; denn Gott hätte sich entscheiden können, dem Pharao seine heilsamen Wirkungen *nicht* zu entziehen.

Die Bibel lehrt ausdrücklich, dass Gott die bösen Entscheidungen der Menschen verordnet. Im Falle des Judas ließ Gott zu, dass der Satan den Gedanken des Verrats dem Herzen des Judas eingab: „Und während des Abendessens, als der Teufel schon dem Judas, Simons Sohn, dem Iskariot, es ins Herz gegeben hatte, dass er ihn überliefere" (Joh 13,2). Dass Judas Christus verraten musste, wird aus den wiederholten Vermerken ersichtlich, dass all das geschah, „auf dass die Schrift erfüllt würde". Auch in solchen Fällen ist es vernünftig anzunehmen, dass Judas vorher schon viele trügerische Entscheidungen getroffen hatte, so dass das Wirken Satans ganz mit seinen eigenen Wünschen und Neigungen übereinstimmte. Das Gleiche gilt für alle die biblischen Beispiele, in denen Gott sagt, dass die Gottlosen das tun, was er zuvor verfügt hatte.

Der Calvinismus sagt, der Mensch sei so tief gefallen, dass er keinen natürlichen Antrieb besitze, Christus zu wählen. Dieses Verlangen kann nicht vom Menschen ausgehen, denn da ist keiner, der Gott sucht (Röm 3,1). R. C. Sproul, ein zeitgenössischer Theologe, sagt über den natürlichen Menschen: „Er verlor die Fähigkeit, Christus zu wählen. Um Christus zu wählen, muss der Sünder das Verlangen haben, ihn zu wählen. Entweder er hat dieses Verlangen schon in sich oder er muss es zuerst von Gott bekommen."[7] Da er nun dieses Verlangen nicht besitzt, muss es ihm von Gott gegeben werden. Christus lehrte, dass niemand zu ihm kommen könne, wenn ihm nicht das Verlangen dazu von seinem Vater gegeben werde.

Der Calvinismus fährt fort und sagt (und jetzt wird die Sache knifflig), Gott gebe die Neigung und die Fähigkeit Christus zu wählen einigen Menschen, nämlich den Erwählten. Gott nötigt aber niemanden, wenn wir darunter verstehen, dass er jemanden gegen seinen Willen rette.

Wir können es wählen, einem Dieb unser Geld zu geben, aber nicht, weil wir das *wollen*, sondern weil er uns die Pistole an die Brust hält. Das ist Nötigung. Selbstverständlich nötigt Gott keinen Menschen zum Glauben. Es gibt so etwas nicht, dass jemand nicht errettet werden will, aber Gott ihn trotzdem rettet, weil er erwählt ist. Noch hat es je einen Menschen gegeben, der errettet werden wollte, aber nicht konnte, weil er nicht erwählt war. Gott wirkt im Leben derer, die errettet werden sollen, überführt sie der Sünde und gibt ihnen den Glauben, damit sie an das Evangelium glauben können. *Er verändert ihre Neigung, so dass sie errettet werden, weil sie errettet werden wollen.*

Christus lehrte: „Alles, was mir der Vater gibt, wird zu mir kommen, und wer zu mir kommt, den werde ich nicht hinausstoßen" (Joh 6,37). Alle, die der Vater gegeben hat, kommen, und wenn sie kommen, werden sie nicht abgewiesen. Das treffende Wort von D. L. Moody trifft ins Schwarze: „Die Erwählten sind ‚ein jeder, der da will', und die nicht Erwählten, sind ein jeder, der da nicht will." Kein Calvinist hätte es besser sagen können.

Bedeutet das, Gott habe die Freiheit des Menschen verletzt? Ich muss es noch einmal betonen: Die Freiheit des gefallenen Menschen ist einseitig; das heißt: Er ist nur noch frei, die verschiedenen Varianten des Bösen zu wählen. Sogar das Gute, das er tut, ist unrein, so dass Gott es nicht annehmen kann. Die Freiheit, die er besitzt, ist also ganz begrenzt.

Ferner ist niemand von uns gefragt worden, ob er geboren werden wolle oder nicht, noch wählten wir uns unsere Eltern oder den Ort unserer Geburt aus. Da diese Dinge von Gott entschieden wurden, hat er doch wohl auch das Recht, die Neigungen des menschlichen Herzens so zu ändern, dass der Mensch an seinen Sohn glauben will.

Kein Gläubiger wird es bestreiten wollen, dass es Gott war, der in seinem Herzen wirkte, um ihn zum Glauben und zum Heil zu bringen. Wer die Überzeugung ablehnt, Gott bringe die zur Buße, die er dazu erwählt hat, sollten nicht vergessen, dass wir alle verloren wären, überließe uns Gott unserem „freien Willen".

Wenn du am Ertrinken und schon bewusstlos unter Wasser wärest, wärest du ganz zufrieden, wenn dich jemand rettete, obwohl er (und nicht du) die Entscheidung traf, dich herauszuholen. Natürlich ist bei der Errettung, anders als beim Ertrinkenden, unser Wille mit einbezogen. Aber der springende Punkt ist der, dass wir reagierten, weil Gott zuerst an uns wirkte und uns willig machte.

Zusammenfassend halten wir fest: Beide, Arminianer und Calvinisten sagen, dass Gott im Herzen des Menschen wirken muss, wenn einer errettet werden soll. Sie gehen aber in ihren Ansichten über das Ausmaß der göttlichen Intervention weit auseinander. Der grundsätzliche Unterschied ist der: Die Arminianer glauben, Gott könne nur „bitten" und „flehen", aber er könne nie im Herzen des Menschen in solcher Weise wirken, dass die Entscheidung sichergestellt wird. Calvinisten bestehen darauf, dass es zumindest einige Entscheidungen gibt, die auf Grund von Gottes Vorsatz sichergestellt sind. Zum Beispiel: Es kann nie ausbleiben, dass ein Mensch, den Gott zum Heil erwählt hat, zu Christus kommt. Ich zitiere erneut Johannes 6,37: „*Alles*, was mir der Vater gibt, wird zu mir kommen" (Hervorhebung durch den Autor).

Ich darf den Hinweis nicht unterdrücken, dass die Arminianer, die die Freiheit des Willens betonen, trotzdem beten, dass die Unbekehrten zu Christus kommen möchten. Ist das nicht ein stillschweigendes Eingeständnis, dass Gott die Macht hat, den menschlichen Willen zu verändern und Errettung zu bewirken? Wenn Gott „sich nicht in den Willen des Menschen einmischt" (wie es ein Arminianer ausdrückte), warum dann noch beten, dass Gott die Ungläubigen zum Retter ziehen möchte?

Die Stärke des Arminianismus liegt in seinem aufrichtigen Unterfangen, den freien Willen (und damit die Verantwortung des Menschen) zu bewahren und die Errettung von der Entscheidung des Menschen und nicht Gottes abhängig zu machen (und die Motivation dazu ist häufig die, dass jeder Vorwurf, Gott sei schuld am Elend des Menschen, erstickt werde). Die Stärke des Calvinismus liegt darin, dass er Gottes Vorsatz, eine bestimmte Anzahl zu erretten, gewiss macht. Er besteht darauf, dass alle Menschen geistlich tot sind, so dass die Ursache der Unterscheidung in Gott liegen muss, wenn einige zum Leben erweckt werden und andere nicht.

Wir müssen demütig genug sein um einzusehen, dass wir nie wirklich ergründen können, welchen Anteil Gott, der Mensch und Satan in den verschiedenen Entscheidungen haben, die wir als Menschen auf der Erde fällen. Der jeweilige Anteil kann in verschiedenen Situationen variieren. Der Calvinismus sagt, dass Gott entweder direkt oder indirekt im Menschenherzen wirkt, so dass zumindest einige Entscheidungen kraft seines Beschlusses sicher sind.

Zweiter Einwand: *Wie kann man den Menschen für seine Handlungen zur Verantwortung ziehen, wenn er nicht einen freien Willen hat?* Ist es recht, wenn Gott den Menschen zur Verantwortung zieht, da seine Natur doch verderbt ist? Wenn der Sünder sündigt, handelt er ja nur nach seiner vererbten Natur.

Jonathan Edwards versuchte auf diesen Einwand zu antworten, indem er zwischen „natürlicher Fähigkeit“ und „moralischer Fähigkeit“ unterschied. Der Mensch hat die natürliche Fähigkeit, gerechte Entscheidungen zu treffen, weil er einen Verstand, ein moralisches Bewusstsein und einen Willen hat. Was ihm fehlt, ist die *moralische* Fähigkeit, weil seine Disposition, seine Haltung böse ist.

Edwards würde sagen, dass es nicht recht wäre, wenn Gott einen Elefanten dafür rügte, dass er nicht fliegt, da das Tier ja keine Flügel hat. Aber der Mensch hat Flügel (d. h. die Ausrüstung, um richtige Entscheidungen zu treffen), doch ihm fehlt die Neigung, diese Ausrüstung richtig zu gebrauchen.

Pelagius lehrte, wie wir uns erinnern, dass der Mensch alles tun kann, was er tun soll. Paulus hingegen bekannte, dass er nicht tun konnte, was er tun sollte: „Denn was ich vollbringe, erkenne ich nicht; denn nicht, was ich will, das tue ich, sondern was ich hasse, das übe ich aus“ (Röm 7,15). Luther sagte, dass erst dann, wenn der Mensch erkennt, dass Gott von ihm Rechenschaft fordert für Dinge, die er nicht tun kann, er sich auf Gottes Erbarmen wirft.

Wie oben schon gesagt, lehrt der Calvinismus, dass die Menschen ihre Entscheidungen entsprechend ihren Neigungen treffen. Sie sind nicht „determinert“ wie die Marionetten. Die Menschen tun das, was sie wollen, und dafür werden sie verantwortlich gemacht. Es gibt sehr vieles, das sie *nicht tun können* – zum Beispiel Gerechtigkeit wirken. Aber sie sind auch verantwortlich für das, was sie *tun*.

Angenommen, Sie seien in einer tief verschuldeten Familie zur Welt gekommen, und die Verantwortung, die Schuld zu erstatten, fällt auf Sie, auch wenn die Schulden aus Zeiten lange vor Ihrer Geburt herrühren. Ebenso erben wir die Schuld Adams und Gott macht uns dafür verantwortlich. Wir werden nicht nur mit einer sündigen Natur geboren, sondern wir stehen von Geburt an auch unter dem Verdammungsurteil. Wir werden also für Sünden verantwortlich gemacht, die wir nicht persönlich begangen haben.

Wenn Sie protestieren, dann bedenken Sie, dass der Arminianismus an diesem Problem ebenso wenig vorbeikommt. Die Arminianer müssen zusammen mit den Calvinisten zugeben, dass Millionen von Menschen verlorengehen, obwohl sich ihnen die Wahl nie stellte, Christus anzunehmen oder abzulehnen. Gott wird diese Menschen auf der Grundlage ihrer Erkenntnis richten, auch wenn sie nichts vom Evangelium wissen. Die Verantwortung misst sich am Erkenntnisgrad eines jeden Menschen, wie auch die Arminianer zugeben müssen, nicht daran, ob einer die echte Gelegenheit hatte, Christus anzunehmen oder zu verwerfen.

Dritter Einwand: *Der Calvinismus lässt Gott widersprüchlich erscheinen.* Er bietet das Evangelium allen Menschen an, aber nicht alle können glauben. Luther erinnert daran, dass es einen „verborgenen Willen" Gottes gibt, der sich vom geoffenbarten Willen Gottes unterscheidet. Der geoffenbarte Wille ist, dass alle Menschen errettet werden sollen; der verborgene Wille aber ist, dass der Großteil der Kinder Adams verdammt werden sollen. Die Arminianer sagen nun, das dies nicht allein eine Widersprüchlichkeit in Gottes Wesen konstruiert, sondern uns Anlass gibt zu glauben, Gott sei unlauter und tückisch. Mit einer Hand biete er an, was er mit der anderen Hand vorenthalte. Was sollen wir von einem „verborgenen Willen Gottes" halten? Findet sich irgendwo ein Beispiel dafür, dass Gott Menschen zu Dingen aufforderte, von denen er wusste, dass sie sie nicht befolgen würden?

Er tat das dem Pharao gegenüber. Man lese mit aller Aufmerksamkeit: „Und der HERR sprach zu Mose: Wenn du hinziehst, um nach Ägypten zurückzukehren, so sieh zu, dass du alle die Wunder, die ich in deine Hand gelegt habe, vor dem Pharao tust. Und ich, ich will sein Herz verhärten, so dass er das Volk nicht ziehen lassen wird“ (2Mo 4,21).

Der geoffenbarte Wille Gottes war, dass der Pharao sein Volk ziehen lassen sollte. Seine verborgene Absicht war aber, dass das Herz des Pharao so verhärtet werden sollte, dass er das Volk nie würde ziehen lassen. Gott befahl dem Mose, von Pharao etwas zu fordern, von dem Gott wusste, dass dieser nie akzeptieren würde. War Gott in seiner Aufforderung, die er durch Mose an Pharao richtete, unaufrichtig? Nahm er mit einer Hand, was er mit der anderen zuerst offeriert hatte? Standen diese beiden Offenbarungen zueinander in Widerspruch?

Es gibt andere Beispiele. Hesekiel wurde zum Haus Israel gesandt mit einer Botschaft, obwohl Gott ihm vorher sagte, dass das Volk nicht auf ihn hören würde (Hes 3,4-11).

Jesaja sollte zum Volk sprechen, obwohl Gott sagte, dass er das Herz des Volkes dadurch verhärten werde (Jes 6,9-11). Christus sagte, dass Propheten und Weise zum Volk der Juden gesandt werden sollten, obwohl man sie nicht aufnehmen würde (Mt 23,34-36).

Calvinisten behaupten, dass es nicht Trug sei, wenn Gott den Menschen ein Angebot macht, obwohl er weiß, dass sie es ablehnen werden, ja, gar nicht annehmen können. Es wäre Trug, wenn das Angebot angenommen würde und Gott dann das Versprechen nicht einlöste. Gott kann das allgemeine Angebot als Grundlage für ein späteres Gericht verwenden, wie wir an den zitierten Bibelstellen sehen.

Übrigens trifft dieser Einwand auch den Arminianismus. Wenn Gott weiß, wer errettet werden wird und wer nicht (was die Armininaner zugeben), ist es dann nicht unlauter, wenn Gott das Heil Menschen predigen lässt, von denen er weiß, dass sie es nie annehmen werden? Und in der Tat: Wenn man sagt, Gott wisse, dass sie es nicht annehmen werden, kommt es nicht auf das Gleiche heraus, wie wenn man sagt, sie könnten es nicht annehmen? Gottes Vorkenntnis ist ja doch wohl nicht mangelhaft. Auf deutsch heißt das: Wenn Gott sagt, sie werden das Angebot nicht annehmen, dann *können* sie es auch *nicht* annehmen, ungeachtet der Ursache, weshalb sie es ablehnen.

Vierter Einwand: *Wie können wir die beiden Aussagen miteinander in Einklang bringen, Gott habe einige erwählt, und Gott wolle, dass alle Menschen errettet werden?* Paulus schrieb, dass Gott „will, dass alle Menschen errettet werden und zur Erkenntnis der Wahrheit kommen" (1Tim 2,4). Und Petrus sagt: „Der Herr verzieht nicht die Verheißung, wie es etliche für einen Verzug achten, sondern er ist langmütig gegen euch, da er nicht will, dass irgendwelche verloren gehen, sondern dass alle zur Buße kommen" (2Petr 3,9). Im Alten Testament lesen wir, dass Gott nicht den Tod des Gottlosen will.

Aber es besteht ein Unterschied zwischen Gottes *Vorsatz* und Gottes *Wunsch*. Wenn wir ein wenig überlegen, wird das uns sofort einleuchten. Gott hatte keine Freude am Tod seines Sohnes. Wir könnten sagen, er wünschte nicht einen so schrecklichen Tod für seinen Sohn, und doch war es sein Vorsatz, dass es geschehen sollte. Christus wurde durch die Hand von Gottlosen ans Kreuz geheftet, die damit alles taten, was Gottes Vorsatz „zuvor bestimmt" hatte (Apg 4,28). Das zeigt, wie Gott sein Verlangen zurückstellte. Er wünschte eine Sache und verordnete eine andere Sache. Wenn wir fragen warum, dann bleibt uns nur als Antwort, dass eine höhere Absicht erreicht werden musste. Diese Absicht verdrängte den Wunsch, seinem Sohn dieses Leiden zu ersparen.

Ebenso ist es Gottes *Wunsch*, dass alle Menschen errettet werden. Aber gleichzeitig lässt er es zu, dass ein größerer Teil der Menschheit verlorengeht. Wir wissen es einfach nicht, warum Gott seinen Wunsch, dass alle Menschen errettet werden, zurückstellte. Wir können aber dessen gewiss sein, dass es einem höheren Ziel untergeordnet sein muss, denn die Bibel sagt: „Der HERR hat alles zu seiner Absicht gemacht und auch den Gesetzlosen für den Tag des Unglücks" (Spr 16,4).

Fünfter Einwand: *Warum erwählte Gott nicht alle?* Calvinisten müssen auf Grund ihrer Theologie die Frage beantworten, wenn die Errettung an Gottes Gnadenwahl liegt, warum Gott dann nicht alle (oder zumindest mehr) zum Leben erwählte, wo er doch die Macht dazu hätte?

Hinter diesem Einwand steht die Annahme, Gott schulde einem jeden die Errettung. Aber die Calvinisten glauben, dass Gott nicht verpflichtet wäre, einen einzigen Menschen zu retten. Wenn er einige rettet, dann hat er sich damit nicht verpflichtet, alle zu retten. Wenn wir alle bekämen, was wir verdienen, dann wären wir alle verloren.

R. C. Sproul sagt, dass Gott nicht alle gleich behandelt. Gott erschien Hammurabi (dem König des altbabylonischen Reiches; d. Übers.) nicht in der gleichen Weise, wie er seinem Zeitgenossen Mose erschien. Gott gab Israel Segnungen, die er Persien nie gab. Christus erschien dem Paulus auf dem Weg nach Damaskus in einer Weise, in der er Pilatus nicht erschien. Dann fährt Sproul fort und sagt: „In seinem Heilsplan tut Gott nie etwas Böses. Er begeht nie eine Ungerechtigkeit. Einigen Menschen widerfährt Gerechtigkeit, sie bekommen also, was sie verdienen; andern hingegen widerfährt Barmherzigkeit."[8]

Warfield erinnert daran, dass Gottes Liebe notwendigerweise von Gottes Gerechtigkeit und von seinen ewigen Ratschlüssen bestimmt wird. Als Antwort auf die Frage, warum Gott nicht mehr Menschen rette, sagt Warfield, dass die alte Antwort noch immer die beste sei: „Gott rettet aus dem schuldigen Menschengeschlecht in seiner Liebe so viele, als ihm seine gesamte Natur zu erretten zugesteht." Er kann nicht rohe Gewalt üben und dabei seine anderen Eigenschaften und seine ewigen Absichten übersehen.

Im nächsten Kapitel werden wir sehen, dass der Arminianismus keine Antwort darauf hat, warum so wenige gerettet werden. Beide Systeme müssen die Tatsache akzeptieren, dass nur ein Bruchteil der Weltbevölkerung zur Erkenntnis von Christus als ihren Retter gelangen. Beide glauben, dass Gott die Errettung von sehr viel mehr Menschen hätte bewerkstelligen können, wenn das sein alles dominierendes Anliegen gewesen wäre. Mehr davon später.

Ich kann nicht genug betonen, dass sich Calvinisten mit den Arminianern darüber eins sind, dass ein jeder, der errettet werden will, errettet werden kann. Wir können es wissen, ob unser Name im Buch des Leben des Lammes vor Grundlegung der Welt steht (Off 13,8). Wir müssen zu Christus kommen und seine Verheißung lautet, dass er niemanden hinausstoßen wird, der zu ihm kommt (Joh 6,37).

Eine Gegenüberstellung der beiden Auffassungen

J. I. Packer ist ein Calvinist, dessen Vorwort zu John Alwins Buch *The Death of Death in the Death of Christ* (in Deutsch erschienen unter dem Titel: Leben durch seinen Tod) den Unterschied zwischen Calvinismus und Arminianismus sehr deutlich aufzeigt. Natürlich sind die Aussagen durch Packers eigenen Überzeugungen bedingt, denn er sagt, dass nur der Calvinismus ein korrektes Verständnis der Errettung geben kann.

Er sieht den Arminianismus als eine Lehre, nach der Gott „in stummer Machtlosigkeit“ vor unserer Herzenstür steht und darauf wartet, ob wir ihm die Tür öffnen wollen. Er fährt fort: „Wir haben unbußfertigen Sündern damit geschmeichelt, dass wir ihnen einredeten, es stehe in ihrer Macht, ob sie Buße tun und glauben wollen, obwohl Gott sie nicht dazu veranlassen könne." Denn der Arminianismus lehrt, dass nachdem Gott und Christus alles getan haben, was sie können oder wollen, es letztendlich an der Entscheidung des Menschen hängt, ob Gottes Vorsatz, den Menschen zu retten, sich verwirkliche oder nicht. Die Errettung ist damit Gottes Händen entwunden und in die Hände der Menschen gelegt worden.

Packer fordert uns auf, ein Evangelium zu predigen, dass die Selbstsicherheit des Menschen zertrümmert „und Sünder überzeugt, dass die Errettung ganz und gar ihren Händen entrissen ist, so dass ihnen nichts bleibt, als Verzweifeln an sich selbst und ein hilfloses Hoffen auf die glorreiche Gnade eines souveränen Retters, und zwar nicht allein, um Gerechtigkeit, sondern auch um Glauben zu erlangen".[9] Das ist natürlich Calvinismus.

Der Calvinismus geht uns nicht so ohne weiteres ein. John Wesley glaubte, dass er aus Gott einen Teufel mache oder vielmehr jemanden, der schlimmer ist als selbst der Teufel. Er und Whitefield, die zuerst enge Freunde gewesen waren, überwarfen sich wegen dieser Lehre. Wir wollen noch einen letzten Blick in diese jahrhundertealte Auseinandersetzung werfen.

Anmerkungen

1. George Whitefield's Sermons (New Ispwich: Pietan Publications, 1993) Bd. III, S. 225; die Predigt findet sich im Anhang von Otto Rieker, *Ruf an alle. Georg Whitefield, Bahnbrecher der modernen Evangalisation und Erweckungsträger in zwei Kontinenten,* Wuppertal, (R. Brockhaus Verlag: 1962). Falls wir uns fragen, wie denn ein Evangelist an erwählende Gnade glauben und trotzdem allen das Evangelium verkündigen könne, hat uns William Kelly etwas zu sagen:
„Der Christ predigt denen Christus, die Christus nicht haben, damit sie sich als verlorene Sünder zu Gott bekehren und als durch seine Gnade Gläubiggewordene errettet werden. Wir überlassen es den Arminianern, den freien Willen zu predigen und die Fähigkeit, die der Mensch besitze, umzukehren ...Wir wissen, daß wir Sklaven Satans und tot in unseren Sünden waren; und das ist ein Zustand, der sich mit ihrer schlechten Lehre nicht verträgt ... Diejenigen, die glau-

ben, empfangen die Vergebung ihrer Sünden und gehen als Seine Kinder in die Familie Gottes ein und sind durch das Wissen um ihre Erlösung sowie um ihre Erwählung durch souveräne Gnade getröstet. Alles Böse war ihr eigenes Böses; alles Gute ist von Gott ..." (William Kelly, *Scripture Treasury,* New Series vol. V, p.254; d. Übers).

2. Arthur Pink, *The Atonement* (Sterling, Va.: Reiner Publications, 1971), S. 245.
3. William Kelly sagt sehr treffend zu Röm 8,29: „Es ist wichtig zu bemerken, dass der Apostel nicht von passivem zur Kenntnisnehmen oder bloßem Vorherwissen Gottes redet, als ob Gott lediglich vorhergesehen hätte, was einige sein oder tun oder glauben würden. Seine Vorkenntnis bezieht sich auf Personen, nicht auf ihren Zustand oder ihr Verhalten; es heißt darum nicht, was, sonderen die er zuvorerkannt hat." (*Notes on the Epistle to the Romans,* Bible Truth Publishers, S. 153; d. Übers.)
4. Donald A. Carson, *Divine Sovereignity and Human Responsibility* (Atlanta: John Knox Press, 1981), S. 210.
5. Zitiert in: Michael Scott Horton, *Mission Accomplished* (Nashville: Nelson, 1986), S. 173. Eine ähnliche Bemerkung erscheint in Spurgeons Predigt über Jesaja 53,10: *A Treasury of the Old Testament* (Grand Rapids: Zondervan, 1962), 3, S. 751.
6. Horton, S. 89.
7. R. C. Sproul, *Chosen by God* (Wheaton, Illinois: Tyndale House, 1986), S. 61.
8. Ebd., S. 37.
9. J. I. Packer in: John Owen, *The Death of Death in the Death of Christ* (London: The Banner of Thruth Trust, 1959), S. 1-25.

Kapitel 12

Erwählung oder freier Wille: Whitefield gegen Wesley

George Whitefield muss als einer der größten Evangeliumsverkündiger der gesamten Kirchengeschichte angesehen werden. Als er erst 22 Jahre alt war, brachen in und um London durch seine Verkündigung Erweckungen aus. Damals waren John und Charles Wesley als Missionare in Georgia, der südlichsten der britischen Kolonien Nordamerikas. Beide scheiterten vollständig. Einige Monate nach ihrer Rückkehr in die Heimat kamen sie zum Glauben, zuerst Charles, dann John. Letzterer erlebte die Bekehrung während eines Treffens an der Aldersgate, als dort Luthers Vorrede zum Römerbrief vorgelesen wurde. Aber auch danach blieb er von persönlicher Ungewissheit und lehrmäßiger Unsicherheit befangen.

Whitefields Arbeit hatte indessen solche ungeheuren Wirkungen gehabt, dass Charles Wesley in sein Tagebuch schrieb: „Ganz London und die gesamte Nation hallen wider von den großen Dingen, die durch seinen Dienst geschehen sind." Whitefield kannte die Wesleys von ihren gemeinsamen Jahren in Oxford und daher lud er John ein, sich ihm in der Predigt im Freien anzuschließen. Er führte ihn in das Werk in und um Bristol ein, schärfte aber seinem Freund zuvor ein, sich auf keinen Fall zu Streitgesprächen hinreißen zu lassen „am allerwenigsten über die Prädestination, da die Leute hier so stark an dieser Lehre hängen". Aber Wesley begann entgegen dieser Warnung gegen die Lehre der Erwählung zu predigen und griff damit eine Überzeugung an, die in Whitefields Denken und Glauben langsam anfing Gestalt zu gewinnen.

Als Whitefield 1739 nach Amerika segelte, übergab er seine riesigen Versammlungen der Betreuung Wesleys. Er konnte nicht ahnen, dass Wesley während seiner Abwesenheit diese gegen ihn aufbringen würde, indem er ihnen die beiden Lehren von der christlichen Vollkommenheit und vom freien Willen und möglichen Abfallen der Gläubigen einbläute. Wesley hatte eine gigantische Abscheu vor der Lehre der Erwählung und begann, gegen diese öffentlich vom Leder zu ziehen. So wurde der Mann, der den Calvinismus verabscheute, zum Leiter der Erweckungsbewegung, die durch Whitefield, den Calvinisten, ausgelöst worden war.[1]

Kurz nach Whitefields Abreise nach Amerika hielt Wesley seine Predigt gegen die Lehre der Erwählung und zwar ausgerechnet unter dem Titel „Freie Gnade". Sie wurde auch in Amerika gedruckt und auf diese Weise bekam Whitefield sie zu Gesicht. Als Whitefield wieder nach England zurückgekehrt war, musste er feststellen, dass Wesley die Leute, die durch ihn zum Glauben gekommen waren, so gegen ihn aufgestachelt hatte, dass sie sich demonstrativ die Hände vor die Ohren hielten und an ihm vorbeigingen, wenn er zu predigen begann. Wesley hatte die Leute vor seiner „Irrlehre" gewarnt und gesagt, sie sollen nicht einmal in Hörweite des Verkündigers von Prädestination kommen. Whitefield begann sein evangelistisches Werk neu aufzubauen, aber überall, wo er gepredigt hatte, folgte ihm Wesley bald hinterher und säte Zerwürfnis über die Lehre der Erwählung. Als Charles eines Tages seinen Bruder John zu sich rufen wollte, antwortete dieser: „Ich kann jetzt nicht kommen, ich muss hinter Mr. Whitefield her und zusammenlesen, was liegen geblieben ist."

Was war der Inhalt der Predigt „Freie Gnade", die den Bruch zwischen Wesley und Whitefield bewirkte?

Wesley sagt dort, der Calvinismus lehre, dass auf Grund

eines göttlichen Dekrets der größte Teil der Menschheit im Tod gefangen sei und keine Möglichkeit der Erlösung habe. Keiner könne diese gewaltigen Massen retten außer Gott, aber Gott wolle sie nicht retten: „Gott hat in absoluter Weise verordnet, sie nicht zu erretten? Was aber ist das anderes, als dass er verordnet hat, sie zu verdammen. Es ist in Wirklichkeit weder mehr noch weniger. Es kommt auf dasselbe heraus ... Nennt es, wie ihr wollt: Erwählung, Auslassung, Vorherbestimmung oder Verwerfung, es kommt am Ende alles auf das gleiche heraus: Kraft eines ewigen, unveränderlichen und unwiderstehlichen Ratschlusses Gottes wird ein Teil der Menschheit unfehlbar gerettet und der andere Teil unfehlbar verdammt."

Er folgerte daraus, dass damit alles Predigen sinnlos sei: „Es ist unnötig für die Erwählten und fruchtlos für die Nichterwählten." Die Predigt des Evangeliums wird durch diese Lehre unnötig gemacht.

Wesley nannte die Prädestination eine Lehre „voller Gotteslästerung". Sie stelle unseren gepriesenen Herrn dar „als einen Heuchler, einen Verführer der Menschen, einen Mann, der nicht einmal gemeine Aufrichtigkeit besitzt." Er beschuldigte Whitefield: „Du stellst Gott dar als jemanden, der schlimmer ist als der Teufel; verlogener, grausamer und ungerechter ... Du sagst, du wollest deine Lehre mit der Bibel beweisen! Wie? Was willst du mit der Bibel beweisen? Dass Gott schlimmer sei als der Teufel? Wie soll das zugehen?"

Wesley hatte damit noch nicht alles gesagt. Er wandte sich dann an die Adresse des Teufels:

„Du Tor, was rasest du noch? Du lauerst so sinnlos und nutzlos den Seelen auf, wie wir predigen. Hörst du nicht? Gott hat dir deine Arbeit abgenommen? Er tut es jetzt wirksamer als du. Du kannst mit all deinen Fürstentümern und Gewalten nur so angreifen, dass wir dir widerstehen

können; er vermag aber unwiderstehlich sowohl Leib als Seele in der Hölle zu verderben. Du kannst nur umgarnen; aber sein unveränderlicher Ratschluss, Tausende von Seelen im Tode zu belassen, nötigt sie, in der Sünde zu verharren, bis sie in die ewigen Flammen stürzen. Du versuchst uns; er zwingt uns, verdammt zu werden: denn wir können seinem Willen nicht widerstehen. Du Tor, was gehst du noch umher, suchend, wen du verschlingest? Hörst du nicht, dass Gott der verschlingende Löwe ist, der Verderber der Seelen, der Menschenmörder? Moloch ließ die Kinder nur durchs Feuer gehen, und dieses Feuer erlischt bald; oder wenn der vergängliche Leib verzehrt war, war das Leiden beendet. Lass dir jetzt aber sagen: Gott hat durch seinen ewigen Vorsatz festgelegt, dass Kinder, bevor sie Gutes oder Böses getan haben, mitsamt ihren Eltern ins Feuer der Hölle gehen müssen, ‚wo das Feuer nicht erlischt'. Und der Leib, der in dieses Feuer geworfen wird, wird sich ewig aufzehren, aber nie aufgezehrt werden, sondern ‚der Rauch ihrer Qual steigt auf von Ewigkeit zu Ewigkeit', weil dies Gottes Wohlgefallen ist.“[2]

Vielleicht ist nie eine vernichtendere Verurteilung des Calvinismus geschrieben worden. Es schien Wesley so klar wie der Tag, dass der Arminianismus die richtige Lehre sei, so dass er seine gedruckte Predigt nur auf ein schmales biblisches Fundament stellte. Er berief sich auf die Tatsache, dass das Evangelium allen Menschen gepredigt wird und das war für ihn Beweis genug, dass der Mensch und nicht Gott entscheidet, wer errettet wird.

Wenn aber Augustin, Luther, Calvin (auch Wycliffe, Tyndale und alle englischen Reformatoren, Zwingli, Butzer und Melanchton, sowie die Täufer, Bunyan, Gill und später Carey), die puritanischen Pilgerväter und Jonathan Edwards alle Gotteslästerung lehrten, wie kann das ihnen allen entgangen sein und wie können sie sich dazu haben verführen lassen? Dies waren alles Leute, die die Bibel mit Ernst studiert hatten. Hatten sie etwas übersehen? Gott zum Teufel zu deklarieren ist nun wirklich keine Kleinigkeit. Vielleicht sollten wir uns sorgfältiger ansehen, was der Calvinismus lehrt und warum.

Bevor wir einige der strittigen Punkte zusammenfassen, sollten wir die calvinistisch-arminianische Kontroverse in Amerika berücksichtigen.

Der Niedergang des Calvinismus in Amerika

Die Puritaner, die einen so bestimmenden Einfluss auf das religiöse Leben in den Kolonien hatten, waren Calvinisten, die an die Vorherbestimmung und an die Unfreiheit des Willens glaubten. Das erste große Erwachen (1740-1760) war calvinistisch geprägt (denn die beiden Hauptwerkzeuge hießen Jonathan Edwards und George Whitefield) und betonte die Souveränität Gottes in der Errettung von Seelen. Vielen ist Jonathan Edwards und seine Predigt über den Sünder in den Händen eines zürnenden Gottes wenigstens dem Namen nach geläufig.[3] Eines seiner gelehrtesten Werke ist die Schrift *A Careful and Strict Inquiry into the Prevailing Notions of the Freedom of the Will* – Eine sorgfältige und strenge Untersuchung der vorherrschenden Vorstellungen von der Freiheit des Willens. Diese allein weist ihn als einen der größten Theologen Amerikas aus. In dieser Schrift, die er in fünf Monaten niederschrieb, nachdem er ein Leben lang über das Problem nachgedacht hatte, legt er schlüssig dar, wie der Arminianismus logisch unmöglich ist. Der Wille ist nicht frei.

Aber zur Zeit des zweiten Großen Erwachens (1790-1840) war der Calvinismus verdrängt, besonders durch den Einfluss des Erweckungspredigers Charles Finney, der Pelagius viel näher stand als Augustin oder Calvin. Er war es, der den Ruf, nach vorne zu kommen, zum festen Bestandteil amerikanischer Evangelisationsmethoden machte. Mit ihm ist die amerikanische Theologie bis heute eine andere geworden.

Dr. Oliver Wendell Holmes vom Amerikanischen Bundesgerichtshof ist als der Mann bekannt geworden, der den moralischen Relativismus in die Auslegung der Verfassung einführte. Er ist auch dafür bekannt, dass er sich rühmt, den Calvinismus in Amerika am 1. November 1855 hingerichtet zu haben. Er hatte gegen den Calvinismus rebelliert, den sein Vater, ein Pastor der *First Congregational Church* (der Denomination von Jonathan Edwards; d. Übers.) in Cambridge, Massachusetts, gepredigt hatte. Er schrieb den Nachruf auf den Calvinismus, und zwar in einem Gedicht mit dem Titel *„The Wonderful ‚One-Hoss Shay'"* – *„Der wunderbare Einspänner"* (wobei Hoss dialektal für horse, Pferd, und Shay familiär für Kutsche – schwäbisch etwa Wägele – steht), das den Zerfall jenes theologischen Systems darstellte. Wie ein Einspänner brach der Calvinismus eines Tages plötzlich zusammen.[4]

Have you heard of the wonderful one-hoss shay,
That was built in such a logical way
It ran a a hundred years to a day,
And then, of a sudden, it – ah, but stay
I'll tell you what happened without delay,
Scaring the parson into fits,
Frightening people out of their wits.
Have you ever heard of that, I say?

(Kennst du die Geschichte vom wunderbaren Einspänner,
der so logisch gebaut war,
dass er auf den Tag einhundert Jahre hielt?
Dann ganz plötzlich,

was geschah? So rasend schnell,
dass der Pastor einen Anfall bekam
und die Leute vor Schreck den Verstand verloren?
Kennst du die Geschichte?)

Das Gedicht erzählt dann, wie der Einspänner, der hundert Jahre vorher gebaut worden war, plötzlich zusammenbrach:

All at once, and nothing first.
Just as bubbles do when they burst.
End of the wonderful one-hoss shay.
Logic is logic. That's all I say.

(Ganz plötzlich und ohne Grund –
wie Blasen platzen,
war's aus mit dem Einspänner.
Logik ist Logik. Das war meine Geschichte.)

Wenn der Calvinismus am 1. November 1855 starb, dann war es zum großen Teil das Ergebnis von Finneys organisierter Erweckungspredigt (*revivalism*). In seiner Reaktion gegen den damaligen Calvinismus gab Finney der Gnade Gottes in der Errettung einen sehr kleinen Stellenwert, statt dessen predigte er die Fähigkeit des Menschen, sein eigenes Schicksal zu bestimmen. Er glaubte, das Tausendjährige Reich stehe vor der Tür. Die Menschen könnten eine Erweckung erzeugen, wann immer sie dazu bereit seien: „Eine Erweckung ist nicht ein Wunder und auch nicht abhängig von einem Wunder. Es ist das reine Ergebnis vom rechten Gebrauch der verfügten Mittel."

Finney glaubte mit Pelagius, dass der Mensch alles zu tun vermöge, was ihm befohlen ist. Er hielt eine umstrittene Predigt mit dem Titel: *„Sinners Bound to Change Their Own Hearts"* (Sünder – verpflichtet, ihr eigenes Herz zu verändern). Er behauptete in ihr, der Mensch sei nicht so tief gefallen und so verderbt, wie die Calvinisten immer gesagt haben. Die menschliche Natur sei nicht hoffnungslos böse, sondern sie könne sich bessern. Wenn in einem Kind die Sünde sich zu regen anfängt, dann „ist es gänzlich das Ergebnis der Versuchung zur Selbstsucht, die aus den Umständen ersteht, in denen das Kind heranwächst". Wenn wir die Versuchungen fernhalten könnten, würde die menschliche Natur sich bessern.

Der Arminianismus von Finney ging so weit, dass er sagte, Gott hätte das Eindringen der Sünde in die Welt gar nicht verhindern können. Sünder könnten die Macht Gottes vereiteln, indem sie ihre Herzen gegen das Wirken des Geistes verhärten. Er beschuldigte die Calvinisten der Inkonsequenz, wenn sie predigten, Sünder sollen Buße tun, und in der gleichen Botschaft verlauten lassen, sie seien unfähig dazu. Zu behaupten, der Sünder könne von sich aus gar nicht Buße tun, heißt Gott grenzenloser Tyrannei bezichtigen.

Die heutigen Evangelikalen stehen zum größten Teil mehr auf der Seite von Finney als auf der Seite von Edwards und Whitefield. Die meisten von uns haben gelernt, der Satan stelle seinen Anspruch auf unsere Seele, und Gott stelle ebenso seinen Anspruch an unsere Seele; wir seien es, die das Patt auflösen. Gemäß der weitverbreiteten Meinung, Gott berücksichtige immer unseren „freien Willen", hört man immer wieder Evangelisten sagen: „Du musst dich ganz allein entscheiden; keiner nimmt dir die Entscheidung ab, nicht einmal Gott. Es hängt ganz an dir."

Uns gefällt der Glaube an den freien Wille natürlich viel besser als mit Augustin, Luther, Calvin, Edwards und Whitefield zu glauben, unser Wille sei gebunden. Wenn der Arminianismus eine befriedigende Antwort darauf geben kann, wie Gott mit dem Menschen umgeht, und wenn er biblisch belegen kann, dass der Mensch tatsächlich einen nicht geknechteten Willen hat, dann wird man ihn gerne dem Calvinismus vorziehen. Niemand will Gott als jemanden sehen, der schlimmer ist als der Teufel.

Warum ist der Arminianismus ansprechender? Erstens scheint er eine akzeptablere Antwort auf das Problem des Bösen zu bieten. Die Calvinisten sagen, Gott *verordne* das Böse, während die Arminianer sagen, Gott lasse es lediglich zu. Das scheint Gott vor dem Vorwurf der Willkür und Tyrannei zu bewahren.

Zweitens scheint der Arminianismus sich besser mit der Liebe Gottes zu vertragen. Das Bild von einem Gott, der so viele rettet, wie er zu retten vermag, ohne den freien Willen des Menschen anzutasten, verträgt sich mit Liebe, die Idee, Gott habe nur wenige zum ewigen Leben verordnet, hingegen nicht.

Schließlich sagen die Arminianer, die Bibel lehre die Freiheit des Willens. Gott wirke im Herzen des Menschen, er flehe Sünder an, sich retten zu lassen, aber er bestimme ihre Entscheidungen nie. Das sei es, was dem Missionsbefehl seine Kraft gebe.

Sehen wir uns diese Behauptungen an.

Die Vorteile des Arminianismus

Wesley und Whitefield wurden beide trotz ihren diametral verschiedenen Ansichten über die Erwählung von Gott in außergewöhnlicher Weise gebraucht. Vor seinem Tod sprach Whitefield den ausdrücklichen Wunsch aus, dass Wesley an seinem Grab predigen möchte. Er wollte damit ein Zeichen für die Einheit unter den Gläubigen setzen. Wesley nahm die Einladung an und hielt einen großartigen Nachruf auf seinen Freund George Whitefield. Er beschrieb ihn als einen Menschen von unvergleichlichem Eifer, Herzensgüte und Menschenliebe. Woher hatte er seine Lauterkeit, seine Aufrichtigkeit, seinen Mut, seine Geduld und alle anderen löblichen

Eigenschaften? Wesley sagte: „Es lag nicht etwa an irgendwelchen Vorzügen seiner Wesensart, nicht an seiner außergewöhnlichen Einsicht, es war nicht die Frucht seiner Erziehung und Bildung, nein ... Es war einzig und allein sein Glaube an einen Herrn, der für ihn verblutet war ... Es war die Liebe Gottes, ausgegossen in seinem Herzen durch den Heiligen Geist, welche seine Seele mit selbstvergessener Liebe zu einem jeden Menschenkind erfüllte."[5]

Wesley hoffte, dass die Feindschaft zwischen den beiden theologischen Lagern aufhören werde, und das ist natürlich auch eine äußerst wichtige Lektion für uns alle. Der Leib Christi ist schon durch zu viele Zerwürfnisse zerrissen, die unser Zeugnis gegenüber der Welt schwächen. Obwohl sowohl Arminianer und Calvinisten fest von auf ihren jeweiligen Position bestehen und davon überzeugt sind, dass sie für rechte Jüngerschaft und Evangelisation entscheidend sind, werden beide Gruppen von Gott gebraucht.

Die Arminianer wundern sich, wie denn ein Mensch überhaupt Calvinist sein könne; die Calvinisten wundern sich, wie man überhaupt Arminianer sein könne. Auf den nächsten Seiten wollen wir die Vorteile des Arminianismus beleuchten und jeweils eine calvinistische Beurteilung beifügen. Damit soll niemand zum Calvinismus bekehrt werden, sondern es geht darum, in knappen Zügen zu erklären, warum die Calvinisten glauben, dass der Arminianismus trotz seiner anfänglichen Attraktivität biblisch und logisch Schwierigkeiten erzeugt. Da der Calvinismus in der Geschichte Europas und Amerikas eine so dominierende Rolle gespielt hat, ist es wichtig, dass wir ihn ein wenig kennen, auch wenn er auf den Kanzeln nicht populär ist. Welches also sind die Vorzüge des Arminianismus?

Erster Vorzug: *Gott verordnet das Böse nie*, sondern er lässt es nur zu, und zwar wegen des freien Willens seiner Geschöpfe. Der Calvinismus sagt jedoch, Gott verordne das Böse, und erklärt damit Gott zu einem Wesen, der das Leiden des Menschen will. Der Arminianismus schützt Gottes guten Ruf, der Calvinismus hingegen nicht.

Clark Pinnock, ein zeitgenössischer Arminianer, sagt: „Der Calvinismus macht aus Gott einen Terroristen, der umhergeht und Folter und Katastrophen verhängt und will, dass Menschen Dinge tun, von denen die Bibel sagt, dass Gott sie hasse.“[6] Er führt dann als Beispiel jenen Wahnsinnigen an, der in einer Pommes-Bude zwanzig Menschen umbrachte. Das seien die Grausamkeiten, die gemäß calvinistischer Lehre von Gott verordnet worden sind. Was Pinnock zu glauben scheint, ist, dass diese Dinge geschehen, weil Gott den freien Willen des Menschen nie antastet. Man müsse also sagen: „Gott lässt solche Verbrechen zu“, aber er habe sie keineswegs verordnet. Damit wird also Gottes guter Ruf geschützt.

Den Calvinisten überzeugen solche Argumente nicht. Sogar wenn wir allen Menschen den von Pinnock gewünschten freien Willen zugestehen, so hätte Gott das Geschehen doch verhindern können. Der Wahnsinnige hätte in der Nacht davor im Schlaf sterben oder am Morgen krank erwachen und im Bett bleiben oder seine Maschinenpistole hätte Ladehemmung haben können. Oder Gott hätte ihn vor der Macht Satans bewahren können, der ihm doch diese Schreckenstat eingegeben haben muss. Die meisten Arminianer würden zustimmen, dass eine ganze Menge von Möglichkeiten offengewesen wären, um dieses Verbrechen zu verhindern, ohne dass Gott den freien Willen des Menschen angetastet hätte.

Wenn Gott menschliches Leid nicht will, was sollen wir dann vom Erdbeben in Mexiko City halten, das nicht 20 sondern 20 000 Menschen tötete? Die ganze Stadt war nachher betäubt vor Schmerz und Kummer und alles wurde ausgelöst durch eine geologische Falte. Hätte Gott das nicht verhindern können, ohne den freien Willen der Arminianer anzutasten? Was für einen Trost bringen den Betroffenen alle Beteuerungen, Gott habe das Leid nicht verordnet, sondern nur zugelassen?

Angenommen ich stehe dabei und sehe, wie ein Mann ein Rad wechselt. Gerade als er unter sein Auto kriecht, um einen Tropfen Öl wegzuwischen, bricht der Wagenheber und das Auto fällt auf ihn. Ich stehe immer noch da und sehe, wie der Mann langsam stirbt, dabei habe ich einen Kran und eine Seilwinde an meinem Kleinlaster. Zur Rede gestellt, rechtfertige ich meine Passivität damit, dass ich den Tod des Mannes nicht verordnete, sondern ihn nur zuließ. Er sei ja auch nach seinem eigenen freien Willen unter den Wagen gekrochen. Enthebt mich das der Verantwortung? Sicher nicht.

Und Gott erst: Er schuf den Mann, er kannte das genaue Gewicht des Wagens und seinen Schwerpunkt. Er schuf den Stein, der den Reifen beschädigte, so dass der überhaupt ausgewechselt werden musste. Er war dabei, als der Wagenheber hergestellt wurde und er kannte die Stärke des Metalls ganz genau. Er hätte ganz leicht dafür sorgen können, dass er noch dreißig Sekunden länger hielt. Aber er ließ es zu, dass er genau in dem Augenblick nachgab, als der Mann unter dem Auto lag. Hilft es wirklich weiter, wenn wir sagen, Gott habe das Unglück nur zugelassen, nicht aber verordnet? Wenn ein Mensch nicht von der Verantwortung freigesprochen wird, wenn er es einfach zuließ, dass ein anderer starb, wie viel weniger können wir dann einen allmächtigen Gott von der Verantwortung freisprechen, wenn er es zuließ, dass die Katastrophe eintrat!

Daher befinden die Calvinisten, dass der Arminianismus das Problem des Bösen und des Leids überhaupt nicht löst. Er stellt nur Gottes Allmacht in Frage. War er denn hilflos, als der Amokschütze zwanzig Menschenleben auslöschte? Hatte er die Schwachheit der Erdkruste unter Mexiko City übersehen? Unterschätzte er das Gewicht des Autos im Verhältnis zum Wagenheber? Wie viele Dinge geschehen in dieser sündigen Welt, über die er keine Macht hat?

Sowohl Calvinisten als auch Arminianer lehren, dass Gott nichts Böses *tun* kann. Die Calvinisten bekennen aber, dass Gott das Böse durch sekundäre Ursachen verordnet. Die Arminianer sagen, er lasse es nur zu. Wenn er es aber zuließ, dann trägt er die letztendliche Verantwortung dafür; denn er hätte ja bestimmen können, „es nicht zuzulassen".

Die Bibel gibt sich nie die Mühe, Gottes Ruf zu verteidigen, wie wir oft meinen tun zu müssen. Als Gott Israel durch die Heere gottloser Könige strafen wollte, versuchte er sich nicht aus der Verantwortung zu stehlen, indem er sophistische Unterscheidungen machte zwischen Dingen, die er zulässt und die er verordnet. Er sagte in dürren Worten: „Denn siehe, ich erwecke die Chaldäer, das grimmige und ungestüme Volk, welches die Breiten der Erde durchzieht, um Wohnungen in Besitz zu nehmen, die ihm nicht gehören" (Hab 1,6). Und er fragt die Leute kurz und bündig: „Geschieht ein Unglück in der Stadt, und der HERR hätte es nicht bewirkt?" (Amos 3,6). Es finden sich Dutzende von solchen Aussagen in den beiden Testamenten.

Das Problem von Gottes Verhältnis zum Bösen ist, wie wir alle wissen, schwierig zu verstehen. Ohne Zweifel ist es die rätselhafteste Frage, die unseren Verstand beschäftigen kann.[7] Diese kurze Diskussion will natürlich niemals alle Schichten des Problems sondieren und schon gar nie zu lösen vorgeben. Mir geht es nur darum zu zeigen, dass die Arminianer mit ihrem Beharren darauf, Gott habe das Böse „nur zugelassen", Gott vom Vorwurf nicht befreien können, er habe es dann auch zu verantworten. Die Calvinisten halten sich an die biblische Sprache und stehen dazu, dass Gott Böses verordnet, und damit haben sie neben der Bibel auch die Logik auf ihrer Seite.

In unseren alltäglichen Diskussionen können wir natürlich sagen, Gott habe das Böse zugelassen, solange wir dabei immer bedenken, dass er damit seine Zustimmung gab und somit *wollte*, dass es geschehe. Die Calvinisten stimmen mit dem Westminster Glaubensbekenntnis überein, das sagt, Gott verordne alles, was geschieht. Mit einem Wort: Was Gott zulässt, das verordnet er.

Jeder Arminianer hat natürlich seinen freien Willen, mit dem er protestieren darf!

Zweiter Vorzug: *Gott rettet alle, die er retten kann.* Der arminianische Glaube, dass Gott so viele Menschen rettet, wie er retten kann, und dass er noch mehr retten würde, wenn er könnte, scheint der Auffassung von der Liebe Gottes besser zu entsprechen als die Meinung, er habe nur wenige zum ewigen Leben verordnet.

Der Arminianismus sagt, dass Gott dem Menschen einen freien Willen gab. Obwohl er die Menschen auffordert und lockt, an ihn zu glauben und Buße zu tun, wird er nie in solcher Weise in ihre Herzen eingreifen, dass ihre Entscheidung dadurch sichergestellt wird. Er tut sein Bestes, um so viele wie nur möglich zu retten, aber seine Rücksicht auf den freien Willen bedeutet, dass er in seinen Möglichkeiten beschränkt ist.

Norman Geisler schreibt in seiner Verteidigung des arminianischen Glaubens: „Ja, Gott würde alle Menschen retten, wenn er könnte ... Gott will die größtmögliche Anzahl Erretteter erreichen ... Gott will das Maximum herausholen, ohne die freie Willensentscheidung des Menschen zu verletzen.“[8]

Gott tut also sein Möglichstes. Missiologen sagen uns, dass zwar viele Menschen zu Christus kommen, dass aber die Mission nicht mit dem Bevölkerungswachstum Schritt hält. Es gibt zwölf Länder, in denen es keine einheimische christliche Gemeinde gibt, zehn von ihnen sind muslimisch. Sogar in einem Land wie den USA, wo das Evangelium von der Ost- bis zur Westküste gepredigt wird, ist die Anzahl wiedergeborener Menschen relativ klein. Die Statistik sagt uns, dass Gott den Zweikampf verliert.

Es ist natürlich nichts Unlogisches daran, zu sagen, Gott habe in souveräner Manier beschlossen, dem Menschen einen freien Willen zu geben, und daher könne er die Menschen nur anbetteln und anflehen, sie möchten doch an ihn glauben. Wenn es stimmt, dass Gott so viele rettet, wie er nur irgend kann – wie Geisler sagt –, dass er aber auf zu viel Widerstand stoße, dann sei's so. Calvinisten sagen jedoch, dass die Bibel so etwas nicht lehre, noch vertrage es sich mit anderen Möglichkeiten, die Gott offenstehen.

Wenn es wahr ist, dass Gott allen Menschen die Fähigkeit gibt, an ihn zu glauben, indem er ihnen genügend Gnade gibt, um den Wirkungen ihrer verderbten Natur zu kontern, dann würden wir erwarten, dass vielleicht rund die Hälfte derer, die das Evangelium zu hören bekommen, Christus aufnähmen. Vergessen wir nicht: Die Arminianer sagen, jeder Mensch habe den freien Willen zu glauben. Erstaunlicherweise ist es nun so, dass die allermeisten dieser freien Menschen den freien Willen in die falsche Richtung neigen.

Sogar wenn der Fehler bei der christlichen Kirche liegt, so bleibt die Tatsache bestehen, dass Gott offensichtlich die Hindernisse, die sich dem Evangelium entgegenstellen, „zugelassen" hat. Hunderte von Missionaren sind ganz jung weggestorben. Ein Missionspilot kam auf seinem allerersten Flug in Indien ums Leben; vier junge Missionare starben an Tuberkulose, kurz bevor sie nach Afrika ausreisen konnten. Wenn es Gottes alles andere verdrängende Priorität wäre, so viele zu retten, wie er nur irgend retten kann, hätten solche Rückschläge nicht geschehen brauchen. Sie hätten leicht umgangen werden können, ohne dass jemandes freier Wille angetastet worden wäre.

Auch darüber hinaus hätte Gott viele weitere Möglichkeiten, um Menschen daran zu hindern, in die ewige Verdammnis zu fahren. Da Gott zuvor weiß, wer glauben wird und wer nicht, könnte er all die, die nie glauben würden, vorher sterben lassen und zu sich in den Himmel nehmen. Oder noch besser: sich die Mühe ersparen und gar nicht erst all die Menschen erschaffen, von denen er zuvor wusste, dass sie in die Verdammnis eingehen würden. Christus sagte von Judas: „Es wäre für diesen Menschen besser, wäre er nie geboren worden." Gott hätte es leicht so einrichten können. Judas hätte die ewige Pein erspart werden können.

Arminianer müssen erklären, warum Gottes Ziel, möglichst viele zu erretten, offenbar nicht erreicht wird. Er ist beständig am Wirken, um viele zu retten, aber nur ein ganz kleiner Prozentsatz der Weltbevölkerung ist willig zu glauben.

Ein Arminianer wollte Gott gegen den Anwurf des scheinbaren Versagens verteidigen, indem er sagt, am Ende würden mehr Errettete als Verdammte sein wegen der hohen Rate der Kindersterblichkeit in den unterentwickelten Ländern. Gott lasse ganze Massen Hungers sterben, um sie so vor der Verdammnis zu retten.

Abgesehen davon, dass die Statistiken immer etwas fragwürdig sind, ist das ja auch nicht gerade eine Ehrenrettung für den Allmächtigen, dass er kein besseres Mittel weiß, um die Anzahl der Erretteten zu vergrößern. Clark Pinnock verteidigt Gottes Unfähigkeit die Welt zu retten, indem er sagt, es sei „ein risikobehaftetes Unternehmen" gewesen, Geschöpfe mit einem freien Willen ins Dasein zu rufen. Er schreibt: „Ich wage anzunehmen, er habe gefunden, es sei das Risiko wert in Anbetracht der Wohltaten, die sich aus allem ergeben würden."[9]

Arminianer lehren, Gott werde durch den freien Willen seiner Geschöpfe gehindert. Er verordne, so viele wie möglich zu retten, aber die Zahl der Geretteten ist verhältnismäßig klein. Er plant und er will die Errettung aller, aber er kann sein Ziel nicht erreichen. Ja, da Gott dem Menschen den freien Willen gegeben hat, ist es theoretisch denkbar, dass nicht eine einzige Seele gerettet worden wäre.

Die Calvinisten glauben, dass Gottes Erwählung dafür

bürge, dass sein Plan in Erfüllung geht. Gott hat sich verpflichtet, eine bestimmte Anzahl zu retten, und diese werden errettet werden, so sehr das Menschengeschlecht in Rebellion gegen seinen Gott verharrt. Der Unglaube und das Versagen des Menschen vermögen niemals Gottes Plan zu vereiteln.

Als die Christen in Rom dachten, Gottes Plan sei durch den Unglauben Israels zerschlagen worden, trat der Apostel Paulus diesen Zweifeln mit den Worten entgegen: „Nicht aber als ob das Wort Gottes hinfällig geworden wäre; denn nicht alle, die aus Israel sind, diese sind Israel“ (Röm 9,6). Dann folgt eine lange Erörterung über die souveränen Ratschlüsse Gottes, mit denen er sagt, es sei gar nie Gottes Plan gewesen, alle Israeliten zu retten, sondern nur einen Überrest. *Und da alle Erwählten errettet werden, kann niemand behaupten, Gottes Vorsatz gehe nicht in Erfüllung.*

In Römer 11 führt er den Gedanken fort, indem er sagt: „Also ist nun auch in der jetzigen Zeit ein Überrest nach Wahl der Gnade. Wenn aber durch Gnade, so nicht mehr aus Werken; sonst ist die Gnade nicht mehr Gnade. Was nun? Was Israel sucht, das hat es nicht erlangt; aber die Auserwählten haben es erlangt, die übrigen aber sind verstockt worden, wie geschrieben steht“ (Röm 11,5-7). Alle, die Gott zu retten sich vorgesetzt hatte, wurden errettet.

Ganz erwartungsgemäß sagen die Arminianer, die Gnadenwahl von Römer 9 habe nichts mit persönlicher Errettung zu tun, sondern nur mit irdischen, zeitlichen Segnungen. Gott habe Israel als besondere Nation erwählt, aber innerhalb dieser Gruppe sei es an der persönlichen Entscheidung eines jeden Einzelnen gelegen, ob er errettet wurde oder nicht. Diese Sicht lässt sich nur schwerlich aus dem Wortlaut des Textes und dem Zusammenhang bestätigen.

Aber abgesehen davon, wie man Römer 9 auslegt, bleibt eine Tatsache unbestreitbar, nämlich dass Gott Entscheidungen fällt, die ihrerseits die Entscheidungen der Menschen festlegen, auch wenn man diese Entscheidungen nur auf Irdisches und Zeitliches beschränkt. In diesem Kapitel wird ganz deutlich, dass Gott nicht lockt und fleht, sondern souveräne Entscheidungen fällt, die den Willen des Menschen beeinflussen. Die Verhärtung von Pharaos Herz ist nur ein Beispiel.

Indem Paulus seine Gedanken entfaltete, wusste er, was der natürliche Reflex der Leser sein würde: „Du wirst nun zu mir sagen: Warum tadelt er noch? Denn wer hat seinem Willen widerstanden?" (Röm 9,19). Wäre nun Paulus ein Arminianer gewesen, hätte er doch gleich antworten müssen: „Gott tadelt die Menschen mit Recht, weil sie einen freien Willen haben und sich selbst dafür entschieden haben, gehorsam oder ungehorsam zu sein." Hier hat er die beste Gelegenheit, jeden Zweifel an seinem guten Glauben aus der Welt zu schaffen. Aber Paulus sagt nichts vom freien Willen, sondern antwortet viel mehr: „Ja freilich, o Mensch, wer bist du, der du das Wort nimmst wider Gott? Wird etwa das Geformte zu dem Former sagen: Warum hast du mich also gemacht?" (Röm 9,20). Der Töpfer hat Macht über den Ton, ein Gefäß zur Ehre und ein anderes zur Unehre zu machen. Gottes Vorsatz in der Heilsgeschichte verwirklicht sich.

Den Menschen, die befürchteten, Gott erreiche seine Absichten nicht, antwortete Christus: „Alles, was mir der Vater gibt, wird zu mir kommen, und wer zu mir kommt, den werde ich nicht hinaus stoßen" (Joh 6,37). D. A. Carson sagte dazu: „Der Zusammenhang verlangt, dass Jesus hier jeden Gedanken zurückweist, der Vater hätte den Sohn mit einem Auftrag in die Welt gesandt, der wegen des Unglaubens der Menschen hätte fehlschlagen können."[10]

Anders als Pinnock mutmaßt, ist Gott nie ein Risiko eingegangen; sein Vorsatz kann nie fehlschlagen. Gott verliert nicht langsam aber sicher gegen Satan in seinem Ringen um Menschenseelen, auch dann nicht, wenn viele den breiten Weg zum Verderben gehen und nur wenige den schmalen Weg zum Leben. *Alles*, was der Vater dem Sohn gegeben hat, wird zu ihm kommen.

Wenn Gott daran interessiert ist, den freien Willen unangetastet zu lassen, dann müssen die Arminianer erklären, warum er zulässt, dass Satan „den Sinn der Ungläubigen verblendet hat, damit ihnen nicht ausstrahle der Lichtglanz des Evangeliums der Herrlichkeit des Christus, welcher das Bild Gottes ist“ (2Kor 4,1). Und Jesus lehrte, dass Satan den Menschen das Wort Gottes aus den Herzen raubt.

Warum ließ Gott Satan in den Garten Eden eindringen? Gott hatte Adam und Eva klare Anweisungen gegeben. Warum durften sie nicht von sich aus entscheiden, ohne dass ein fremder, verführerischer Einfluss sie zog? Satan hätte von Gott an einem fernen Planeten gebunden werden können. Sogar heute könnte Gott dem Satan verbieten, den Verstand des Menschen in irgendeiner Weise zu belästigen. Statt dessen lesen wir, dass wir die Verführten überführen sollten, „ob ihnen Gott nicht etwa Buße gebe zur Erkenntnis der Wahrheit und sie wieder nüchtern werden aus dem Fallstrick des Teufels, die von ihm gefangen sind, für seinen Willen“ (2Tim 2,25.26). Man bedenke, wie viel mehr Menschen errettet würden, wenn Satan nicht in ihren Herzen wirken dürfte. Der Mensch hätte dann größere Freiheit, nicht geringere.

Calvinisten sind einverstanden, dass es sich mit Gottes Liebe besser zu vertragen scheint, dass Gott so viele rettet, wie nur irgend möglich, aber wegen der Herzenshärtigkeit der Menschen nicht mehr retten kann. Aber sie glauben, dass man Gottes Liebe unter Berücksichtigung der ganzen biblischen Offenbarung definieren muss, und das beinhaltet auch die Lehre von Gottes Erwählung und Gottes endgültigem Vorsatz mit dem Menschengeschlecht.

Dritter Vorzug: *Der Arminianismus fördert die Evangelisation; Calvinismus führt zu Fatalismus.* Wir haben alle schon den Einwand gehört: „Wenn eine bestimmte Anzahl erwählt ist und die Erwählten sicher gerettet werden, was mühen wir uns noch ab und evangelisieren? Was geschehen wird, wird geschehen."

Es ist ohne Zweifel wahr, dass Christen immer wieder die Lehre der Erwählung als Ausrede für ihren Mangel an missionarischem Eifer missbraucht haben, und das ist eine ernste Sache, da die Bibel unsere Pflicht zu evangelisieren und den Missionsbefehl auszuführen, so eindeutig vor Augen stellt. Hier hat der Arminianismus vielleicht einen taktischen Vorzug. Wenn die Entscheidung beim Menschen und nicht bei Gott liegt, dann bleibt die Evangelisation dringlich.

Aber einen Augenblick! Der klassische Arminianismus glaubt, dass Gott vorher weiß, wer zum Glauben kommen wird und wer nicht, und dass diese Anzahl weder vergrößert noch verkleinert werden kann, da Gottes Erkenntnis vollkommen sein muss. Daher muss das Endergebnis als von vornherein befestigt gelten, auch wenn wir sagen, es sei der Mensch, der Gott erwählt.

Clark Pinnock, der glaubt, Gott sei ein Risiko eingegangen, als er sich entschied, die Welt zu erschaffen, glaubt auch, dass Gott die Entscheidungen nicht vorher weiß. Er schreibt, dass echte Neuigkeiten „in der Geschichte auftreten, die nicht einmal von Gott vorhergesagt werden können".[11] Für Pinnock kann Erwählung nicht einmal auf dem Vorherwissen Gottes beruhen; denn nicht einmal Gott wisse, wer die Erwählten sind, bis sie glauben.

Sogar die meisten Arminianer sind der Meinung, dass eine solche Ansicht nicht einmal wert ist, widerlegt zu werden. Aber wir müssen uns fragen, warum Pinnock an dieser Stelle mit dem klassischen Arminianismus bricht. Pinnock glaubt (ganz zu Recht), dass die Anzahl der Erretteten schon zuvor feststeht, wenn Gott die Erretteten schon vorher als solche erkennt. Darum meint Pinnock, man müsse im Interesse der

Wahrung der Freiheit des menschlichen Willens folgern, dass nicht einmal Gott wisse, wie sich ein Mensch entscheiden werde, bevor er die Entscheidung getroffen hat.

Pinnock erkennt ganz scharf, wie Gottes Vorherwissen um den Glauben die Anzahl der Erretteten tatsächlich zuvor festlegt. Auch wenn es so ist, wie die Arminianer glauben, dass Gott nur vorher weiß, aber nicht *veranlasst*, so ist doch die Zukunft fixiert: Sie wird genau so sein, wie Gott sie vorhersieht. Also gilt auch für die Arminianer: „Was geschehen wird, wird geschehen."

Die Wahrheit ist, dass weder die Calvinisten noch die Arminianer eine Antwort auf das Dilemma haben. Keine der beiden Gruppen kann mehr sagen, als dass Gott *Mittel* verwendet, um bestimmte *Ziele* zu erreichen. Darum können wir alle in sinnvoller Weise in der Weltevangelisation eingespannt sein.

Eine Illustration kann uns vielleicht helfen: Wir sind alle der Meinung, dass Gott den Tag genau weiß, an dem wir sterben werden. Das bedeutet aber nicht, dass wir bei Rot über jede Kreuzung fahren, von Brücken hinunterspringen und zum Abendbrot Arsen löffeln. Gott bedient sich unseres Verstandes, um uns am Leben zu erhalten, bis auf den Tag, den er verordnet hat. In genau dieser Weise gebraucht er uns, um seinen Erwählten das Evangelium zu bringen. Spurgeon sagte, dass die Lehre der Erwählung ihn beim Predigen ungeheuer ermutigte, da er wissen konnte, dass niemand errettet würde, wenn Gott nicht einige zum Glauben erwählt hätte.

Whitefield verwies auf die Verheißung Gottes an Noah: Dass Saat und Ernte nie aufhören sollten, bedeutete doch nicht, dass der Bauer nicht mehr pflügen musste und dass der Sonnenschein überflüssig geworden wäre. Dem, der über sein endgültiges Los unruhig war, sagte er, es gäbe keinen Grund, warum er nicht darum ringen sollte, durch die enge Pforte einzugehen, „da er doch keinen Grund nennen könnte, warum sein Ringen ihn nicht in den Stand der Gnade versetzen sollte".

Gottes Auswahl derer, die errettet werden sollen, scheint nicht zufällig und willkürlich zu sein. Er plante das *Umfeld*, in dem sie zur Bekehrung kommen sollten. Das ist der Grund, warum ich mich nie gefragt habe, ob meine Kinder zu den Erwählten gehören. Da sie in einer christlichen Familie geboren worden sind, dürfen wir glauben, dass die treue Unterweisung im Wort Gottes das Mittel zu ihrer Errettung sein wird. Gottes Entscheidung, uns zu retten, beinhaltet sein Planen, wo wir geboren wurden und die Umstände, die uns zu Christus führen würden. Die Erwählung ist Bestandteil eines ganzen Bildes.

Männer wie George Whitefield und Jonathan Edwards weinten, als sie Menschen zur Buße und zum Glauben aufforderten. Sie glaubten, dass Gott nicht nur das Ziel, sondern auch die Mittel geplant hatte, durch die seine Erwählten errettet werden sollten, nämlich die Gebete und das Zeugnis gottesfürchtiger Männer und Frauen.

Die Tatsache, dass jemand erwählt ist, heißt noch nicht, dass er schon errettet ist. Obwohl sie auf Golgatha erlöst wurden, müssen sie zum persönlichen Glauben kommen. Das ist der Grund, warum Paulus sagte: „Deswegen erdulde ich alles um der Auserwählten willen, auf dass auch sie die Seligkeit erlangen, die in Christo Jesu ist, mit ewiger Herrlichkeit" (2Tim 2,10). Ebenso dulden wir um der Erwählten willen.

Und selbstverständlich kann jeder, der an Christus glauben will, auch an Christus glauben. Der Wunsch und die Fähigkeit zu glauben, ist eine Gabe, die Gott den Erwählten gibt.

Was lehrt die Bibel?

Das letzte Wort in diesem Disput hat die Bibel. Lehrt sie den freien Willen? Ist es wahr, dass Gott Menschen lockt und anfleht, aber die Entscheidung, die ein Mensch fällt, nie festlegt? Wir erinnern uns: Sowohl der klassische Arminianismus als auch der Calvinismus lehrt, dass Gott den menschlichen Willen beeinflusst. Der Disput dreht sich um das Ausmaß dieser Beeinflussung. Die Calvinisten sagen, dass Gott zuweilen direkt oder auch indirekt so handelt, dass eine bestimmte Entscheidung mit Sicherheit gefällt wird. Die Arminianer protestieren.

Lesen Sie die nachstehenden Bibelstellen und fragen Sie sich, welche der beiden Sichtweisen Ihnen als die richtige erscheint:

„*Und Jahwe sprach zu Mose: Wenn du hinziehst, um nach Ägypten zurückzukehren, so sieh zu, dass du alle die Wunder, die ich in deine Hand gelegt habe, vor dem Pharao tust. Und ich, ich will sein Herz verhärten, so dass er das Volk nicht ziehen lassen wird*“ (2Mo 4,21).

„*Und Jahwe gab dem Volke Gnade in den Augen der Ägypter, und sie gaben ihnen das Geforderte; und sie beraubten die Ägypter*“ (2Mo 12,36).

„*Er wandelte ihr Herz, sein Volk zu hassen, Arglist zu üben an seinen Knechten*“ (Ps 105,25).

„*Gleich Wasserbächen ist eines Königs Herz in der Hand Jahwes; wohin immer er will, neigt er es*“ (Spr 21,1).

„*Man wird dich von den Menschen ausstoßen, und bei den Tieren des Feldes wird deine Wohnung sein; und man wird dir Kraut zu essen geben, wie den Rindern, und dich vom Tau des Himmels benetzt werden lassen; und es werden sieben Zeiten über dir vergehen, bis du erkennst, dass der Höchste über das Königtum der Menschen herrscht und es verleiht, wem er will*“ (Dan 4,25).

„*Oder wird die Posaune in der Stadt geblasen, und das Volk sollte nicht erschrecken? Oder geschieht ein Unglück in der Stadt, und Jahwe hätte es nicht bewirkt?*“ (Amos 3,6).

„Denn in dieser Stadt versammelten sich in Wahrheit wider deinen heiligen Knecht Jesus, den du gesalbt hast, sowohl Herodes als Pontius Pilatus mit den Nationen und den Völkern Israels, alles zu tun, was deine Hand und dein Ratschluss zuvor bestimmt hat, dass es geschehen sollte“ (Apg 4,27-28).

Und nun wollen wir uns der schwierigeren Frage stellen, ob es Gott ist, der die Wahl darüber trifft, wer errettet wird. Wiederum folgen einige Bibelstellen ohne Kommentar:

„Alles ist mir übergeben von meinem Vater; und niemand erkennt den Sohn, als nur der Vater, noch erkennt jemand den Vater, als nur der Sohn, und wem irgend der Sohn ihn offenbaren will“ (Mt 11,27).

„... welche nicht aus Geblüt, noch aus dem Willen des Fleisches, noch aus dem Willen des Mannes, sondern aus Gott geboren sind“ (Joh 1,13).

„Denn gleichwie der Vater die Toten auferweckt und lebendig macht, also macht auch der Sohn lebendig, welche er will“ (Joh 5,21).

„Darum konnten sie nicht glauben, weil Jesajas wiederum gesagt hat: „Er hat ihre Augen verblendet und ihr Herz verstockt, auf dass sie nicht sehen mit den Augen und verstehen mit dem Herzen und sich bekehren, und ich sie heile“ (Joh 12,39-40).

„Als aber die aus den Nationen es hörten, freuten sie sich und verherrlichten das Wort des Herrn; und es glaubten, so viele ihrer zum ewigen Leben verordnet waren“ (Apg 13,48).

„Wenn aber Gott, willens, seinen Zorn zu erzeigen und seine Macht kund zu tun, mit vieler Langmut ertragen hat die

Gefäße des Zornes, die zubereitet sind zum Verderben, und auf dass er kund täte den Reichtum seiner Herrlichkeit an den Gefäßen der Begnadigung, die er zur Herrlichkeit zuvor bereitet hat …? Uns, die er auch berufen hat, nicht allein aus den Juden, sondern auch aus den Nationen“ (Röm 9,22-24).

„… wie er uns auserwählt hat in ihm vor Grundlegung der Welt, dass wir heilig und tadellos seien vor ihm in Liebe“ (Eph 1,4).

„Wir aber sind schuldig, Gott allezeit für euch zu danken, vom Herrn geliebte Brüder, dass Gott euch von Anfang erwählt hat zur Seligkeit in Heiligung des Geistes und im Glauben an die Wahrheit“ (2Thes 2,13).

Selbstverständlich wissen die Arminianer um solche Bibelstellen und sie haben auch ihre Erklärungen dafür. Es ist wichtig zu sehen, dass Calvinismus und Arminianismus zwei theologische Systeme sind, die man nicht miteinander aussöhnen kann. Entweder hat Gott den Menschen erwählt und er gibt den Erwählten die Fähigkeit zu glauben, oder der Mensch hat diese Fähigkeit und wählt das selbstständig. Entweder sind es Erwählte, die errettet werden, oder Gott rettet so viele, wie irgendwie möglich, aber er kann seinen Plan nicht erfüllen. Entweder hat Gott alles, was geschieht, verordnet, oder er kann des menschlichen freien Willens wegen nur so gut es geht auf das jeweils auftretende Böse reagieren.

Gott oder der Teufel?

Was sollen wir von Wesleys Vorwurf halten, Whitefields Calvinismus mache Gott zum Teufel? Whitefield antwortete Wesley in einem langen Brief, in dem er die Lehre der Erwählung und der partiellen Sühnung verteidigte. Wer an der Debatte zwischen den beiden Männern interessiert ist, der lese den vollständigen Text sowohl der Predigt Wesleys als auch des offenen Briefes Whitefields.[12] Da Whitefield dort nicht eigens darauf eingeht, wie man das Wirken Satans vom Wirken Gottes unterscheiden muss, versuche ich hier zu erklären, was ein Calvinist dazu ungefähr sagen würde:

Der Satan muss, so böse seine Absichten sind, immer Gottes Absichten dienen. Gott verwendet oft den Teufel, um seine höheren Ziele voranzutreiben. Als Satan Gott bezüglich Hiob herausforderte, ließ Gott es zu, dass der Satan böse Menschen dazu treiben durfte, Hiobs Knechte zu töten und sein Vieh zu stehlen. Er gab dem Satan die Macht, den Wind zu verwenden, um Hiobs Kinder zu töten.

Im Buch Daniel und in der Offenbarung heißt es stets vom Antichristen und seinen Helfern (die alle von Satan gesteuert sind): „Und ihm wurde Macht gegeben." Es ist Gott, der ihm Macht gibt, sie begrenzt und ihm wieder entzieht. Offenkundig muss der Satan Gottes Vorsatz dienen.

Wesleys Pointe ist natürlich, dass der Satan will, dass die Menschen in der Hölle gepeinigt werden, und wenn Gott die Verdammnis der Gottlosen verordnet hat, dann scheinen Gott und Satan das gleiche Ziel zu haben. Aber auch hier muss Satan Gottes Absichten dienen. Wenn Gott die Verdammnis der Gottlosen will, dann kann er Satan gebrauchen wie er es für gut befindet, um seine Absichten zu erfüllen.

Sogar Arminianer müssen zugegen, dass Gott dem Teufel die Genugtuung zugesteht, auf die Verdammnis vieler hinzuwirken. Gott steht also nach Wesleys Theologie untätig da und schaut zu, wie Satan sich daran freut, dass unzählige Scharen in die Hölle fahren. Der Calvinist glaubt, Gott habe das verordnet; der Arminianer glaubt, Gott könne nichts daran ändern, da er beschlossen hat, den Menschen ganz seinem eigenen Willen zu überlassen und nicht einzugreifen.

Der Teufel ist ausschließlich von Hass und Lüge erfüllt. Er ist ein Lügner und ein Menschenmörder. Er hat seine Wonne daran, wenn er zusehen kann, wie Menschen gepeinigt werden. Er steht damit immer gegen Gott, sogar wenn er tut, was Gott verordnet hat.

Gott hingegen hat kein Gefallen am Tod des Gottlosen. Er will, dass alle Menschen errettet werden und zur Erkenntnis der Wahrheit kommen.

Er hat jedoch gewählt, diesen Wunsch, alle Menschen zu retten, zurückzustellen und nur einen erwählten Überrest zur Errettung zu bringen. Warum? Wichtiger als das Wohlergehen des Menschen ist für Gott die Entfaltung seiner Wesenheiten. Er erweckte den Pharao und verhärtete dann das Herz des Königs, „um dir meine Kraft zu zeigen und damit man meinen Namen verkündige auf der ganzen Erde“ (2Mo 9,16).

Whitefield schrieb in seinem Brief: „Gott hat kein Gefallen am Tod der Sünder, als freute er sich einfach an ihrem Tod. Er freut sich aber, seine Gerechtigkeit zu verherrlichen, indem er die Strafe verhängt, die ihre Missetaten verdient haben; so wie ein gerechter Richter keine Freude daran haben mag, dass er einen Verbrecher verurteilen muss, dennoch gerechterweise seine Hinrichtung befiehlt, damit das Gesetz und die Gerechtigkeit befriedigt werden, obwohl es in seiner Macht stünde, ihm eine Begnadigung zu erwirken.“[13]

Gottes andere Eigenschaften wie Erbarmen, Liebe und Gerechtigkeit können nicht anders voll entfaltet werden als auf dem Hintergrund des Bösen. Wenn das ganze Menschengeschlecht in Ungehorsam und Sünde gefallen ist, so erwählte Gott, obwohl er niemandem das Heil schuldete, einige zum ewigen Leben und erwies damit seine Liebe und sein Erbarmen. Dann verordnete er, dass Christus öffentlich am Kreuz sterbe, „zur Erweisung seiner Gerechtigkeit“ (Röm 3,25). Dort wurde jede gerechte Forderung Gottes an den Sünder vollkommen befriedigt.

Daher sagte Paulus, dass Gott nun den Gottlosen rettet und dabei zeigt, dass er beides, „gerecht sei und den rechtfertige, der des Glaubens an Jesum ist“ (Röm 3,26).

Auf dem Hintergrund der umfassenden und vollständigen Sündhaftigkeit des Menschengeschlechts, hat Gott nicht allein erwählt, einige zu erretten, sondern sie auch zu seinen Erben und zu Miterben Christi zu machen. Das erhöht Gottes unfassbare Freundlichkeit und unerbittliche Gerechtigkeit. Gott wählte es, das zu tun, was er tat, „auf dass jetzt den Fürstentümern und den Gewalten in den himmlischen Örtern durch die Versammlung kundgetan werde die gar mannigfaltige Weisheit Gottes, nach dem ewigen Vorsatz, den er gefasst hat in Christo Jesu, unserem Herrn“ (Eph 3,10-11).

Obwohl wir verstehen können, wie die Gläubigen die mannigfaltige Weisheit Gottes offenbaren, verstehen wir nicht, wie die Ungläubigen das tun werden. Wir erfahren, dass der Zorn des Menschen Gott preisen müsse (Ps 76,10), und im Buch der Sprüche lesen wir: „Der HERR hat alles zu seiner Absicht gemacht, und auch den Gesetzlosen für den Tag des Unglücks“ (Spr 16,4). Wenn wir fragen, warum Gott so wenige zum ewigen Leben erwählt hat und den größten Teil der Menschheit der Verdammnis überlässt, dann wissen wir keine Antwort. Luther sagte, wie wir uns noch erinnern, dass dies die höchste Stufe des Glaubens sei, zu glauben, dass Gott barmherzig ist, auch wenn er so wenige rettet und so viele verdammt.

Wir können Gott dafür danken, dass niemand, der diese Zeilen liest, darüber im Ungewissen sein muss, ob er zu den Erwählten gehöre oder nicht. Wenn wir in Demut und mit Glauben zu Christus kommen, dann nimmt er uns gemäß seiner Verheißung auf. Wenn wir zu ihm kommen, erweisen wir damit, dass der Heilige Geist in uns am Wirken ist. Alle, die errettet werden wollen, können errettet werden: „So viele ihn aber aufnahmen, denen gab er das Recht, Kinder Gottes zu werden, denen, die an seinen Namen glauben, welche nicht aus Geblüt, noch aus dem Willen des Fleisches, noch aus dem Willen des Mannes, sondern aus Gott geboren sind“ (Joh 1,12-13).

„*O Tiefe desReichtums, sowohl der Weisheit als auch der Erkenntnis Gottes! Wie unausforschlich sind seine Gerichte und unausspürbar seine Wege! Denn wer hat des Herrn Sinn erkannt, oder wer ist sein Mitberater gewesen? Oder wer hat ihm zuvorgegeben, und es wird ihm vergolten werden? Denn von ihm und durch ihn und für ihn sind alle Dinge; ihm sei die Herrlichkeit in Ewigkeit! Amen*“ (Röm 11,33-36).

Anmerkungen

1. Arnold A. Ballimore, *George Whitefield* (Westchester, Illinois: Crossway Books, 1980), 2, S. 5-41; Arnold A. Ballimore, *The Life and Times of George Whitefield,* (Banner of Truth, 1970, 1980), 2 Bde. Für den deutschen Leser: Benedikt Peters, *Georg Whitefield. Der Erwecker Englands und Amerikas* (Bielefeld: Christliche Literatur-Verbreitung, 1997). Die ganze Vorgeschichte und der Bruch zwischen Wesley und Whitefield sind ausführlich beschrieben auf den Seiten 110 bis 119 und 231 bis 242 (d. Übers.).
2. Ebd., 1, S. 309-312.
3. Peters, *G. Whitefield,* enthält ein ganzes Kapitel, das dem Wirken Jonathan Edwards gewidmet ist. Auszüge aus der genannten Predigt finden sich im Anhang des Buches (d. Übers.).
4. William G. McLoughlin, „Introduction“ in: *Charles Finneys Lectures on Revivals of Religion* (Cambridge: Belknap Press, 1960), xii.
5. Ballimore, 2, S. 511-512.
6. „Clark Pinnock’s Response“ in: *Predistination an Free Will,* hrsg. von David Basinger und Randall Basinger (Downers Grove, Illinois: InterVarsity Press, 1986), S. 58.
7. Ich füge hier die hilfreiche Erklärung zu dieser unserer Ratlosigkeit von Paul Humburg an: „Das hängt zusammen mit dem grössten Rätsel, das unser Verstand nicht löst: Wie kam in Gottes gute Welt die Sünde hinein? Ich glaube, es gehört zum Wesen der Sünde, dass wir sie nicht erklären können. Weil wir in der Sünde sind, ist unser Verstand von ihr verdunkelt, so dass wir auf diese Fragen keine Antwort wissen. Es ist ein unerklärbarer und für unsere Vernunft

unverständlicher Tatbestand, dass die Sünde in Gottes Welt hineingekommen ist. Er muss wohl unerklärt bleiben, denn wenn man sie erklären könnte, dann wäre ja die Sünde nicht eine Durchbrechung von Gottes Welt." (Paul Humburg, *Ewige Erwählung;* d. Übers.).

8. Norman L. Geisler, „God, Evil and Dispensations" in: *Walvoord, A Tribute*, hrsg. von Donald Cambell (Chicago: Moody Press, 1980), S. 102-103.
9. Pinnock, S. 149.
10. D. A. Carson, *Divine Sovereignty and Human Responsibility* (Atlanta: John Knox Press, 1981), S. 184.
11. Pinnock, S. 150.
12. Der vollständige Text der Predigt und die vollständige Antwort Whitefields in deutscher Übersetzung findet sich in Peters, *Whitefield,* S. 426-456. Bei Ballimore (op. cit.) finden sich nur Auszüge. Wer den englischen Text von Whitefields Antwort sucht, findet ihn in „Banner of Truth Trust", *G. Whitefield, Journals,* Edinburgh, im Anhang (d. Übers.)
13. Ballimore, 2, S. 567.

Kapitel 13

Kann ein Erretteter wieder verloren gehen?

Du bist also errettet und wiedergeboren und hast die Gewissheit, dass Christus dein Retter ist. Kannst du je das Heil verlieren? Kann die Entscheidung, die du getroffen hast, rückgängig gemacht werden, entweder weil du dich entscheidest, dich von Christus wieder abzuwenden, oder weil du in lehrmäßig oder moralisch Böses verfällst? Einige Christen pflegen einen Glauben, den man „ewige Sicherheit“ nennt, und andere bezeichnen das, als eine „Lehre aus der Hölle“, welche die Christen in einen todbringenden Schlaf fleischlicher Sicherheit wiege. Wenn jemand sicher ist, einen Platz im Himmel zu haben, werde er versucht sein, statt ein zuchtvolles Leben der Heiligung ein Leben des weltlichen Genießens zu führen. Ein Prediger sagte einmal, dass man diese Lehre nicht verkündigen sollte, selbst wenn sie wahr wäre, weil es besser sei, die Christen durch Warnungen vor dem Abfall wachsam zu halten.

Ob man an ewige Sicherheit glaubt oder nicht, hängt mit dem Standpunkt in der Kontroverse um den freien Willen zusammen. Die Leute, die sagen, die Errettung liege allein an der eigenen Entscheidung, werden meistens auch sagen, dass man die Errettung auf Grund der eigenen Entscheidung auch wieder verlieren kannt. Der freie Wille, der Christus annahm, ist auch frei, Christus wieder zu verwerfen.

Arminianismus ist (in der angelsächsischen Welt) der Name, der am häufigsten fällt, wenn jemand die Überzeugung vertritt, ein Erretteter könne verloren gehen. Arminius selbst hat diese Lehre nicht explizit gelehrt, sondern sagte, man könne die Frage vorläufig noch offen lassen. Er dachte, dass die Calvinisten, die behaupten, alle Heiligen würden im Glauben beharren, kein Recht hätten, so sicher zu sein.

John Wesley, der von Arminius sehr stark geprägt war und die Freiheit des Willens betonte, äußerte sich eindeutiger. Er war der festen Überzeugung, ein Geretteter könne in die Hölle kommen.

Daniel Whedon, amerikanischer Theologe und anerkannter Sprecher des Methodismus, schrieb einmal: „In Übereinstimmung mit der Lehre der menschlichen Freiheit und Verantwortung, die unsere Theologie durchzieht, behaupten wir, dass wir ebenso frei sind, die Errettung zu beenden, wie wir frei waren, die Bedingungen zur Errettung zu erfüllen.“[1] Er sagt wiederholt, wir würden erprobt werden, ob wir unsere einleitende Hingabe auch ausleben würden. Einige tun das, andere nicht.

Die Methodisten glauben entsprechend der Lehre von John Wesley, dass Gott genügend Gnade darreiche, um im Glauben zu beharren, aber dass es an uns liege, ob wir diese Gnade annehmen oder nicht. Wir können uns jederzeit gegen Gott entscheiden und verlorengehen.

Aber an welchem Punkt überschreitet ein Mensch die Linie und verliert sein Heil? Unter den zahlreichen Gruppen, die diese Lehre vertreten, werden mindestens drei Antworten gegeben. Die erste lautet: Ich bin so lange gerettet, bis ich wieder sündige; dann verliere ich das Heil. Ich saß im Flugzeug einmal neben einem Mann, dem man als Kind diese Doktrin beigebracht hatte. Er ging immer ins Bett mit dem beängstigenden Gefühl, er könnte eine Sünde begangen haben, die er nicht bekannt hatte. Wenn er in der Nacht sterben sollte, wäre er verloren. Als er ein Teenager war, wurde ihm bewusst, dass er nie darauf hoffen konnte „errettet zu bleiben“, so dass er beschloss, dem Glauben später abzusagen, um vielleicht kurz vor dem Tod wieder zum Glauben zurückzukehren. „Ich mache Urlaub vom Christenleben“, sagte er mir.

Harry Ironside, der mehrere Jahre Pastor der Moody Church in Chicago war, erzählte, wie er einem Mann begegnete, der von sich behauptete, 99mal errettet worden zu sein! Wenn es stimmt, dass man das Heil jedesmal verliert, wenn man sündigt, dann ist es eher erstaunlich, dass es nicht 999mal waren (oder vielleicht noch mit einer Null dran). Wir können mit jenem Pastor mitfühlen, der dem Trunkenbold, der jeden Sonntag errettet wurde, schließlich sagte: „Das nächste Mal erschieße ich dich, bevor du dich wieder betrinkst; sonst können wir ja nie sicher sein, dass du in den Himmel kommst.“

Glücklicherweise führen die Anhänger der bedingten Errettung ihre Überzeugung nie so weit. Wenn wir das Heil jedesmal verlören, wenn wir sündigten, wäre die Frohe Botschaft eine schlechte Botschaft, die uns nichts als Unsicherheit und Angst einflößen könnte. Wir könnten des Heils nie gewiss werden.

Die meisten Arminianer halten sich zur zweiten, mehr gemäßigten Sicht. Sie sagen, dass man das Heil verliert, wenn man mutwillig sündigt, d. h. dass man erstens genau weiß, dass man ungehorsam ist und sich zweitens weigert, die Sünde zu bekennen und damit im Ungehorsam verharrt. Einige fügen noch eine dritte Bedingung hinzu: Es muss eine sündige Tat, nicht nur ein sündiger Gedanke sein. Es ist anzunehmen, dass man also mutwillig sündigen kann, ohne sein Heil zu verlieren, wenn man die Sünde wieder bekennt oder wenn man nur in Gedanken gesündigt hat.

Die dritte Gruppe glaubt, dass nur die Leute, die wirklich abfallen, verloren gehen. Andere Sünden trennen uns nicht von Christus, aber das bewusste Verwerfen des Sohnes Gottes und Verachten des Blutes Christi, das ist die eine große Sünde, die den Gläubigen des Heils beraubt.

Eine Schwierigkeit, die alle drei Varianten haben, ist die

Unklarheit der Grenzlinie. Was ist noch unwillkürliche Sünde und wo beginnt willkürliche Sünde? Wann ist der Tatbestand der Verleugnung Christi erfüllt? Und weiß man, wenn man die Grenze überschritten hat?

Bedingte Sicherheit

Fragt das durchschnittliche Gemeindemitglied, ob ein Geretteter verloren gehen könne, wird wahrscheinlich eine Debatte über bestimmte Bibelstellen in Gang kommen. Die am häufigsten zitierte und bekannteste Stelle ist sicher Hebräer 6,1-6. Der Verfasser sagt hier, dass es für Leute, die im Christenleben einen Anfang gemacht haben „und abgefallen sind", unmöglich ist, sie „wiederum zur Buße zu erneuern, indem sie den Sohn Gottes für sich selbst kreuzigen und ihn zur Schau stellen" (Hebr 6,6). Den Arminianern ist dieser Text ein Beweis, dass ein Gläubiger abfallen und für immer verloren sein kann. Einige gehen weiter und behaupten, dass eine solche Person nicht wieder zur Errettung kommen kann, weil es hier heißt, man könne sie nicht „wiederum zur Buße erneuern". Es gibt aber eine befriedigendere Erklärung für diesen Vers, wie wir gleich sehen werden.

Einige Calvinisten haben beim Anliegen, die Lehre der ewigen Sicherheit aufrecht zu erhalten, gelehrt, dass die angesprochenen Personen gar keine wirklichen Christen gewesen seien. Die Leute, die „abgefallen" sind, haben von den Segnungen des Christentums profitiert, aber sie haben Christus nie persönlich aufgenommen. Obwohl manche hervorragende Gelehrte das geglaubt haben, führt eine unvoreingenommene Lektüre des Textes zur Annahme, dass es sich wirklich um Gläubige handelt. Ja, Gläubige können abfallen, aber die Frage ist, was der Schreiber unter „abfallen" verstand. Meinte er damit abfallen und in die Hölle fahren? Der Zusammenhang zeigt, dass er das nicht gemeint haben kann. Er verwendet hier den gleichen Ausdruck, der in Kapitel 3,12 für die Kinder Israel steht, die in der Wüste fielen. Ihr „Abfallen" besiegelte nicht ihr ewiges Geschick, sondern war eine diesseitige Züchtigung und brachte Verlust von Segen.

Der Hebräerbrief wurde an Leute geschrieben, die versucht waren, zum alttestamentlichen Opfersystem zurückzukehren. Sie begannen daran zu zweifeln, ob Christus wirklich genügte, ob er tatsächlich alle vom Gesetz vorgeschriebenen Opfer und Rituale hinfällig machte. Wer solche Zweifel hatte, zeigte damit, dass er ein ungläubiges, verhärtetes Herz hatte. Zum alttestamentlichen Opferkult zurückzukehren, hieße, „den Sohn Gottes für sich selbst kreuzigen und ihn zur Schau stellen".

Der Verfasser erklärt nun, es sei unmöglich, zu den alttestamentlichen Opfern zurückzukehren und gleichzeitig zur Buße gebracht zu werden. Das heißt, sie konnten nicht zur Gemeinschaft mit Gott wiederhergestellt werden, *solange* sie noch Opfertiere auf dem Altar darbrachten (und damit Christus erneut kreuzigten). Aber wenn sie mit diesem Tun aufhören sollten, dann haben wir keinen Grund anzunehmen, sie könnten nicht wieder hergestellt werden. Ja, Gläubige können abfallen, aber nicht zur ewigen Verdammnis.

Ein ebenso umstrittener Abschnitt ist Hebräer 10,26-31: Wenn wir weiter sündigen, nachdem wir Erkenntnis der Wahrheit erlangt haben, können wir nichts anderes erwarten, als ein furchtbares Gericht. Unter dem Gesetz Moses wurden Menschen, die das Gesetz brachen, hingerichtet. „Wieviel ärgerer Strafe, meint ihr, wird der wertgeachtet werden, der den Sohn Gottes mit Füßen getreten und das Blut des Bundes, durch welches er geheiligt worden ist, für gemein geachtet und den Geist der Gnade geschmäht hat?" (Hebr 10,29).

Es gibt zwei Gründe, warum wir diesen Abschnitt auf Gläubige beziehen müssen. Erstens sagt der Verfasser, „wenn *wir* sündigen", womit er andeutet, dass auch er zu mutwilligem Sündigen in der Lage sein könnte. Zweitens heißt es, dass der Ungehorsame durch das Blut des Bundes geheiligt worden sei. Es geht also um einen Gläubigen, der gegen so viel größeres Licht sündigt, dass die Strafe schwerer sein muss. Aber worin könnte diese „schwerere Strafe" bestehen? Der Abschnitt zeigt, wie weit Gott sein Volk zu züchtigen bereit ist. Es gibt Formen der göttlichen Vergeltung, die schlimmer sind als der leibliche Tod: Es gibt Seelenangst, es gibt geistige Pein, die so schlimm ist, dass der Tod geradezu eine Befreiung wäre.

Die körperliche Züchtigung im Alten Testament legte nicht unbedingt das ewige Geschick fest. Wir sollten nicht denken, dass alle Israeliten außer Mose, Josua und Kaleb in der Hölle endeten. Gott suchte sein Volk oft mit schweren Züchtigungen heim. Da der Neue Bund so viel größer ist als der Alte, verdienen solche, die sich vom neutestamentlichen Glauben abwenden, um so größere Strafe. Obwohl alle Gläubigen um Christi willen von Gottes ewigem Zorn bewahrt werden, sind sie nicht vor schwerer Züchtigung geschützt, auch nicht vor dem leiblichen Tod. So wie es im Alten Bund leibliche und geistige Züchtigung gab, so gibt es im Neuen Bund noch schärfere Züchtigungen. Beide sind zeitlich, nicht ewig.

Natürlich gibt es andere Texte, die die Arminianer anführen, um zu beweisen, dass die schlussendliche Errettung des Gläubigen von seinem Fortfahren in der Heiligung abhängt. Christus sagt von den Reben, die nicht in ihm bleiben: „Wenn jemand nicht in mir bleibt, so wird er hinausgeworfen wie die Rebe und verdorrt; und man sammelt sie und wirft sie ins Feuer, und sie verbrennen" (Joh 15,6). Hier haben wir also Reben, die „in Christus" waren, nun aber von ihm getrennt sind und verbrannt werden.

Calvinisten geben gewöhnlich eine von folgenden zwei Antworten. Diese Reben stehen für Leute, die nur eine oberflächliche Verbindung mit Christus haben und nie wirklich errettet waren. Oft scheinen Reben echt zu sein, aber sie sind nur Parasiten, die aber mit den Wurzeln des Weinstocks gar nicht verbunden sind. Eine andere Möglichkeit ist die, dass es wahre Gläubige sind, aber das Feuer ist nicht das Höllenfeuer, sondern das Feuer, das die Christen am Richterstuhl Christi prüft. Es ist auf alle Fälle ein wenig voreilig, eine Lehre für oder gegen die ewige Sicherheit aufgrund einer Metapher aufzubauen, weil wir sonst eine Analogie viel weiter pressen, als der Herr beabsichtigt hatte.

Die vielleicht gelehrteste Verteidigung der bedingten Errettung ist das Buch *Life in the Son* (Leben in dem Sohn) von Robert Shank.[2] Das Buch baut auf zwei Voraussetzungen auf: 1. Nur diejenigen, die im Gehorsam und Glauben verharren, werden errettet. 2. Einige Gläubige fallen ab und sind darum verloren. Der Autor unterstreicht Dutzende von Versen im Neuen Testament, die die Errettung mit fortdauernder Hingabe verknüpfen. Christus sagte: „Wahrlich, wahrlich, ich sage euch: Wenn jemand mein Wort bewahren wird, so wird er den Tod nicht sehen ewiglich“ (Joh 8,51). Oder man beachte die Worte des Apostels Paulus, der zunächst sagt, dass die Kolosser mit Gott versöhnt worden sind, und dann fortfährt: „... wenn ihr anders in dem Glauben gegründet und fest bleibet und nicht abbewegt werdet von der Hoffnung des Evangeliums, welches ihr gehört habt“ (Kol 1,23). Hier und an unzähligen anderen Stellen scheint das ewige Leben der Bedingung fortgesetzten Gehorsams unterstellt zu sein.

Bedenken wir folgendes sorgfältig: Der historische Calvinismus stimmt mit Shank überein, dass fortgesetzter Gehorsam zum Erlangen des Heils notwendig ist. Er bezeugt, dass alle wahren Gläubigen in solchem Gehorsam beharren. Ein Calvinismus modernerer Datums protestiert: Gläubige könnten sehr wohl zurückfallen und sich sogar von Christus abwenden. Die Bedingungen, die in verschiedenen Bibelstellen genannt werden, müsse man auf Lohn und Segen oder Verlust derselben beziehen. Gehorsam sei notwendig, um Lohn zu empfangen und sei unerlässlich, wenn man ein Jünger Jesu Christi werden wolle. Bleiben, gehorchen, festhalten – das sind die Dinge, die notwendig seien, um Segen zu empfangen, aber leider seien einige Christen fleischlich und kämen nie zu einem geistlichen Leben des Gehorsams. Diese würden Gottes Züchtigung erfahren und, wenn sie sich nicht zurechtbringen ließen, ihren Lohn verlieren und „wie durchs Feuer" errettet werden. Obwohl alle Gläubigen ein Minimum an Frucht brächten, hätten einige sehr wenig davon. Aber auch diese seien errettet und blieben es auch. Die Anhänger dieser Sicht betonen „ewige Sicherheit": Ein wahrer Gläubiger bleibe errettet, was auch geschehe. Die etwas weiter vorn gegebene Deutung der Hebräerstellen baut auf dieser zweiten Variante des Calvinismus auf.

Anders gesagt: Alle Calvinisten glauben, dass die wahrhaft Erretteten nie verloren gehen, aber sie sind verschiedener Ansicht darüber, wie weit ein Gläubiger abfallen könne. Der historische Calvinismus sprach stets von „Beharren der Heiligen" und wollte damit sagen, dass die Erwählten im Glauben ausharren und dass Gläubige nie abfallen; und fällt einer doch ab, dann wird das nur für kurze Zeit sein. Harrt hingegen einer nicht aus im Glauben und im Gehorsam, beweist er damit, dass er gar nie errettet war. Wie gesagt sind diese Calvinisten mit Shank einer Meinung, dass Gehorsam eine Bedingung der Errettung sei, erklären aber, dass der wahrhaft Errettete tatsächlich ein Leben des Gehorsams lebt. Einige gehen so weit, dass sie behaupten, es gebe keine fleischlichen Christen.

Das bringt uns in die gleiche Schwierigkeit wie die Arminianer, die zwischen kleineren und größeren Sünden unterscheiden müssen. Der Armininaner muss unterscheiden, welche Sünden zum Verlust des Heils führen und welche nicht. Einige Calvinisten tun es, um befinden zu können, ob jemand ein echter oder unechter Gläubiger sei. Einige Calvinisten haben leider so stark auf Heiligung als ein Beweis für die Wiedergeburt bestanden, dass sie gute Werke zu einem Bestandteil der Errettung gemacht haben. Charles Hodge (ein berühmter amerikanischer Theologe des 19. Jahrhunderts) ging so weit, dass er sagte: „Es besteht die beständige Gefahr des Fallens ... Weder Gemeindeglieder noch Erwählte können errettet werden, wenn sie nicht in Heiligkeit verharren, und sie können nicht in Heiligkeit verharren, ohne beständige Wachsamkeit und Anstrengung."[3] Ironischerweise wird jeder Arminianer diese Worte begrüßen, obwohl Hodge ein strenger Calvinist war! Indem sie die Notwendigkeit guter Werke so stark betonen, erwecken gewisse Calvinisten den Eindruck, das Werk Christi am Kreuz sei nur eine Anzahlung auf die Errettung hin, während wir die Raten bis zum vollständigen Kauf zu bezahlen hätten.

Wie erwähnt, ziehen andere Calvinisten den Ausdruck „ewige Sicherheit" vor, der die Tatsache unterstreicht, dass die wahrhaft Wiedergeborenen ewig errettet werden, sogar wenn sie es versäumen in Heiligkeit zu beharren und in Fleischlichkeit und Sünde fallen. Diese Sicht sieht in den guten Werken eine Bestätigung und einen Beweis der Wiedergeburt, aber nie einen Beitrag zur freien Gabe der Errettung an den Gläubigen. Wer behauptet, er sei zum Glauben gekommen, aber keine Frucht des Geistes aufweist und keine Freude am Gebet und am Wort Gottes hat, hat Ursache, an seiner Errettung zu zweifeln, obwohl es möglich ist, dass er doch ein Erretteter ist. Man weiß von Christen, die in lehrmäßige und moralische Sünde gefallen sind. Einige haben gegen Gott rebelliert und sind hinweggerafft worden (1Kor 11,30).

In diesem Kapitel geht es darum, den Unterschied zwischen Calvinismus und Arminianismus darzustellen; daher lassen wir die zuletzt genannte Meinungsverschiedenheit hier offen. Wer an diesen beiden Standpunkten weiteres Interesse hat, der findet im Anhang weiterführende Literatur. Mein Hauptanliegen mit diesem Kapitel war zu zeigen, dass beide Arten von Calvinisten einer Ansicht sind: Alle wahren Gläubigen werden mit Sicherheit errettet. Die Arminianer sind nicht damit einverstanden.

Gibt es Abschnitte, die ausdrücklich lehren, dass alle wahren Gläubigen errettet werden? Wir haben solche Stellen kurz beleuchtet, die von den Arminianern zur Stützung ihrer Sicht vorgebracht werden. Wir wollen uns jetzt die Stellen ansehen, die die Calvinisten gerne zitieren:

Bedingungslose Sicherheit

Bedingungslose Sicherheit lehrt, dass der Gott, der die Seinen zum ewigen Leben erwählte, nicht einen seiner Erwählten fallen lassen wird. Ein jeder, der durch das Blut Christi erlöst worden ist, wird mit Sicherheit errettet werden.

Obwohl man diese Überzeugung meistens mit Calvin in Verbindung bringt, so hatten auch Männer wie Whitefield, Edwards und eine ganze Heerschar anderer diesen Glauben, dass kein einziger der Erwählten Gottes je verloren gehen kann. Wie wir uns noch erinnern, war das einer der fünf Punkte der Synode von Dordrecht. Dort nannte man diese Überzeugung „Beharren der Heiligen“: Die Heiligen werden in der Gnade beharren bis ans Ende. Man verweist zum Beleg immer wieder auf eine Reihe von Abschnitten:

> *„Meine Schafe hören meine Stimme und ich kenne sie und sie folgen mir; und ich gebe ihnen ewiges Leben und sie gehen nicht verloren ewiglich und niemand wird sie aus meiner Hand rauben. Mein Vater, der sie mir gegeben hat, ist größer als alles, und niemand kann sie aus der Hand meines Vaters rauben“* (Joh 10,27-29).

Der Vater und der Sohn sind wohl fähig, die Schafe zu bewahren, da sie größer sind als jeder Feind, der sie verderben möchte.[4]

Die Arminianer wenden ein, das zwar kein Feind uns aus der Hand des Herrn reißen könne, dass wir es aber selbst tun können. Wir kamen auf Grund unseres freien Willens zu Christus; wir können ihn auf dem gleichen Weg wieder verlassen.

Die Calvinisten sagen, dass die Gabe der Errettung unwiderruflich sei. Wir können nicht durch Gottes Finger gleiten, weil *wir einer seiner Finger sind!* Wir sind mit Christus untrennbar verbunden worden, wir sind Glieder seines Leibes, Fleisch von seinem Fleisch, Gebein von seinen Gebeinen. Wenn ein Gläubiger in einem Augeblick der Depression sogar wünschen sollte, von Christus loszukommen, ist Gott nicht verpflichtet, seinem Wunsch stattzugeben. Da Gott die Wahl darüber traf, wer errettet werden soll, hat er auch das Recht, die Erwählten zu erhalten – ungeachtet ihrer Auflehnung.

Anders gesagt: Was würde man von einem Schafhirten halten, dem man am Morgen hundert Schafe anvertraut hatte, der am Abend mit 92 zurückkehrte? Man würde ihn einen schlampigen Wicht schimpfen. Schafe gehen oft fremde Wege und verirren sich, andere lassen sich von Räubern weg locken. Aber ein fähiger Hirte kennt das alles. Er passt auf die Schafe auf, keines entgeht seinem wachsamen Blick und wenn sich eines von der Herde entfernt hat, holt er es zurück.

Glauben wir wirklich, dass der gute Hirte nicht auf seine Herde aufpassen kann? Es ist ganz einfach ausgeschlossen, dass ein einziges der Schafe, das der Vater dem Sohn anvertraut hat, am Abend nicht in der Hürde wäre. Christus sagte ausdrücklich: „Dies aber ist der Wille dessen, der mich gesandt hat, dass ich von allem, was er mir gegeben hat, nichts verliere, sondern es auferwecke am letzten Tage“ (Joh 6,39).

Es ist einfach nicht statthaft, etwas anderes anzunehmen, als dass Gott seinem Sohn alle Bitten gewährt (siehe Joh 11,42).

Bedenken wir das, wenn wir lesen, dass er ausdrücklich den Vater darum bat, dass keiner von denen, die der Vater ihm gegeben hatte, verloren gehen möchte (Joh 17,11-12). Damit wir nicht wieder einwenden, der Wille des Menschen stehe über dem Willen Gottes, weshalb er ihn vereiteln könne, sagte der Herr: „Dieses redete Jesus und hob seine Augen auf gen Himmel und sprach: Vater, die Stunde ist gekommen; verherrliche deinen Sohn, auf dass dein Sohn dich verherrliche. Gleichwie du ihm Gewalt gegeben hast über alles Fleisch, auf dass er allen, die du ihm gegeben, ewiges Leben gebe" (Joh 17,1-2). Seine Gewalt erstreckt sich über einen jeden Menschen. Daher hat Er die Macht, den Erwählten das ewige Leben zu geben.

In Römer 8 verwendet Paulus fünf Ausdrücke, um das Werk Gottes bezüglich seines Volkes zu beschreiben:

> *„Denn welche er zuvor erkannt hat, die hat er auch zuvor bestimmt, dem Bilde seines Sohnes gleichförmig zu sein, damit er der Erstgeborene sei unter vielen Brüdern. Welche er aber zuvor bestimmt hat, diese hat er auch berufen; und welche er berufen hat, diese hat er auch gerechtfertigt; welche er aber gerechtfertigt hat, diese hat er auch verherrlicht"* (Röm 8,29-30).

Die fünf Ausdrücke sind:

1. *Zuvor erkannt:* Wir haben schon gesehen, dass das mehr bedeutet, als dass Gott einfach vorher weiß, was passieren wird. Der Ausdruck wird immer verwendet für Menschen, nie für eine Sache oder ein Geschehnis oder ein Umstand, den Gott zuvor erkennt. Er bedeutet also so viel wie: „Jene, denen sich Gott zuvor in Liebe zugeneigt hat."
2. Wir sind *zuvor bestimmt* worden. Jene prädestinierte er, sonderte er zuvor aus, dass sie dem Bilde seines Sohnes gleichförmig sein sollten.

3. Er hat sie *berufen*, und zwar ist hier Gottes wirksamer Ruf zum Heil gemeint. Dieses Wort steht in der Mitte der fünf, weil der Ruf das Mittel ist, das Gott verwendet, um sein Heil den Herzen der Einzelnen mitzuteilen. Die beiden ersten Ausdrücke sprechen von Gottes ewigem Vorsatz; der Ruf macht ihn zur Wirklichkeit im Leben des Erwählten.
4. Das Ergebnis der Berufung ist Rechtfertigung. Die Berufenen sind *gerechtfertigt*, sie werden gerechtgesprochen.
5. *Verherrlicht*. Jene, die zuvor erkannt, zuvor bestimmt, berufen und gerechtfertigt worden sind, die hat Gott schon verherrlicht.

Stifler greift in seiner Auslegung des Römerbriefes den alten Vergleich auf: „Diese Ausdrücke bilden fünf goldene Glieder einer Kette, welche aus den ewigen Ratschlüssen Gottes in die Vollendung und nie endende ewige Herrlichkeit reicht.“[5] Jedes Glied führt den Erwählten dem Ziel einen Schritt näher. Diejenigen, mit denen Gott anfing, sind die gleichen, mit denen er ans Ende kommt. Niemand fällt durch die Ritzen. Alle, die er zuvor erkannt hat, hat er auch verherrlicht.

Man beachte die Gewissheit von Gottes Vorsatz: Das Wort „*verherrlicht*“ steht in der Vergangenheit. Aus Gottes Sicht sind die Heiligen schon im Himmel, denn Gott ruft das Nichtseiende, als wäre es schon (Röm 4,17). Paulus sagt an anderer Stelle, dass wir in Christus sind und mit ihm in den himmlischen Örtern sitzen (Eph 2,6). Es gäbe nur eine Möglichkeit, die Heiligen aus dem Himmel zu vertreiben: Christus müsste zuerst aus dem Himmel verstoßen werden.

Natürlich gibt es weitere Beweise für die Sicherheit der Gläubigen. Der Heilige Geist ist sowohl das Unterpfand (Eph 1,14) als auch das Siegel (Eph 4,30) der kommenden Erlösung. Ersteres bedeutet: Wir haben eine Anzahlung als Garantie bekommen, dass wir eines Tages alles besitzen werden, was uns in der Erlösung erworben und verheißen ist. Ein Eimer voll ist uns gegeben worden als Beweis dafür, dass wir den ganzen Ozean bekommen werden. Das Siegel des Geistes bedeutet, dass die Ankunft des Erlösten im Himmel garantiert ist. Obwohl der Teufel, die Welt und das Fleisch versuchen mögen, das Siegel anzutasten, so können und dürfen sie es nie brechen. Die Erlösten werden am Bestimmungsort anlangen.

Es gibt keine legale Masche, durch die Gott schlüpfen könnte, um sich von seiner Verpflichtung gegenüber den Erwählten zu befreien. Er kann diejenigen, die er erwählt und für die Christus mit seinem Blut bezahlt hat, nicht verwerfen. Da er das Werk in den Seinen begonnen hat, wird er es auch vollenden. Die Untreue des Menschen kann Gottes ewigen Vorsatz nicht vereiteln.

Arthur Pink hat es einmal so gesagt: „Wenn nur einer der Erwählten verloren ginge, *wäre der Vater besiegt*, weil er ja seinen Vorsatz nicht in Erfüllung gehen sah; *wäre der Sohn enttäuscht* um die volle Frucht der Mühsal seiner Seele; *wäre der Geist entehrt*, der es nicht fertiggebracht hätte, die ihm Anvertrauten Seelen zu bewahren. Mögen wir vor solchen schlimmen Irrtümern bewahrt werden.“[6] So sei es.

Die Lehre der Gewissheit

Zu glauben, dass die Erwählten errettet werden, ist eine Sache; zu wissen, dass man zu den Erwählten gehört, ist eine andere.

Kann jemand wissen, ob er zum rettenden Glauben gekommen ist? Johannes lehrte in seinem Brief, dass man es wissen kann: „Dies habe ich euch geschrieben, auf dass ihr wisset, dass ihr ewiges Leben habt, die ihr glaubet an den Namen des Sohnes Gottes“ (1Jo 5,13). Gewiss wird Gott uns, wenn er uns eine detaillierte Offenbarung gegeben hat, über eine so wichtige Frage nicht im Ungewissen lassen. Es geht um Verdammnis oder Herrlichkeit, Hölle oder Himmel.

Die Römisch Katholische Kirche verwirft die Lehre der ewigen Sicherheit mit aller Entschiedenheit. Augustin schrieb über die Gabe des Beharrens (*De dono perseverantiae*), leugnete aber gleichzeitig, dass man Gewissheit haben könne über die persönliche Errettung. Am Konzil von Trient im Jahre 1546 statuierte die Katholische Kirche, Gott werde die nicht verlassen, die er einmal gerechtfertigt habe, „wenn er nicht zuerst von ihnen verlassen worden ist“. Ein Beispiel wäre eine Todsünde, die zum Verlust des Heils führt, obwohl man *von neuem* gerechtfertigt werden könne, wenn man gewisse Anforderungen erfülle.

Es besteht ein offensichtlicher Zusammenhang zwischen ewiger Sicherheit und Gewissheit. Da sogar der frömmste Mensch eine Todsünde begehen kann, ist es dem Katholiken selbstverständlich, dass es keine Gewissheit geben kann, dass man eines Tages in den Himmel eingehen werde. Leute, die glaubten, sie seien gewiss, sind von der Römischen Kirche der Anmaßung bezichtigt worden.

Die Sache der ewigen Sicherheit der Erwählten ist schon diskutiert worden. Aber die Frage ist noch immer offen: Wie kann ich selbst wissen, ob ich zu den sicher Erretteten gehöre?

Es gibt drei Zeugen, durch die wir erkennen können, wo wir stehen. Der erste sind die Verheißungen Christi. Er hat gesagt, dass alle, die an ihn glauben, ewiges Leben haben. *Glauben* heißt sich auf Christus verlassen.

Zwei Klarstellungen sind hier angebracht. Erstens muss man seine persönliche Not erkennen, dass man voller Sünde und ohne jede Kraft ist. Das Werk Christi am Kreuz war sein stellvertretendes Opfer für Sünder. Ohne dieses Opfer kann niemand errettet werden. Aber nur diejenigen, die ihre Not sehen, sind qualifiziert. Christus kam nicht, um Gerechte zu rufen, sondern Sünder zur Buße. Zweitens muss der Glaube allein auf Christus ruhen. Einige, die behaupten, sie glaubten an Christus, verlassen sich auch auf die Taufe, auf die Messe, auf gute Werke. Die Menge des Glaubens ist nicht so wichtig wie der Gegenstand.

Ich will auch deutlich sagen, dass dieser Glaube nicht ein Gebet ist (obwohl der Glaube in einem Gebet seinen Ausdruck finden kann). Viele, die ein „Aufnahmegebet" gesprochen haben, sind unbekehrt, ganz einfach weil sie geglaubt haben, dass das Aussprechen der richtigen Worte sie rette. Alle Gebete, die im Lauf der Menschheitsgeschichte gesprochen worden sind, haben nicht vermocht, Gottes Einstellung gegenüber einem einzigen Sünder zu ändern. Es ist das Übereignen im Vertrauen, das rettet.

Der zweite Zeuge ist der Heilige Geist. „Der Geist selbst zeugt mit unserem Geiste, dass wir Kinder Gottes sind" (Röm 8,16). Der Heilige Geist wirkt nicht nur die Wiedergeburt, sondern er zieht auch in den Gläubigen ein und wohnt in ihm. Die bei der Wiedergeburt empfangene neue Natur wird auf diese Weise mit Kraft ausgestattet. Damit beginnt ein Prozess geistlichen Wachstums. Ein stilles Bewusstsein der Gegenwart des Heiligen Geistes begleitet gewöhnlich den Empfang des Heils. Eine innere Gewissheit kommt ins Herz.

Schließlich kommt als drittes Zeugnis die Frucht eines neuen Lebens. Das sind die Werke, die die Errettung begleiten. Diese sind nicht gleich im Leben aller Bekehrten vorhanden. Einige erleben dramatisches Wachstum durch gute Unterweisung und ein starkes Verlangen nach christlicher Gemeinschaft und Erkenntnis Gottes. Andere irren in der Wüste umher ohne Anleitung für das neue Glaubensleben. Wieder andere fallen in sündige Gewohnheiten und Einstellungen zurück. Aber fast immer äußert sich das neue Leben im Inneren in einem äußerlich veränderten Leben. Wenn es gar keine Veränderung gegeben hat, dann sollte man sich fragen, ob man überhaupt die Errettung erfahren hat.

Wenn man sagt, die Lehre der Sicherheit und Gewissheit führe zu Weltlichkeit (weil Menschen, die ihre Eintrittskarte in den Himmel in der Tasche haben, damit auch einen Freibrief zum Sündigen haben), heißt das, die radikale Veränderung zu übersehen, welche die Bekehrung bewirkt. Der Heilige Geist verändert die Gesinnung und die Wünsche des Gläubigen, so dass die weltlichen Vergnügungen ihm nicht mehr viel bedeuten. Sogar wenn die Gnade Gottes missbraucht wird, wie es manchmal geschieht, wird der wirklich Gläubige nur elend. Die alte Natur gelüstet weiterhin nach der Sünde, aber die neue Natur sehnt sich nach Gerechtigkeit.

Zudem züchtigt Gott seine Kinder, wenn sie sich in der Sünde gehen lassen, indem er sie die Folgen der Sünde tragen lässt, und sie durch ihre Nöte zu ihm zurücktreibt. Der Richterstuhl Christi, vor dem alle Gläubigen einst erscheinen müssen, wird alle Werke und alle Einstellungen im Feuer prüfen. Das wird für viele Anlass zu tiefer Reue und auch zu Scham geben. Gott nimmt die Verantwortung des Gläubigen, entsprechend seiner Berufung zu leben, ungeheuer ernst.

Möge Gott uns helfen, „unsere Berufung und Erwählung festzumachen“, indem wir uns Christus und seinem Wort unterwerfen.

Anmerkungen

1. Daniel D. Whedon, „Doctrines of Methodism“, in: *Wesleyan Theology,* hrsg. von Thomas a Lanford (Durham, N. C.: The Labyrinth Press, 1984), S. 100.
2. Robert Shank, *Life in the Son* (Springfield, Mo.: Westcott Publishers, 1960).
3. Zitiert in: Arthur W. Pink, *Eternal Security* (Grand Rapids: Baker, 1974), S. 84.
4. An dieser Stelle lohnt es sich, die Worte von J. N. Darby zu lesen. Sie stammen aus einem Brief, mit dem er einem Freund auf die Frage nach dem neuerlichen Aufkommen des Glaubens an den freien Willen antwortete: Dieses neuerliche Aufbrechen der Lehre vom freien Willen unterstützt die Anmaßung des natürlichen Menschen, er sei nicht ganz und gar verloren; denn darauf läuft eine solche Lehre letztlich hinaus. Alle, die der Sünde nie wirklich tief überführt worden sind, alle, bei denen solche Überführung nur auf krassen greifbaren Sünden beruht, glauben mehr oder weniger an den freien Willen, aber das verändert den ganzen Gedanken des Christentums vollständig, und es pervertiert es gänzlich. Wenn Christus gekommen ist, zu retten was verloren ist, dann hat freier Wille

keinen Platz mehr. Nicht, dass Gott jemanden daran hinderte, Christus aufzunehmen – alles andere als das. Aber selbst wenn Gott alle denkbaren Beweggründe einsetzt, um das Herz des Menschen zu bewegen, so dient das nur dem Beweis, dass der Mensch von alledem nichts haben will, dass sein Herz so verderbt ist, und daß sein Wille so entschieden ist, sich Gott nicht zu unterwerfen, dass nichts ihn dazu veranlassen kann, den Herrn aufzunehmen und die Sünde zu lassen. Und hier nähern wir uns dem Grund der Frage: Ist es der alte Mensch, der verändert, unterwiesen und geheiligt wird? Oder empfangen wir, um errettet zu werden, eine neue Natur? Der universale Charakter des Unglaubens dieser Tage ist dieser – nicht das formale Leugnen des Christentums wie bis anhin, oder das offene Verwerfen Christi, sondern das Aufnehmen Christi als Person, welche den Menschen in seiner Stellung als Kind Gottes wiederherstellt. Der Arminianismus, oder besser: Pelagianismus behauptet, der Mensch könne wählen, und dass dergestalt der alte Mensch durch das, was er gewählt hat, verbessert werde. Der erste Schritt wird ohne Gnade gemacht, und es ist der erste Schritt, der in diesem Fall wirklich zählt. (*Letter on Free-will,* Elberfeld, 23. Oktober 1861; d. Übers.)

5. James A. Stifler, *The Epistle to the Romans* (Chicago: Moody Press, 1960), S. 149.
6. Pink, S. 17.

Schluss

Diese Kapitel sind der Versuch, einige der lehrmäßigen Differenzen zu klären, welche bis auf die ersten Jahrhunderte der Kirchengeschichte zurückgehen. Es gibt heute eine Reihe weiterer Differenzen, wie die Frage der Irrtumslosigkeit der Bibel, der Rolle der Frau in der Gemeinde, des Zungenredens, um nur einige zu nennen. Aber die in diesem Buch behandelten sind die frühesten und wichtigsten Kontroversen, die noch heute die Christenheit trennen.

Heute gilt Toleranz viel mehr als lehrmäßige Genauigkeit. Wir haben uns an christliche Talkshows gewöhnt, in denen Erfahrungen groß und Lehre sehr klein geschrieben werden. Einige der Kardinalforderungen christlicher Publizistik ist die, dass man die Lehre, falls überhaupt vorhanden, auf den kleinsten gemeinsamen Nenner reduziert. Wenn man an die Massen appelliert, das Evangelium anzunehmen, dann bekommen sie kaum Gründe geliefert, was und warum sie glauben sollten.

Das ist vielleicht die Ursache, warum man bei Leuten, die „sich für Jesus entschieden" haben, oft wenig Hingabe feststellen kann. Statt dass das Evangelium gründlich gelehrt wird, sagt man den Menschen, sie müssen „einfach an Jesus glauben". Entsprechend glauben viele an Jesus und wissen kaum, was die Errettung wirklich ist. So werden sie zur leichten Beute für Irrlehren und Sekten.

Während ich diese Zeilen schreibe, dringt das Denken des New Age in die Christenheit ein. Manche halten östliche Spiritualität für durchaus vereinbar mit dem christlichen Glauben. Die Einzigartigkeit des Christentums wird in einem verstandesfeindlichen Trachten nach Erfahrungen fast vollständig preisgegeben.

Wenn die Leute, die das prophetische Wort besonders gründlich studieren, recht haben, dann wird am Ende eine falsche Einheitsreligion die Welt beherrschen. Die Christen müssen nur die Idee aufschnappen, der wirkliche Fluch sei nicht falsche Lehre, sondern Trennung. Vom Verlangen nach Einheit aufgezehrt, wird man die Bedeutung der Lehre unterschlagen. Die Erfahrung wird das entscheidende Element sein, das die Christen eint und alle Religionen am Ende unter einem Hut vereinen wird.

Das könnte die wirkliche Ursache sein, warum heute ernsthaftes Nachdenken über Lehre der erfahrungsbetonten Nabelschau unserer Tage gewichen ist. Wir ziehen eine Generation von Christen heran, die keinen Widerspruch darin sieht, sich am Sonntag zum Glauben an Christus zu bekennen, um unter der Woche der Sinnlichkeit zu frönen. Wenn wir die sittlichen Skandale einiger der gefeierten christlichen Führer bedenken, müssen wir zugeben, dass unsere geistliche Substanz eine Meile weit und ein Zoll tief ist.

Wir müssen den Neubekehrten durch die Bibel ein Verständnis von der Einzigartigkeit des Christentums geben und in ihnen eine Hochachtung vor den Glaubensvätern geben. Wir müssen die alte Redensart widerlegen, dass die Geschichte uns nur lehre, dass wir von der Geschichte nichts lernen. Selbstverständlich können wir von der Geschichte lernen und tun wir es nicht, sind wir oft orientierungslos. Die Kämpfe vergangener Jahrhunderte lehren uns, wie wir in Zukunft dem Feind begegnen können. Wir müssen uns durch die Leute, die in Zeiten wie den unsrigen gegen allen Druck feststanden, sowohl unterweisen als auch motivieren lassen. Zweitens müssen wir zu einer einfachen Regel der Logik zurückkehren: Eine Sache kann nicht in der gleichen Weise und zur gleichen Zeit sein und nicht sein. Es ist ein Widerspruch zu sagen,

Christus könne sowohl der einzige Weg sein und es könne daneben auch andere Wege geben. Es ist absurd zu behaupten, das Christentum lasse sich irgendwie mit dem Glauben an die Reinkarnation, an die Sterne und mit moralischem Relativismus vermischen.

Schließlich müssen wir Vorbilder im Leben und Wandel als Christen werden. Wir müssen es den Leuten vorleben, wie die Lehre das Leben prägt. Als die Pharisäer die Lehre Christi anzweifelten, forderte er sie heraus, die Übereinstimmung zwischen seiner Lehre und seinen Werken zu beobachten. Ja, hätten sie nur um seiner Werke willen geglaubt, hätten sie folgern müssen, dass seine Lehre korrekt war. „Wenn ich nicht die Werke meines Vaters tue, so glaubet mir nicht; wenn ich sie aber tue, so glaubet den Werken, wenn ihr auch mir nicht glaubet, auf dass ihr erkennet und glaubet, dass der Vater in mir ist und ich in ihm" (Joh 10,37-38). Zweifelsohne werden viele mit gewissen Meinungen, die ich in diesem Buch vertrete, nicht einverstanden sein. Wenn aber meine Zeilen dazu beitragen, dass die theologische Diskussion ein wenig belebt wird, hat sich meine Mühe gelohnt.

Ich plädiere dafür, dass die Theologie wiederum zur Königin der Gelehrsamkeit erhoben werde. Das bedeutet mit anderen Worten ausgedrückt, dass wir nie ablassen sollten, über die grundlegenden Fragen zu diskutieren. Unser ewiges Los und das Schicksal der Welt hängen am rechten Verständnis der in diesem Buch diskutierten Lehren.

Lasst uns ringen um ein klares Verständnis dessen, was die Bibel lehrt. Nur dann können wir in den Dingen, die wichtiger sind als alles andere in der Welt, Gelingen haben.